20世紀 朴 一［著］
東アジアの
ポリティカルエコノミー

Political Economy
of the 20th Century
East Asia

晃洋書房

は し が き

　20世紀は，アジアの人々にとって激動の時代であった．帝国による植民地支配，戦争，独立と分断，開発独裁と労働統制，それに抵抗した人々による民主化運動と労働運動，通貨危機と大規模な整理解雇，グローバル化と経済的不平等の拡大など，民衆は政治と経済に翻弄され続けた．

　20世紀の後半に在日コリアンとして生を受けた私は，韓国，北朝鮮と日本の狭間で，こうした民衆の声を数多く聴く機会に恵まれた．父親から聞いた戦争の悲劇，母国留学した先輩が獄中で受けた不条理な体験，息子が光州事件の犠牲になった母親の悲しみ，脱北した北朝鮮の人々の過酷な生活，ナヌムの家で出会った元慰安婦の証言など，家族，友人，先輩，またアジア各地のフィールドワークで出会った人々の語りは，私の研究活動の原動力になった．

　本書は，こうした人々の語りから突き動かされるように書いてきたいくつかの論稿を，私の研究の集大成として編集したものである．書下ろし論文を除き，その多くは雑誌や大学の紀要，あるいは学会で発表した論稿であり，今から読み返してみると古臭いと言われるかもしれない．だが，現状分析の論稿は書いた瞬間から古臭くなるものであり，地域研究にとって，重要なことは，論文が現在のアジア情勢を考える上で重要な論点を含んでいるかどうかであると思われる．

　実際，植民地近代化や慰安婦などの過去の問題は，植民地清算という課題を含めて現在進行形の問題であり，韓国や台湾などの国で行われていた開発独裁や労働統制は現在も中国やロシアで実施されており，グローバル化によって進展した経済格差の問題は，今や世界が抱える問題で，経済学者はその対応に頭を悩ませている．さらに，経済制裁の継続か，それとも経済支援の再開かという北朝鮮への対応は，北の核・ミサイル問題を解決できるかどうかの重要な争点である．

本書は，こうした古くて新しいテーマを 12 のトピックスに分けて，論文を
編集してある．その多くは，国家・企業・労働者（平民）という 3 つのファクタ
ーの対立と葛藤という視点から東アジアの社会変動を考察したものである．大
学や大学院の講義テキストとして利用していただければ幸いである．本書は，
大阪市立大学経済学部・経済学研究科の経済学会から木本基金の出版助成を受
けた．御礼を申し上げたい．最後に厳しい出版情勢の中，私の最後になるかも
しれない学術論文集に出版機会を与えてくれた晃洋書房の丸井清泰さんに感謝
の気持ちを伝えたい．

　2018 年 12 月

朴　　一

目　　　次

はしがき

第1章　植民地近代化 ……………………………………………………… *1*
　　　　──日本による朝鮮植民地開発の光と影──
　はじめに　*(1)*
　1　日帝による植民地期朝鮮の開発とその実態　*(3)*
　2　植民地期朝鮮の工業化をめぐる論争　*(8)*
　3　植民地工業化が解放後の韓国社会にもたらしたもの　*(16)*
　おわりに　*(20)*

第2章　戦争と国際労働移動 ……………………………………………… *25*
　　　　──慰安婦問題と戦場の性暴力──
　はじめに　*(25)*
　1　日中戦争期における朝鮮から中国への朝鮮人女性が慰安婦として
　　動員された背景　*(26)*
　2　朝鮮半島で慰安婦はどのように集められ，戦地中国に動員された
　　のか　*(27)*
　3　慰安婦問題をめぐる日韓の攻防　*(30)*
　おわりに　*(36)*

第3章　開発独裁 …………………………………………………………… *39*
　1　独立後の東アジアにおける経済体制　*(39)*
　2　開発独裁論の課題　*(40)*
　3　ポストコロニアリズムとしての開発独裁　*(41)*

iv

4 開発独裁体制は開発モデルになりうるか　*(42)*

第4章　労働統制と労働運動 ……………………………………… *45*

はじめに　*(45)*

1 シンガポールの経験　*(47)*

2 台湾の経験　*(53)*

3 韓国の経験　*(56)*

4 1960年代から90年代における労働統制様式の変化と連続性　*(64)*

第5章　技術移転と東アジアの構造変動 ……………………… *69*

1 世界経済の新たな核　*(69)*

2 「フルセット」主義の弊害　*(70)*

3 技術移転と東アジア　*(71)*

4 不均衡は改善してきたか？　*(74)*

5 「脱亜」から「入亜」に転じた日本　*(75)*

6 富裕化ゲームの末路は？　*(77)*

第6章　社会主義，輸入代替，輸出志向 ………………………… *81*
　　　　　──20世紀の開発システムをどう見るか──

はじめに　*(81)*
　　　── 3つの開発モデル説に対する疑問──

1 韓国と台湾の輸入代替工業化政策は「失敗」だったのか　*(83)*

2 輸出志向工業化の光と影　*(87)*
　　　──韓国と台湾の事例──

3 社会主義計画経済の理想と現実　*(93)*
　　　──中国と北朝鮮の事例──

4 東アジアにおける開発モデルの転換　*(101)*

おわりに　*(106)*
　　　──21世紀における開発モデルの課題──

目　次　v

第7章　通 貨 危 機　…………………………………………… 111
　　　　──韓国は通貨危機にどう立ち向かったのか──

　は じ め に　　(111)

　1　韓国における通貨危機の歴史的背景　　(114)

　2　構造改革をめぐる葛藤　　(124)

　3　構造改革で揺れる韓国社会　　(130)

　お わ り に　　(134)

第8章　グローバリズムの代償　……………………………… 139
　　　　──韓国における反米感情と対米依存のジレンマ──

　は じ め に　　(139)

　1　反米感情の政治的背景　　(140)

　2　反米感情の経済的背景　　(143)

　3　新しい韓米関係を求めて　　(146)

　お わ り に　　(148)

第9章　経済協力と経済制裁　………………………………… 151
　　　　──太陽政策期における北朝鮮の政治・経済システムの変化と連続性──

　は じ め に　　(151)

　1　太陽政策と北朝鮮の経済改革　　(152)

　2　南北経済協力の光と影　　(157)

　3　南北経済協力の行方　　(159)

　お わ り に　　(161)

第10章　改革開放か，それとも経済統制の強化か　………… 165
　　　　──北朝鮮の苦悩──

　は じ め に　　(165)

　1　南北衝突の背景　　(165)

vi

2　市場経済化を警戒する北朝鮮当局　　(*167*)

3　金王朝を支えてきた2つの勢力　　(*169*)

4　反「改革派」勢力の暴走　　(*170*)

お わ り に　(*171*)
　　――国際社会は北朝鮮とどう向き合うべきか――

第11章　曖昧な経済システム …………………………………… *173*
　　　　　――中国経済をどうみるか――

は じ め に　(*173*)

1　中国経済論から中国経済学へ　　(*173*)

2　中国経済を貫く「曖昧な制度」とは　　(*174*)

3　「曖昧な制度」の出自　　(*175*)

4　多様な領域で機能している「曖昧な制度」　　(*176*)

5　「曖昧な制度」が引き起こす諸問題　　(*177*)

6　「曖昧な制度」の解明からすべての地域研究は始まる　　(*178*)

第12章　経済民主化 ……………………………………………… *183*
　　　　　――韓国における経済格差改善への取り組み――

1　問題意識と本章の課題　　(*183*)

2　進歩派政権による「経済民主化」の模索　　(*185*)

3　保守派政権による「経済民主化」政策　　(*187*)

お わ り に　(*192*)

あ と が き　(*195*)

初 出 一 覧　(*200*)

参 考 文 献　(*203*)

著 作 目 録 (1981-2017)　(*211*)

人 名 索 引　(*221*)

事 項 索 引　(*223*)

第**1**章

植民地近代化
——日本による朝鮮植民地開発の光と影——

はじめに

　徴用工問題，慰安婦問題，竹島（独島），歴史教科書，日本の閣僚の靖国参拝などをめぐって，日韓関係がこじれ続けている．韓流ブームで高まった日韓の文化交流にも悪影響が見られる．徴用工問題や慰安婦問題もさることながら，その背景にある日韓歴史認識が交錯した歴史教科書問題は，日本の文科省が教科書検定を行うたびに再燃しており，日韓関係を悪化させる阻害要因の1つになってきた．

　韓国は日本の歴史教科書のどこが問題だと言っているのだろうか．韓国が日本側に修正を要求した歴史教科書の中で，もっとも批判の対象になったのが，いわゆる『新しい歴史教科書』である．この教科書は，日本の過去を否定的に捉えてきたこれまでの歴史教科書に対する一部の歴史家や政治家の反発から生まれたものであり，その目的は日本の過去を肯定的に捉えるところにある．

　例えば，『新しい歴史教科書』は，太平洋戦争を次のように描いている．

　　「マレー半島に上陸した日本軍は，わずか七〇日間で半島南部のシンガ
　　ポールにある英軍の要塞を陥落させた．……たちまちのうちに日本は広大
　　な東南アジア全域を占領した．……日本の勝利は，東南アジアやインドの
　　人々に独立への夢と勇気を育んだ．……日本は占領した各地で軍政をしい
　　た．現地の独立運動の指導者たちは，欧米からの独立を達成するため，日

本の軍政に協力した．……南方進出は，もともと日本の自存自衛のためだったが，アジア諸国が独立するにいたるまでの時計の針を早める効果をもたらした」（『新しい歴史教科書』扶桑社，1996年，207ページ）．

　『新しい歴史教科書』は，このように，太平洋戦争というものを日本がアジアを欧米から解放させるために行われた「自存自衛」の戦争であり，それは結果的にアジア諸国の独立を早めたという．

　過去に対する肯定的評価は，戦争の解釈だけではない．朝鮮や台湾に対する日本の植民地政策の評価も同様である．「新しい歴史教科書」では，日本の植民地支配が朝鮮人に与えた精神的苦痛よりも，むしろ朝鮮総督府が植民地政策の一環として行った開発（道路，鉄道，灌漑の建設など）に光が当てられている．

　一方，ニューライトを除く一般的な韓国の歴史教科書では，植民地期の日本帝国主義による経済収奪の実態や，植民地政策による物的・人的被害に記述の重点が置かれてきた．韓国の学界では，どうだろうか．長い間，歴史学界でも日本植民地時代に受けた人的・物的被害の研究が中心であった．戦争や植民地期の工業化による社会構造の変化や，韓国が日本の植民地経営が残した遺産を戦後どのように活用してきたかという研究は長い間手がつけられず，ある意味でタブー視されてきたと言ってもよい．戦前期の日本の過酷な植民地支配が韓国の民衆に与えた精神的苦痛があまりに大きく，植民地支配の経済面での貢献（プラス効果）を論じることが，日本の植民地支配を正当化するものと見做されてきたからである．

　しかしながら1990年代の後半から，日本のみならず，欧米や韓国の研究者の間でも，日本の植民地経営の功罪を冷静に評価し直そうという気運が盛り上がりつつある．こうした研究の背後には，戦後の韓国が先進国化した歴史的背景を探ろうという問題意識が存在している．本章では，日米韓の先行成果を踏まえて，インダストリアリズムの側面から見た日本による植民地近代化の光と影，植民地近代化が解放後の韓国社会に及ぼした影響について考えてみたい．

1 日帝による植民地期朝鮮の開発とその実態

（1） これまでの研究の問題点

　韓国における，日本の植民地政策に関する従来の研究では，朝鮮総督府が朝鮮の自生的な発展をいかに抑制してきたかという「収奪」の側面に光が当てられ，「開発」の側面から植民地支配の実態を振り返ろうという研究はあまり見られなかった．「開発」を帝国主義的搾取にすぎないと考える韓国内の民族派歴史学者や日本の戦争責任を追及する国内研究者によって，植民地支配の「光の側面」を研究することの危うさが絶えず指摘されてきたからである．というのもこうした類いの研究は，ともすれば植民地支配の正当性を説き，謝罪や戦後処理は不要であるとする日本の一部の政治家に利用されてきたからだ．

　しかしながら植民地支配＝収奪一辺倒の研究姿勢が，植民地期の朝鮮経済の変化に眼をむけることまで妨げてきたとしたら問題である．ここでは，まず日本の植民地政策による収奪と開発をともに捉えるという視角から，植民地支配下の朝鮮社会の変化と連続性を探ってみたい．

（2） 朝鮮総督府による開発政策の変化

　植民地の初期段階（1910-20年）において，朝鮮は ① 日本に安価な穀物を供給し，② 日本の工業製品の市場となることが，その経済的役割であった．そのため，この時代の植民地期朝鮮の開発は農業の振興や道路・鉄道などインフラ部門の拡充に限定されていた．また1920年まで，植民地期朝鮮では総督府の認可を受けない企業は創業できないとする会社令が機能しており，私企業の自由な活動も制限されていた．そのような制約条件から考えると，1910年代の植民地期朝鮮の工業化はかなり抑制されたものであったと言える．

　20年代に入ってからも，日本経済に訪れた社会的・経済的混乱が朝鮮に工業化の進展を許さなかった．1918年の米騒動，23年の関東大震災，27年の金融恐慌，29年の大恐慌と20年代を通じて日本社会に次々と押し寄せた苦難の

嵐は，植民地期朝鮮も巻き込み，その経済を萎縮させたからである．なかでも1918年の米騒動を前後して，植民地期朝鮮は日本で不足した食料の供給基地として位置付けられ，以後十数年にわたって総督府の開発政策の重点は農業振興に置かれ，政府の開発資金は大部分農業部門に投下されることになる．この時期，農業優先の姿勢を打ち出していた総督府は，産米増殖計画を開発政策の中心に据え，工業投資にあまり意欲を示そうとはしなかった[1]．

しかしながらこの時期に工業化がまったく進展しなかったわけではない．1920年に会社令が廃止されたことで，日本の資本家が朝鮮に進出し工場を設立したり，朝鮮人でも自由に工場を設置することができるようになったため，朝鮮の工業部門は1920年代を通じて工場数・生産額ともに拡大していった．特に1927年に日本窒素によって朝鮮窒素肥料が設立されたことで製造業部門への投資が急増し，20年代の後半から化学工業が少しずつ進展する．

1930年代に入ると状況は大きく変化することになる．総督府が朝鮮半島に対する開発政策の重点を，従来の農業開発から工業の振興にシフトさせていったからである．こうした政策転換の背景には，まずこれまで総督府が開発政策の目玉としてきた産米増殖計画の見直しがある．米騒動に対応して開始された産米増殖計画であったが，20年代後半から日本の米の生産は回復の兆しを見せ，30年代に入ってついに過剰生産を記録するに及んで，多くの地主が計画の見直しを求め，産米増殖計画は1933年に中止せざるをえなくなったからである[2]．

また総督府は，これまで朝鮮における工業化の進展が日本の工業にとって不利な競争を生みだすことを案じ，工業開発よりも農業開発を政策的に優先する態度を示してきたが，ある時期から総督府は，朝鮮における工業化の進展が「本国と競合するより，むしろ本国に寄与する[3]」方向で進められるべきであるという考えを抱くようになった．そしてこの考え方は，1930年代に入って巧みに日本の軍事力に結びつけられながら強化されていくことになる．即ち日本の軍事力によって切り開かれた広大な満州市場が，朝鮮の工業化を可能にするというのが総督府のシナリオであった．やがて日本軍による大陸侵攻作戦の幕がきって落とされ，「北鮮ルート論（原文ママ）」や「大陸兵站基地化論」など一連

の経済政策が次々と発表されるが，こうした植民地工業化推進論は，植民地期朝鮮の経済開発を大陸侵攻のための軍事戦略に位置づけた開発計画であった．植民地期朝鮮の工業化は，日本のアジア侵出という軍事目的と密接に結びつきながら進行していったのである．

（3） 30年代における植民地工業化の進展

1929年の大恐慌以後，日本経済は昭和恐慌という未曾有の経済低迷期に突入する．日本政府はその打開策として，1931年に「重要産業統制法」を制定し，統制経済体制への移行を進める．この法律は，結果的に日本企業の自由な国内活動を制限することになり，彼らの対外進出，なかでも統制適用外の地域であった植民地期朝鮮への進出を促すことになった．

また1930年代に新総督に就任した宇垣一成（1931-36年）や南次郎（1936-42年）も，朝鮮半島の工業化を奨励し，朝鮮に進出した日本企業に保護関税・補助金・低利融資などの優遇策を講じたことで，日本資本の流入に拍車を掛けた[4]．

この時期，朝鮮に進出した日本企業は，三井，三菱，住友などの財閥を筆頭に日産，日本製鉄，鐘紡，東洋紡，大日本紡績など，経営活動の中心を日本国内に置く中堅財閥がほとんどであったが，一部，野口コンツェルン（日本窒素），東拓（東洋拓殖株式会社），朝鮮殖産銀行など，朝鮮半島内での経済活動を通じて成長を遂げた日本資本も少なくない．これら在朝日本企業は，30年代に入ってから従来の製糸部門だけでなく，綿紡績・紡織をはじめ繊維部門への投資を活発化させた．さらに1937年に日中戦争が開始されると，朝鮮における戦時経済体制も一層強化され，進出企業の重化学工業部門，特に軍需産業部門への投資が高まった．こうして朝鮮半島では軍需資源の開発が進み，金属，造船，鉄道車両・火薬・製紙・セメントなど，軍需関連産業がアンバランスな形で発達することになった．

とりわけこの時期（30年代）は，水力資源や鉱山資源が豊富な朝鮮半島北部の開発が進み，軍需産業の基盤となる重化学工業地帯が形成された．なかでも「北鮮（原文ママ）工業地帯」は，朝鮮半島屈指の先進工業地域であったと言わ

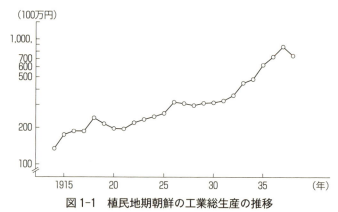

図 1-1　植民地期朝鮮の工業総生産の推移
（出所）　溝口敏行・梅村又次編『旧日本植民地経済統計』東洋経済新報社, 1988 年, 50 ページ.

れ，水力発電や地下資源（鉄鉱石，石炭，マグネサイト），さらに日本海の水産資源（いわし油）と結びついた硫安・油脂・火薬・製紙，製鉄などの工業が発達した[5]．朝鮮窒素株式会社興南工場（1930），日本高周波重工業城津工場（1936），日本製鉄清津製鉄所（1938），王子製紙吉州工場（1936）など，朝鮮北部でこの時期に成長した日本企業も少なくない．

　植民地期朝鮮のこの時期の経済変動を数字で追ってみよう．植民地期朝鮮の工業生産の推移を示した図 1-1 をみると，生産額は 1925 年から 32 年にかけて 3 億円を前後して推移しているが，1934 年に 4 億円台に達するやその後著しい伸びを示し，特に植民地末期の 30 年代の後半に入ってからその生産額は急増している．

　この結果，1931 年から 38 年の工業生産の平均成長率は 12.9％を記録するまでになった[6]．また 1931 年から 40 年までの工場数，生産額，労働者数の推移を追った表 1-1 をみると，この間に工場の数は 1.5 倍に，生産額は約 6 倍に，労働者数は約 3 倍に膨脹している．さらに 30 年代から 40 年代にかけての朝鮮半島における産業構造の変化を追った表 1-2 では，重化学工業部門がこの間に 34％から 49％に上昇しており，産業構造の高度化も読みとることができる．こうした数字をみるだけでも，改めて植民地後期の工業化の進展がうかがえる．

第 1 章　植民地近代化　　7

表 1-1　植民地期朝鮮の工場数・生産額・従業者数の推移（1931-40 年）

年　次	工場数	生産額 （100 万円）	従業者数 （1,000 人）	1 工場あたりの 従業者数（人）
1931	4,613	275.2	106.8	23.2
1932	4,643	323.3	110.7	23.8
1933	4,838	384.8	120.3	24.9
1934	5,126	486.5	138.8	27.1
1935	5,635	644.0	168.8	30.0
1936	5,927	720.3	188.3	31.8
1937	6,298	967.4	207.0	32.9
1938	6,624	1167.1	231.0	34.9
1939	6,953	1459.8	270.4	38.9
1940	7,142	1645.0	295.0	41.3

（注）　1911-12 年：従業者 10 人以上を使用する工場または原動力を有する工場．1913-28 年：職
　　工徒弟を通じ製造時期において平均 1 日 5 人以上を使用する工場，原動力を有する工場，ま
　　たは 1 カ年の生産額 5,000 円以上の工場．1929-40 年：5 人以上の職工を使用する設備を有す
　　る工場または常時 5 人以上の職工を使用する工場．
（原資料）　朝鮮総督府『朝鮮総督府統計年鑑』各年版．
（出所）　溝口敏行・梅村又次編『旧日本植民地経済統計』東洋経済新報社，1988 年，51 ページ．

表 1-2　植民地期朝鮮における産業構造の変化（1936-43 年）

（単位は 1,000 円）

	1936 年の生産額		1939 年の生産額		1943 年の生産額	
重化学工業		%		%		%
金属工業	33,735	5	136,092	9	300,000	14
機械器具工業	13,503	2	53,225	4	115,000	6
化学工業	159,430	27	501,749	34	600,000	29
小　計	—	34	—	47	—	49
軽工業						
紡績工業	99,477	14	201,351	13	345,000	17
窯　業	21,876	3	43,337	3	90,000	4
木製品工業	9,936	1	21,061	1	120,000	6
印刷製本業	13,132	2	19,373	1	24,000	1
食料品工業	199,883	27	328,352	22	400,000	19
ガス及び電気業	39,988	5	30,462	2	300,000	2
繊維工業	103,842	14	163,270	11	26,000	2
小　計	—	66	—	53	—	51
合　計	694,802	100	1,498,272	100	2,050,000	100

（原資料）　韓国銀行調査部『朝鮮経済年報』1948 年版．
（出所）　朴玄埰『韓国資本主義と民族運動』御茶の水書房，1985 年，60 ページ．

（4） 植民地工業化が民族資本に与えた影響

　日本資本の朝鮮進出に基づく植民地工業化の進展は，朝鮮内部に育ちつつあった民族資本にも当然影響を与えた．1920 年に会社令が廃止されてから民族資本による企業設立があいついだ（1920 年，99 件 → 1929 年，207 件）が，民族系企業が朝鮮半島内で占める資本比率は逆に低下し（1920 年，10.5% → 1929 年，6.4%），経営の主導権を日本企業が握る合弁企業に姿を変えて生き残ることも少なくなかった[7]．

　この点について，これまでの植民地研究では，植民地工業化の進展にともなって日本資本と結び付いた一部親日派の民族資本（和信，湖南，三養，開豊など）が成長を遂げる一方，その他の民族資本は日本資本の圧迫の前にきわめて零細な状況に置かれ続けたという，「日本資本の進出と民族資本の没落」論が支配的であった．実際は，どうだったのだろうか．

　1910 年代初頭から 1920 年代末にかけての民族資本系工場の動向を示した**表 1-3** は，植民地工業化の局面における民族資本系企業の変化を如実に物語っている．ここで示された「劣勢の朝鮮にあっても，工業数・従業者数・生産額いずれの構成比も次第に上昇する趨勢にあった[8]」事実は，日本資本の圧迫にもかかわらず民族系企業が成長したことを示している．これは，民族系企業が日本の植民地開発と無関係（自生的）に成長したことを示しているのか，それとも民族系企業が日本の植民地開発の結果として成長したことを示しているのか，研究者によって解釈の分かれるところであるが，いずれにせよ日本の植民地支配下で，朝鮮の民族系企業が成長した事実は否定できないと思われる．

2　植民地期朝鮮の工業化をめぐる論争

（1）　植民地末期朝鮮の工業化に対する 2 つの評価

　これまで概観してきたように，日本の植民地支配末期に朝鮮における工業化は確かに進んだ．とりわけ 1930 年以降，日本の植民地政策が，朝鮮半島の開発・工業化を促したことは否定できないだろう．

表 1-3　植民地期朝鮮における民族系工場の動向（1911-28 年）

年　次	工場数	生産額 (100 万円)	従業員数 (1,000 人)	1 工場あたりの 従業員数
1911	66	2.0	2.4	36.4
1912	98	2.9	3.6	36.7
1913	139	2.8	2.7	15.4
1914	175	2.3	3.4	19.4
1915	205	3.4	3.4	16.6
1916	416	5.4	5.2	12.5
1917	605	8.4	7.4	12.2
1918	815	22.7	9.2	11.3
1919	965	30.5	10.6	11.0
1920	943	21.3	10.2	10.8
1921	1,088	23.9	10.4	9.6
1922	1,336	21.7	14.8	11.1
1923	1,602	33.7	16.2	10.1
1924	1,768	51.4	19.3	10.9
1925	2,005	69.2	21.5	10.7
1926	2,013	83.2	23.7	11.8
1927	2,457	86.1	26.2	10.7
1928	2,751	90.1	29.1	10.6

（原資料）　朝鮮総督府『朝鮮総督府統計年報』各年版.
（出所）　溝口敏行・梅村又次編『旧日本植民地経済統計』東洋経済新報社, 1988 年, 52 ページ.

　にもかかわらず，韓国の研究者が日本の植民地支配による朝鮮の開発・工業化に疑問を投げ掛けるのはなぜだろうか. ここで，誤解されないために断っておくが，韓国内の民族派のエコノミストや歴史家の多くは，決して日本の植民地支配下での工業化の事実を否定してきたわけではない. 彼らは工業化の実績を認めつつも，工業化の中身を問題にしてきたのである.

　例えば韓国の「植民地近代化」論を代表する経済史家の 1 人，安秉直は，かつて（「植民地近代化」論に転向する前）「1930 年代の工業化が物資的生産の急激な増大をもたらした[9]」ことを認めたうえで，植民地工業化の過程を分析して，その基本的性格を次の 5 点に求めたことがある[10].

　① 30 年代の植民地工業化の推進主体になったのは，朝鮮人の資本ではなく，日本人の資本であった.

②30年代の植民地工業化を担った日本資本の基本的形態は，商業資本ではなく産業資本であった．

③30年代の植民地工業化の担い手は，日本の独占財閥の資本であった．

④30年代の植民地工業化の進展は，朝鮮内に独立した経済循環を形成するものではなく，日本経済と結びついた経済循環を形成するものであった．

⑤30年代の植民地工業化における資本蓄積のプロセスには，国家独占資本主義的性格と封建的性格が結び合わされた植民地的性格があった．

　かつての安は，このように，1930年代の植民地工業化の過程を，「日本独占資本の資本蓄積の過程」であると同時に，「民族資本の没落の過程」[11]と捉えていた．そしてこの時期に成長を遂げた朝鮮人資本は，大東亜共栄圏の建設に積極的に参与した少数の「買弁資本家」（京城紡績，和信産業など）達にすぎないとみなしていた．

　また民族経済の立場からこの時期の日本資本の運動の在り方を解明しようとした朴玄埰は，植民地支配下の工業化を次のように把握した[12]．

　原始的蓄積期，産業資本段階，金融資本段階の三段階に区分される日本資本の植民地韓国における運動は，それぞれの段階で，近代化の諸指標となる植民地韓国での社会的生産力の発展と資本主義的経済制度のより強固な確立，さらには産業構造の高度化などの形で，具体的に現れた．しかしこのことは，経済諸量や民族的利益を捨象した国民経済構造を基準とした場合においてさえも，植民地状況からの離脱を意味するものではなかった．
　一方で農業は半封建的小作制度の下におかれたまま，工業の飛躍的発展が示されたが，それは国内的分業との関連を持たずに，宗主国とも遠隔地商業によって媒介されたものであったから，自主的構造を欠いていた．
　……韓国の金属工業は，韓国内で得られる動力と地下資源を基盤に，軍需産業と結合して発展の素地を与えられ，1930年代以後急速に成長する．しかしこれは，韓国内での国内的分業と関連を持つことなしに，日本工業に

素材を提供する工業の跛行的発展というまさに植民地構造を持っていた．
……工業の部門で以上のように示された植民地下の韓国における植民地経済構造は，農業部門では半封建的地主・小作関係を中枢に据えた農業の前近代的状況での停滞と，農民の甚だしい貧困において示される．

　つまり朴によれば，1930年代以降，植民地期朝鮮の工業は飛躍的な発展を遂げるが，それは基本的に日本本土の大資本の分工場にすぎないもので，朝鮮内の民族資本とはほとんど関連をもたず，むしろ日本企業の進出によって朝鮮人が経営する中小企業の一層の零細化と没落が引き起こされたというわけである．また同時に1930年代の工業化とそれに続く過程は，農業部門における農民の窮迫をもたらす過程であったという．つまり「民族経済の基盤に対する破壊」[13]こそが植民地工業化の実態であったというのが，朴の主張である．

　朴玄埰が下した1930年代の植民地工業化に関するこうした評価は，韓国の民族派[14]に共通する一般的な見解であると思われるが，こうした分析を裏付ける実証研究も韓国内で拡がりを見せつつある．開発エコノミストであると同時に優れた経済史家である金泳鎬は，こうした先行研究をふまえながら，植民地工業化の歪みを以下の4点に求めている[15]．

① 植民地期朝鮮においては，長期間にわたった工業投資が増加すればするほど朝鮮人労働者の実質賃金は，相対的にも絶対的にもむしろ減少している．

② 植民地工業化の進展につれ，農業部門における小作料の相対的上昇がみられ，朝鮮の農民を没落させる原因になった．

③ 植民地工業化に伴って朝鮮人の細民，窮民，乞人，あるいは国外流失者が著しく増加した．

④ 日本の工業化を支えるために植民地期朝鮮の農業開発が進められたが，朝鮮人一人当たりの米穀消費量は大幅に減少している．

　すなわち日本の植民地下で朝鮮における工業化は確かに進んだが，その内実

は日本帝国主義による「民族の再生・自立を阻止・圧殺する破壊[16]」が進められた点で,「低開発の発展」に他ならないというのが金泳鎬の主張である.

　以上,韓国を代表する3人のエコノミストの研究には,学問的アプローチは異なるが共通した認識が見られる.それは,1930年代の植民地工業化が,基本的に日本本土あるいは日本人の繁栄をもたらすために推進されたものであり,朝鮮民衆（企業家,労働者,農民）の生活向上にはあまり結びついていなかったという認識である.要するに植民地工業化の利益配分に与かったのは,日本人と一部少数の親日派（「買弁資本」）だけであり,ほとんどの朝鮮人はむしろ開発の犠牲者であったというのが,民族派の研究に流れる通奏低音であった.

　一方,独自の視点から朝鮮経済史を考察してきた堀和生は,こうした「二重構造論[17]」的把握に異議を唱える.日本から進出してきた企業が朝鮮における民族系企業とまったく産業的連関を持たないというのは不自然であり,またありえないというのが堀の問題提起である.確かに,韓国におけるこれまでの多くの研究は,植民地下の朝鮮経済を日本人セクターと朝鮮人セクターの二部門に分類し,両者の相互依存関係を否定し,むしろ両者の断絶や対抗関係（日本独占資本による民族資本の破壊,および後者の前者への抵抗[18]）を強調するものが多かった.堀は植民地期朝鮮における日本企業と現地経済の「非接合」や「日本独占資本による民族経済の破壊」のみを強調する従来の「二重構造論」的研究を批判し,1930年代に朝鮮に大々的に進出した日本企業と現地資本との関わりと,それを通じた朝鮮経済の変化を問題にしているのである.

　例えば堀は,当時植民地期朝鮮に進出した日本窒素肥料コンツェルンによる電源開発は,「朝鮮全体の電力供給能力の増大」をもたらし,それは「電気化学工業のような電力多消費産業はいうまでもなく,電動機を使用する広範な工業が（朝鮮内部に）成立してくる基礎的な条件となった[19]」ことを力説している.

　おそらく堀が指摘するような意味合いにおいて,植民地時代に朝鮮に進出した日本資本が現地経済の発展に有形無形の影響を与えたことは間違いなかろう.しかし植民地工業化が,朝鮮民衆（企業家,労働者,農民）の生活に及ぼした影響という点ではどうだろうか.すでにその面での負の作用（植民地下の農村開発を通

じた日本への米の移出の増大による農民の困窮化と国外流出や，1930 年代に入ってからの朝鮮人労働者に対する低賃金強制労働の展開など）については詳しく論じてきたので，ここでは，植民地工業化が朝鮮民衆に及ぼした正の効果がはたしてあったのかどうかについて考えてみたい.

　この点について，豊富な資料から植民地末期朝鮮の工業化過程における社会変化を追跡したカーター・エッカートは，日本人工場における ① 朝鮮人技術者の育成，② 朝鮮人企業の台頭，③ 朝鮮人労働者の管理職への登用という視角から，興味深い実証研究をおこなっている.

　まずエッカートは，当時「日本の使用者が民族的偏見と差別によって，朝鮮人労働者を職場で未熟練労働にとどめる傾向があった[20]」という韓国の学者達の通説的見解を批判し，実際には 1940 年から 44 年までの 4 年間に「朝鮮人の三級技術者は 9000 人余りから 2 万 8000 人近くまで増加していた[21]」事実を挙げている．これは，戦争の拡大とともに，徴兵で少なくなった日本人技術者の穴を朝鮮人で埋めなければならない日本政府の必要性から，「小学校から京城帝大に至るまで，すべての段階で職業訓練や技術教育の向上を図る計画を開始した[22]」総督府による植民地政策の恩恵を受けたものであったという.

　さらにエッカートは，「戦時統制や同化政策にもかかわらず，かなり多くの朝鮮人企業家が 40 年代初頭まで工業部門で活動を続けていた[23]」事実を指摘し，日本の植民地支配が朝鮮人企業の勃興を抑制していたとする韓国学界の通説に疑問を投げ掛けている．彼の研究によれば，「1941 年度の工業資本の 40％以上は，朝鮮人によって運営されて」おり，「飲料，製薬・精米などいくつかの部門では朝鮮人企業の数が 50％を超え，戦時下の基幹産業である金属では 28％，化学では 30％，繊維では 39％が朝鮮人企業だった[24]」という.

　またエッカートは，「日本大資本と，総督府や朝鮮殖産銀行・朝鮮銀行のような準政府機関でも，30 年代に生まれたホワイトカラー層のなかに朝鮮人管理職を見出すことができる[25]」とし，日本の植民地支配が朝鮮人の管理職への登用を妨げてきたとする韓国の学者達の見解を退ける．戦争が激しくなるにつれ日本人職員の人手が不足し，その空白を埋めるため戦争末期まで徴兵されな

かった朝鮮人の登用が顕著になったというのが，彼の説明である．実際，拓殖銀行では植民地末期に近づくにつれ朝鮮人行員の比重が増し，1944年には朝鮮人行員が全体の45～50％を占め，上級職行員のうち40～45％が朝鮮人であったといわれている[26]．

（2） 親日派と民族派の狭間で生きてきた朝鮮民衆

韓国の学者達の先入観を批判する堀やエッカートの研究には教えられるところも少なくない．確かにこれまでの韓国の学者達の研究では，植民地期の日本人の朝鮮人に対する民族的偏見やレイシズムを強調するあまり[27]，日本人が朝鮮人の能力を評価するはずがないという思い込みが強かった．そのため総督府権力がかなりの朝鮮人（企業）に一定の利益を与えながら，彼らを日本帝国主義の利害のために利用してきたという側面を見逃してきた．こうした総督府の政策は，朝鮮の工業発展が日本本国に寄与するだけではなく，一部有能な朝鮮人を技術者や管理職につかせることで朝鮮人社会の階級分断を進め，彼らの民族解放運動の力量を弱体化させることを意図していたともいわれている[28]．

とはいえ，エッカートが指摘する日本工場で育成された朝鮮人技術者や，日本企業に登用された朝鮮人管理職が，いくらその数が多いとしても，結局韓国の民族派は彼らを「反民族的な対日協力者」と見做すだろう．彼らが帝国主義の側に立っている限り，所詮「民族経済の発展」に繋がらないという意識が，韓国民族派の根底にあるからである[29]．

また植民地下における朝鮮人企業の比率にしても，その数が多いか少ないかという評価は，読み手が植民地支配の収奪を強調するか，植民地工業化による変化を強調するかの立場によって大きく変わってくる．例えば，植民地末期まで払込資本金の90％以上が日本人資本であったことを示す総督府統計を，韓国の民族派が「朝鮮人（企業）の植民地経済への参与がほとんどなかった」と解釈するのに対し，エッカートは当時「日本人の手で経済を支配することが求められていた」ことを考慮すれば，「日本権力がわずか10％でも朝鮮人資本の存在を許したことに驚くべき[30]」というまったく正反対な評価を下している．

そもそも日本の皇民化政策の中で朝鮮人の民族性は否定され，日本経済の発展の一翼を担うべく進められた朝鮮の工業化なのであるから，そのような工業化は，どのように解釈しようが，決して「民族経済の発展」には繋がらないというのが民族派の視角である．したがって「民族経済の発展」を評価の基準に据える限り，朝鮮人労働者の管理職への登用，朝鮮人技術者の形成，朝鮮人企業の台頭など，植民地工業化が朝鮮民衆に及ぼした経済的な効果はすべて等閑視されることになり，両陣営に歩み寄りの余地はない．

だが韓国の民族派のように植民地時代の朝鮮人やその企業を，親日派と民族派，買弁・隷属資本と民族資本に簡単に区分できるかと言えば，それは容易ではないだろう．民族派は「ごく一部の買弁資本や親日派を除けば，日本の植民地工業化の恩恵に与かった者はほとんどいなかった」というが，実際には日本の植民地支配に対して武装闘争を挑んだ抗日運動家は数的に少数派であり[31]，多数の一般民衆は，基本的には民族派の主張に同調しつつも，植民地時代を生き抜くために，親日派と民族派の狭間で揺らいでいたのである．

また日本資本と結びついて成長した企業をすべて買弁・隷属資本として，民族資本と区別してしまうのもどうか．彼らの成長の原因をすべて日本の植民地政策に帰すことは朝鮮人自身の企業家能力を過少評価することになるし，実際，解放後日本資本が撤退した後も衰退することなく成長を遂げた朝鮮人企業も少なくない．植民地工業化の一端を担った朝鮮人企業は，多くの朝鮮人に就業機会を提供しつつ，企業として生き残るための苦汁の選択として日本資本との合弁に乗り出した者もいる．彼らは，植民地開発の波の中で日本資本と対立したり，ある時期は協調をしながら自らの企業を支えようとしたのである．このように考えると，梶村秀樹がかつて指摘したように，植民地支配下のほとんどの朝鮮人企業に「隷属的でかつ民族的な[32]」矛盾した２つの側面が共存していたと考えるのが妥当であると思われる．

植民地支配下の朝鮮社会は，その表裏で開発と収奪，同化と抵抗，親日と反日，隷属と自立という，まさに対立する２つの現象が相互に反目しながら，同時に進行した錯綜の時代であったといえる．重要なことは，こうした日本の植

民地支配が生み出した2つの現象をいかにして統一的に把握するかという点にある.

　おそらくこれまで少なくない韓国の学者たちが，植民地工業化による朝鮮社会の変化に目を塞いできたのは，日本の歴史認識や戦後処理問題と絡んでのことであろう．植民地工業化による経済成長を韓国側が認めれば，それがそのまま「日本の植民地支配は韓国の発展に貢献した」という日本の要人たちの歴史認識を追認することになりかねないからである.

　しかしここでの最大の問題は，日韓の要人達が植民地工業化の進展を事実として認めることが，「韓国に恵みをもたらした」という意味で肯定的に評価されると思い込んでいることである．彼らは，完全に「植民地工業化の進展」という現象と「植民地収奪による民族（経済）の破壊」という現象を切り離して議論している．多くの韓国人は植民地工業化による朝鮮社会の変化に目を塞いで，植民地収奪の過酷さを主張するのに対し，日本の要人は，植民地収奪が朝鮮民衆に与えた精神的苦痛を等閑視する一方で，植民地工業化の進展を強調し，植民地支配の成果を絶賛する.

　しかしすでに考察してきたように，植民地工業化の進展こそが，多くの朝鮮人を日本の軍事・経済機構に動員することによって，民族（経済）の再生産基盤を破壊し，民族の自立を阻止してきたのである．つまり，植民地開発による工業化の進展と植民地収奪を通じた民族の破壊をコインの表裏の現象と把握することによって，植民地支配下の朝鮮社会の変化がはじめて正しく理解されるのではないだろうか．そしてこうした植民地開発と収奪の狭間で揺れ動いた人々こそ，植民地工業化の主役となった歴史の主体に他ならないのである.

3　植民地工業化が解放後の韓国社会にもたらしたもの

（1）　植民地期と解放後の韓国社会の変化と連続性
　以上のような性格をもつ日本の植民地開発は，それでは解放後の韓国社会にどのような遺産を遺したのであろうか．最後に，インダストリアリズムの視点

から，植民地期と解放後の韓国社会の変化と連続性について考察してみたい．

　植民地期と解放後の韓国社会の変化と連続性を考えるうえで，1980年代を通して韓国社会に流布した「韓国社会構成体論争」は，いくつかの示唆を与えてくれる．この論争の1つの大きなテーマは，解放後の韓国社会の性格を規定するにあたって，その歴史的前提となる日本植民地下の朝鮮社会の性格をどのように捉えるかという問題であった．当時の韓国の学界や労働団体などの運動圏では，日本植民地下の朝鮮社会を資本主義社会と認識するグループと，それをあくまで植民地・半封建社会と捉えようとするグループに分かれて，激しい論争が展開されていた[33]．

　まず，日本植民地下の朝鮮社会を資本主義社会構成体と考える学説を主張したのは，権寧旭である．彼は，日韓併合から土地調査事業が終了した1910年から1924年までを封建社会から資本主義社会への移行期と捉え，植民地工業化が本格化した1930年以降を実質的な資本主義社会と規定する[34]．この際，権は1930年代を資本主義社会と捉えたメルクマールとして，1930年代に入って工産品生産額の比重が農産品生産額のそれを上回った業種別生産構造の変化を挙げている[35]．ここでは，解放後韓国における資本主義発展の起点が1930年代の植民地工業化期に求められているといってもよい．

　一方，国家独占資本主義論に依拠する朴玄埰は，1910年の日韓併合を起点にして，朝鮮が資本主義社会に移行したと主張する．彼はさらに，日本植民地支配下の朝鮮経済を，①1905年から18年にかけての資本の原始的蓄積の段階，②1919年から29年にかけての産業資本段階，③1930年以降の金融資本段階に区分し，植民地化の過程を資本主義の深化の過程と理解する[36]．ここで，朴は1930年代における日本資本の広範な進出を植民地期朝鮮の資本主義化を大きく促すものと解釈する点で権寧旭と共通の理解を示しているが，1911年から18年にかけての土地調査事業を，資本制化の前提条件としての本源的蓄積過程と解釈している点で，権の見解とは食違いをみせている．

　権説と朴説は資本主義への移行期を1930年代に求めるか，それとも1910年の日韓併合期に求めるかの違いこそあれ，両者とも解放後の韓国における資本

主義発展の起点を日本の植民地期に求めている．この点で，植民地期と解放後の韓国社会における社会構成体面での連続性が強調されているといってもよいだろう．

これに対して，李大根をはじめとする周辺部資本主義論者は，梶村秀樹の「旧植民地社会構成体」[37]論を援用し，植民地期朝鮮社会を「植民地半封建社会構成体」[38]と規定する．この際，李は論争の過程で，少なくとも1920年代まで日本は植民地期朝鮮における前近代的な半封建的土地所有関係を強化しつつあったとして，朴玄埰の「日韓併合＝資本主義化」説を批判するとともに[39]，1930年代の植民地工業化期においても朝鮮社会の基本的な経済範疇は依然として植民地地主制にあったとして，権寧旭の考え方にも異議を唱えている[40]．そして彼は，韓国社会がこうした植民地段階の「植民地半封建社会」を経て，解放後はじめて中心部資本主義に大きく規定され，そしてその結果，植民地的・従属的性格を帯びた「周辺部資本主義」社会に転化したと主張する[41]．

この説では，「周辺部資本主義」への転化の起点を，農地改革が実施され，植民地地主制が凋落の道を歩むようになった解放後に求めている点で，植民地期と解放後の韓国社会の変化が強調されているようである．少なくともここでは，社会構成体面での解放前後の非連続性がみられる．しかしながらこの説においても，韓国社会が世界資本主義システムの中で位置づけられた「周辺性」の起源が植民地期に求められているという点では，解放後の連続した韓国社会の性格が強調されているといえるだろう．

（2） 解放後も「親米派」として残存した「親日派」の功罪

解放後の韓国社会を「国家独占資本主義」と規定するか，それとも「周辺部資本主義」と規定するかはさておき，かような「資本主義」的発展を導いた「開発の指導層」自体は，植民地時代の権力機構や支配勢力となんらかの連続性を持っているのだろうか，それとも断絶しているのだろうか．

結論から述べれば，解放後，経済復興に着手した新たな支配勢力（与党政治家，軍部エリート，財閥創設者など）のかなりの部分は，植民地時代に反日独立運動を

闘った人々ではなく，植民地教育の洗礼を受け，総督府権力の下で優遇された，旧親日派勢力であった．結果的に植民地時代の独立運動家たちは，権威主義的な開発主義に抵抗する民主化勢力にはなりえても，決して開発の中心的な勢力にはならなかった．その意味で，韓国社会の解放後の経済復興や経済開発は，植民地権力との連続性を抜きにして語ることはできないと思われる．

親日派とは「植民地時代の朝鮮人官僚，警察官，それに日本人の庇護の下で富を築いた朝鮮人地主，企業経営者」あるいは「大日本帝国の尻馬に乗り戦争の美化に手を染め，朝鮮の青年たちを戦争へ駆り立てる役を買って出た知識人」など当時の「附日協力者」を指す．彼らの多くは，民衆による執拗な親日派駆逐運動にもかかわらず，解放後「親米派」に姿を変え，米占領下で軍政庁の幹部に登用されたり，植民地時代に培った財力と人脈にものをいわせて新たな権力機構の中枢に上りつめていった．

ちなみに解放後の親日派人脈について調査を続けた林鐘国の研究によれば，李承晩政権下の第一共和国（1948-60年）における親日派該当者は，国務総理経験者96名中30名（31%），歴代の内務部長官19名の内8名（42%），財務部長官8名の内4名（50%），法務部長官9名の内5名（56%），国防部長官7名の内2名（29%），文教部長官6名の内1名（17%），農水産部長官15名の内4名（27%），商工部長官10名の内6名（60%），復興部長官4名の内2名（50%），社会部長宮5名の内1名（20%），逓信部長官8名の内2名（25%）にのぼっている．李承晩体制下の司法部でも，計19名輩出した大法院長および大法官のうち，実に13名が親日派該当者であった．こうした権力機構における親日派重視の登用はその後も継承され，張勉政権下の第二共和国（1960-61年）で誕生した長官35名の内20名が親日派該当者であったといわれている．

では何故，駆逐されるべき親日派が解放後も権力の中枢に居座ることができたのか．理由はいろいろと考えられるが，① 米軍政庁が日本統治時代に高等教育を身につけた旧親日派の朝鮮人を幹部職員として優先的に登用する一方，かつての民族運動の指導者を思想主義者として意識的に遠ざけたこと，② 米国によって朝鮮人側の指導者に祭り上げられた李承晩が，建国に当たって親日派

の排除以上に，民族の力を結集することを優先したこと，[47] ③ 植民地時代の独立運動が，分派作用を克服できなかったことは，[48] 親日派の処罰問題をうやむやにしてしまった原因として特記されるだろう．

　いずれにせよ李承晩は朝鮮の自主独立，さらには連立政権の維持にあたって，好むと好まざるとにかかわらず，親日派の人々を利用せざるをえなかったのである．

　こうして権力機構の中枢に返り咲いた旧親日派グループは，解放後の韓国経済の復興・開発にあたって大きな役割を演じることになった．なかでも親日派から「親米派」に変身した彼らが，左派独立グループが唱えた「民族の自立」イデオロギー以上に，「経済復興・開発」イデオロギーを優先し，米国から経済援助を引き出したことは，その後の韓国の外資（日米）依存型の成長路線に決定的な影響を与えたといえる．[49]

おわりに

　日本による植民地期朝鮮の工業化の是非をめぐって，今日まで日韓双方で激しい論争が繰り広げられてきた．しかし植民地工業化の進展を強調し，かなり多くの朝鮮人がその利益配分に与かったはずであると主張する日本側と，植民地工業化を認めつつも，大部分の朝鮮民衆はその恩恵には浴さなかったとする韓国側の間には，残念ながら議論の余地さえなかったように思われる．なぜ，こうした不毛な論争が続けられたのか．

　その原因の一端は，植民地支配が朝鮮民衆に与えた精神的苦痛を等閑視し，戦後処理を放置してきた日本側の姿勢にもあるが，植民地開発の恩恵に与かった企業や民衆を「買弁資本」や「親日派」と見做して切り捨て，植民地下のほとんどの企業と民衆を開発の犠牲者として一面的に捉えてきた韓国側の研究姿勢にも問題がある．韓国の学者が，当時の企業や民衆を「買弁資本」と「民族資本」，「親日派」と「反日派」に分類し，前者を植民地政策に協力した悪玉，後者を植民地収奪の犠牲者と考えるかぎり，日本の植民地開発と朝鮮民族の抵

抗運動の狭間で揺れ動いた大部分の企業人や朝鮮人労働者の本当の生きざまは見えてこないのではないだろうか．むしろ重要なことは，「親日」行為に走った朝鮮の人々が，植民地工業化の過程で，また解放後の復興・経済成長の過程で，どのような役割を演じたのかを明らかにしていくと同時に，植民地開発を通じた近代化が，解放後の韓国や北朝鮮にどのような葛藤を生みだしたのかを解明していく作業であると思われる[50]．

注

1）C. J. エッカート「植民地末期朝鮮の総力戦・工業化・社会変化」『思想』1994 年 7 月号，31 ページ．

2）産米増殖計画の詳しい内容については，河合和男『朝鮮における産米増殖計画』未来社，1986 年．

3）エッカート，前掲論文，29 ページ．

4）エッカート前掲論文，33 ページ，および山本有造『日本植民地経済研究』名古屋大学出版会，1992 年，173 ページ．

5）鄭章淵「朝鮮北部の開発」，高崎宗司他『日本と朝鮮』東京書籍，1991 年，161 ページ．

6）溝口敏行・梅村又次『旧日本植民地経済統計』東洋経済新報社，1988 年，50 ページ．

7）鄭章淵，前掲論文，164 ページ．

8）金子文夫「植民地投資と工業化」『近代日本と植民地 3』岩波書店，1993 年，44 ページ．

9）安秉直「日帝独占資本進出史」高麗大学校民族文化研究所『韓国現代文化史体系四──政治・経済史──』高麗大学校民族文化研究所出版部，1978 年，581 ページ．

10）同上論文，591 ページ．

11）同上論文，607 ページ．

12）朴玄埰「解放前後ノ民族経済ノ性格」『韓国社会研究』創刊号，ハンギル社，1983 年，375-377 ページ．

13）前掲論文，389 ページ．

14）韓国における民族派の系譜については，鄭允炯「経済学ニオケル民族主義的傾向」宋建鎬・姜萬吉『韓国民族主義論』創作と批評社，1982 年および李静和「韓国における民族主義」『思想』1993 年 7 月号参照．

15）金泳鎬「脱植民地化と第四世代資本主義」『近代日本と植民地 8』岩波書店，1993 年，138-139 ページ．

16）同上論文，140 ページ．

17）堀和生『朝鮮工業化の史的分析』有斐閣，1995 年，9-13 ページ．

18）例えば，Sung-Chul Suh, *Growth and Structural Change in the Korean Economy 1910-*

40, Cambridge: Harvard University Press, 1978.

19) 堀和生，前掲書，262 ページ．

20) Eckert, "The War Industrialization, and Sosial Change in Late Colonical Korea," in P. Duus, R. H. Myers, and M. R. Peattie eds., *The Japanese War time Empire, 1931-45*, Princeton, N. J.: Princeton University Press, 1996, p. 37.

21) Ibid., pp. 20-21.

22) Ibid., p. 20.

23) Ibid., p. 23.

24) Ibid., p. 23.

25) Ibid., p. 24.

26) Ibid., p. 26.

27) 植民地支配下における朝鮮人労働者に対する差別的処遇については，拙稿「日本のなかのもう一つの外国人労働者問題」奥山眞知・田巻松雄編『二〇世紀末の諸相』八千代出版，1993 年を参照のこと．

28) Eckert, Ibid., p. 22.

29) 韓国の民族派に大きな影響を与えた梶村秀樹は，民族資本を買弁資本ないし隷属資本の対立概念と捉え，それが基本的に帝国主義の側にたつか，それとも反帝の側にたつかで，両者は区分されると言う（梶村秀樹『朝鮮における資本主義の形成と展開』龍渓書舎，1977 年，218 ページ）．

30) Eckert, Ibid., p. 22.

31) グレゴリー・ヘンダーソンは植民地時代に民族運動に身を投じた朝鮮民衆は全体の5％以下にすぎないと述べている（G. Henderson, *The Politics of the Vortexs*, Cambridge: Harvard University Press, 1968, p. 110）．

32) 梶村秀樹，前掲書，233 ページ．

33) 韓国における社会構成体論争については，チョ・ミン「韓国社会構成体論争ノ現状ト課題」『国家独占資本主義論 1』ハヌル社，1986 年，拙稿「韓国における資本主義発展の性格をめぐる論争」大阪市立大学『経済学雑誌』第 92 巻第 2 号，1991 年などの文献を参照のこと．

34) 権寧旭「旧植民地経済研究ノート」『植民地半封建社会論』ハヌル社，1984 年，413 ページ．

35) 同上論文，421 ページ．

36) 朴玄埰「解放前後ノ民族経済ノ性格」『韓国社会研究』創刊号，ハンギル社，1983 年，372 ページ．

37) 梶村秀樹「旧植民地社会構成体論」冨岡倍雄・梶村秀樹『発展途上国経済の研究』世界書院，1980 年．

38) 李大根「韓国資本主義ノ性格ニ関シテ」『創作ト批評』通巻 57 号，1985 年，357 ページ．

39) 同上論文，354 ページ．

第1章　植民地近代化　　*23*

40) 同上論文，370 ページ．

41) 同上論文，354-365 ページ．

42) 李景珉『朝鮮現代史の岐路』平凡社，1996 年，154 ページ．

43) 同上書，158 ページ．

44) 林鐘国（コリア研究所訳）『親日派』御茶の水書房，1992 年，404-418 ページ．

45) 同上書，455 ページ．

46) 同上書，490 ページ．

47) 李景珉，前掲書，170 ページおよび 178 ページ．

48) 林鐘国，前掲書，419 ページ．

49) 民衆による人民委員会の手で親日派が処罰された北朝鮮では，「開発」イデオロギーよりも「外勢からの自立」イデオロギーが優先された．この結果，北朝鮮は西側世界の「新国際分業」に組み込まれることを嫌い，その後の国民経済の復興・成長に大きなハードルをかけることになってしまった．

50) 本章では，安秉直教授による植民地支配の評価を，この研究を学会で発表した時点（1995 年）のまま「植民地半封建社会論」に立った「二重経済論（日本独占資本の繁栄と民族資本の没落）」の典型例として紹介している．しかし，その後，安教授はこうした主張を撤回，日本の植民地時代を侵略と収奪の歴史としてだけ捉えるのではなく，侵略と開発の両面を持ったものとして把握すべきであるという「植民地近代化論」を提唱するようになった（安秉直「韓国近現代史研究ノ新タナパラダイム」『創作ト批評』通巻 98 号，1997 年冬）．だが，こうした安教授の主張は，解放後の韓国の経済成長の起源を日本の植民地期に求めるもので，日本の侵略を擁護しかねないとして，韓国の学界から激しい批判にさらされている．

第2章

戦争と国際労働移動
──慰安婦問題と戦場の性暴力──

はじめに

　植民地化に続く戦争は，植民地諸国から宗主国，植民地諸国から紛争地への国際的な人の移動を促す．国家は兵隊として若者を戦争に駆り出し，それによって不足した労働力を植民地から動員するともに，戦地の兵隊のために，植民地から慰安婦までも調達するからである．

　日本が朝鮮半島を植民地支配し，日中戦争に突入した時代にも同じようなことが行われた．1930年代の末から，日中戦争が拡大するとともに，戦争で不足した日本国内の労働力を補うために，植民地朝鮮から多くの朝鮮人労働者が日本各地の炭坑や軍需工場に労務動員された[1]．さらに，大陸に送り込まれた日本人兵士たちのために，多くの朝鮮人女性が慰安婦として中国の戦場に送り込まれた．

　朝鮮から日本，朝鮮から中国への最初の大規模な国際労働移動は，労働者の自発的な移動ではなく，強制的・半強制的な人の移動という意味で，「奴隷貿易」という色彩を持っていたために，戦後は徴用工問題や慰安婦問題という厄介な問題を日韓の間に引き起こすことになった．なかでも慰安婦問題は，日韓関係の最大の棘になってきた．韓国の文在寅大統領は，新政権誕生後，紆余曲折を経て，朴勤恵前大統領と安倍政権の間で結ばれた慰安婦問題に関する「日韓合意」を見直すことはしないとしながらも，慰安婦一人当たり1億ウォン（日本円で約1000万円）の見舞金として使われることになっていた日本政府から

の10億ウォンの保障金の使い道について再考を求めた．見舞金を受け取ることが，日本大使館前の慰安婦像の移転との交換条件と認識した元慰安婦の一部のハルモニ（おばあさん）が日本からの見舞金を受け取ることを拒否したためである．

　日本政府が慰安婦問題を解決したと認識する一方，韓国政府は慰安婦問題を依然解決できていないと認識しているようである．こうした日韓のボタンの掛け違いはどのような経緯で生じたのだろうか．多くの日本のマスコミでは，史実に基づかない吉田証言[2]を根拠に朝鮮人慰安婦「強制連行」説を流布させた朝日新聞の無責任な報道が，日本政府に対する誤解を世界に拡散し日韓関係を悪化させたというが，これは事実なのだろうか．また「慰安婦は戦場で軍が管理した娼婦（公娼）にすぎない」[3]のであり，慰安婦問題は朝日新聞が広めた捏造で，もともと慰安婦問題などなかったという議論も日本のマスコミで流されているが，本当だろうか．

　本章では，日中戦争期における植民地朝鮮から戦地・中国への朝鮮人慰安婦の送り出し過程を国際労働移動のフレームワークから検証し，そうした戦中期の国際労働移動が戦後に生み出した問題点について戦後処理の観点から考察してみたい．

1 日中戦争期における朝鮮から中国への朝鮮人女性が慰安婦として動員された背景

　そもそも従軍慰安婦問題とは何か．戦時中の日本軍の慰安所は，1930年代に入って大陸侵攻に際して兵士たちの性病予防と現地女性への性暴力を防ぐために，各占領地に設けられたものである．1938年に「各部隊に軍慰安所をつくる」という方面軍参謀長の指示がでたのを皮切りに，軍慰安所は中国華北部にいた日本人慰安婦とは別に，2万人の朝鮮人慰安婦を集めることを計画したといわれている[4]．このとき，なぜ日本人女性だけでなく朝鮮人女性がターゲットになったのだろうか．当時，日本は「婦人と児童の売買に関する国際条約」を

批准していた。同法は「二一歳以下の女性の場合，本人がたとえ同意しても，売春業に就かせることを禁じていた」ため，新たな若い日本人女性を軍の慰安婦にすることはできなかった。だが，同法には「植民地出身者についてはその限りではない」とする「植民地除外」規定が設けられていた。日本軍はこの除外規定を巧みに突いて，不足した若年慰安婦を補うため植民地朝鮮から21歳以下の若い女性を慰安婦として動員しようと画策したのである。参謀長は朝鮮総督府に依頼して業者を通じて約8000人から1万人の朝鮮人慰安婦を集め，中国華北部の慰安所に送り込んだといわれている[5]。

　この際慰安婦として集められた朝鮮人女性のなかには身売りされた者が多かったが，「病院に傷病兵を見舞い，包帯を巻いてやり，一般に兵士たちを幸福にしてやることにかかわる仕事」とか「楽な仕事だし，新しい土地で，新しい生活の見込みがある[6]」というような勧誘で業者に騙されて連れて行かれた女性も少なくなかった。

2　朝鮮半島で慰安婦はどのように集められ，戦地中国に動員されたのか

（1）　日韓の戦後処理問題として浮上した朝鮮人慰安婦問題

　日中戦争期におけるこうした朝鮮から中国への朝鮮人女性の国際移動のプロセスや彼女たちが現地で慰安婦にされた経緯，労働移動の背景にある日本軍の関与の実態などが詳しく議論されるようになったのは，韓国の「民主化宣言」（1987年）後の90年に『ハンギョレ新聞』に朝鮮人慰安婦に関するレポートが掲載されてからである。

　その後，急速に韓国で日本軍慰安婦問題が社会問題化していった。翌91年，金学順さん（当時67歳）という韓国人女性が「自分は朝鮮人慰安婦だった」と名乗りを上げ日本軍「慰安婦」としての過酷な体験を証言し，彼女を含む3人の韓国人女性が同年12月に日本政府への謝罪と補償を求める裁判を日本で起こしたことで，韓国内で朝鮮人慰安婦問題に対する日本政府の責任を求める声

が高まっていった.

　こうした韓国側の問題指摘に対して，日本政府は当初「民間業者がそうした方々（慰安婦）を軍とともに連れ歩いていた[7]」と日本軍の関与を否定していた.

　しかし，元慰安婦の提訴をうけて，内閣外政審議室は慰安婦関連資料の調査を開始した．そして92年1月，防衛研究所にあった『陸軍省業務日誌摘録』など，当時の慰安所の運営に軍が関与していたことを裏づける資料が見つかったことで，日本政府の対応が変わった．資料を確認した日本政府は「当時の軍の関与は否定できない」（加藤紘一官房長官談）とし，宮沢首相は同年1月17日に開催された日韓首脳会談で公式謝罪した.

　同年7月，日本政府は慰安婦問題に関する調査結果を発表した．加藤官房長官は「慰安所の設置，募集に当たる者の取り締まり，軍慰安施設の築造・増強，慰安所の経営・監督，衛生管理，身分証明書等の発給で政府の関与があった」と述べ，当時の慰安所運営への国の関与を正式に認めた.

　そして韓国側からの要請を受け，日本政府は93年から軍や朝鮮総督府・慰安所経営の関係者にヒアリングを行った．こうしたヒアリング調査に基づいて，外務省は朝鮮人慰安婦について「人さらい」的な狭義の「強制性」は認められないものの，「自らの意思に反した形で従軍慰安婦にされた事例があることは否定できない」という内部文書を作成した[8]．これを受けて，同年3月の参議院予算委員会で谷野作太郎外政審議室長が「（慰安婦に対する）強制は物理的に強制を加えることのみならず，脅かし，畏怖させ本人の自由な意思に反した場合も広く含む」という答弁を行った．朝鮮人慰安婦問題における「強制」概念を広くとらえる方向で議論が始まったのは，この頃からである.

（2）「河野談話」は何が目的で，誰のために書かれたのか

　そして93年8月，日本政府は韓国の関係者を通じて元慰安婦から事情聴取を行い，以下の内容を骨子とする「河野談話」を発表した.

　　① 慰安所の設置，管理及び慰安婦の移送については，旧日本軍が直接ある

いは間接にこれに関与した.

②慰安婦の募集については，軍の要請を受けた業者が主としてこれに当たったが，その場合も，甘言，強圧による等，本人たちの意思に反して集められた事例が数多くあり，更に，官憲等が直接これに加担したこともあったことが明らかになった.

③慰安所における生活は，強制的な状況の下での痛ましいものであった.

「談話」の前半に書かれた以上の部分は，朝鮮半島出身の慰安婦のみを対象に書かれたものではなく，植民地を含むさまざまな地域から集められた慰安婦について書かれたものであった．ところが「談話」の中段には，韓国の元「慰安婦」にむけて特別に書かれたと思われる以下の部分がある.

なお，戦地に移送された慰安婦の出身地については，日本を別とすれば，朝鮮半島が大きな比重を占めていたが，当時の朝鮮半島は我が国の統治下にあり，その募集，移送，管理等も，甘言，強圧による等，総じて本人たちの意思に反して行われた.

こうした記述は，一般的な慰安婦問題が朝鮮人慰安婦問題にも当てはまることを付言したものであるが，「談話」の結びでは出身地を問わないすべての慰安婦を対象にした以下のような謝罪文で結ばれている.

いずれにしても，本件は，当時の軍の関与の下に，多数の女性の名誉と尊厳を深く傷つけた問題である．政府は，この機会に，改めて，その出身地を問わず，いわゆる従軍慰安婦として数多の苦痛を経験され，心身にわたり癒しがたい傷を負われたすべての方々に対し心からお詫びと反省の気持ちを申し上げる.

こうした内容を検討すると，そもそも「河野談話」は日韓で紛争化した従軍慰安婦問題を収束させるために作成されたものであるが，決して韓国の元「慰安婦」に限定して書かれたものではなく，「出身地のいかんを問わず」「本人の

30

意思に反して集められた」すべての慰安婦への謝罪の表明であったと考えられる.

3 慰安婦問題をめぐる日韓の攻防

（1） アジア女性基金の設立と韓国の反発

「河野談話」について，当初韓国外務省が「謝罪と反省とともに，歴史の教訓としていく意思の表明を感謝する」という声明を出したことで，日本政府は日韓の間で従軍慰安婦問題は一応解決したと考えたようである．のちに日本政府が公表した『慰安婦問題を巡る日韓間のやりとりの経緯』[9]にも，「河野談話の発表により，いったん決着した日韓間の過去の問題」という衆議院予算委員会での石原信雄元官房長官の発言が紹介されているが，同検証記録を読むと，日本政府は日韓で紛争化した従軍慰安婦問題を収束させることを条件に「河野談話」を作成したことがわかる.

しかし，河野談話は「補償なき謝罪」であったため韓国人の元慰安婦や慰安婦問題に取り組む韓国の支援組織を満足させるものではなかった．同談話では，慰安婦問題に対するお詫びと反省の気持ちをどのように表すかについては今後の課題としながらも，日本政府は韓国の女性団体が求めていた元慰安婦への補償については，1965 年の日韓条約ですでに解決済みとの立場を堅持し続けたからである.

元慰安婦に対する謝罪の意思をどう示すかを問われた日本政府（自民・社会・さきがけ）は，「河野談話」を発表した翌 94 年 10 月，戦後 50 年問題プロジェクトチーム内に「従軍慰安婦問題等小委員会」を発足させ，慰安婦問題への対応について議論を開始した．こうした経緯を経て，95 年 6 月，五十嵐広三官房長官は「女性のためのアジア平和友好基金（仮称）」の設置を発表した．その内容は，基金の原資を日本国民からの募金で集め，元慰安婦に対して 1 人 200 万円の一時金を支給するほか，公的資金で一人当たり 300 万円相当の医療・福祉事業を実施するというものである．元慰安婦への償い金を国民からの募金で捻出

するというアイディアは，65 年の日韓請求権協定で請求権に関する両国の問題は解決済みとしてきた日本として，元慰安婦への個人補償は行えないとする政府の方針に苦慮した村山政権が行き着いた苦肉の策であった．

だが，同基金（名称は「女性のためのアジア平和国民基金」に変更）が発足すると，日本政府に国家賠償を求めてきた韓国の元慰安婦や支援団体から反発の声が高まった．97 年 1 月，同基金から償い金と医療・福祉事業費を受け取った韓国人の元慰安婦 7 人の氏名が公表されると，韓国外務省は「わが政府と大部分の被害者の要求を無視して支給を強行したことは遺憾である」と日本政府の対応を批判した．直後に開催された日韓外相会談でも，柳外相が元慰安婦への償い金の支給手続きの中断を日本政府に求めるなど，アジア女性基金の設立によって日韓の溝はかえって深まることになった．

98 年 5 月，金大中（キム・デジュン）大統領は「被害者の支援は自分たちが行う」とアジア女性基金とは別に韓国人の元慰安婦に対する支援金制度を創設した．韓国政府は，名乗りでた 150 余人の元慰安婦の 9 割にあたる 130 人の女性に，政府支援金として 1 人 3150 万ウォン（約 300 万円）を支給した．その際，アジア女性基金から償い金を受け取った者は支給対象から外され，支援金は「日本から償い金を受け取らない」という条件で支給された．

韓国政府がこうした措置をとった理由について，金大中大統領は日本の雑誌のインタビューで次のように答えた．

　　慰安婦問題は日本政府の責任であって，日本国民の責任ではない．だから（日本の）国民からお金をもらう筋合いはない．そういうものをもらうということは，事の本筋をすり替える事になります．[10]

こうしたアジア女性基金に対する韓国側の反発によって，同基金を通じて日本から償い金を受け取った元慰安婦は 60 人にとどまった．日本側にとって，アジア女性基金事業は「（慰安婦）女性に加えた損害と苦痛に対する日本国民の謝罪と償いの実践」[11]であったかもしれないが，それは慰安婦問題の解決をさらに複雑化させ，迷走させるものになった．

（2）　韓国憲法裁判所決定の衝撃

とはいえ，金大中政権が「韓国人の元慰安婦の支援は自分たちが行う」という姿勢を示したことは，慰安婦問題において韓国政府は日本政府に「金銭的要求はしない」という，前政権（金泳三政権）の基本方針を金大中政権も踏襲することを示していた．慰安婦問題に対するこうした韓国政府の方針は，その後の盧武鉉政権にも引き継がれた．

だが，盧政権が誕生してから65年の日韓基本条約の交渉過程を明らかにせよという市民運動が高まり，関連文書の公開を求める裁判も行われるようになった．この判決を受け，2005年8月に日韓基本条約の関連文書を公開した韓国政府は，元慰安婦等を韓国側の財産請求権放棄を定めた日韓請求権協定の例外とすることを認めた．これを受け，韓国の市民団体は翌2006年，慰安婦問題について韓国政府が日本側と交渉する努力を怠ったことを問題にする裁判を起こした．

そして裁判から5年後の2011年8月，韓国の憲法裁判所は「請求権協定によって慰安婦問題が解決されたかどうかについては協定第三条に基づく措置をとらずにいる韓国政府の不作為は違憲」という判決を下した．協定第三条とは「協定の解釈および実施に関する両締約国間の紛争は，まず外交上の経路を通じて解決する．……これによって解決しない紛争は仲裁委員会に付託する」というものである．韓国の憲法裁判所は韓国政府に慰安婦問題の解決のため，日本政府と外交交渉を行うことを命じたのである[12]．

憲法裁判所の判決が下ってから慰安婦問題解決への韓国世論の高まりが激しさを増すなか，同年12月に開催された日韓首脳会談で，李明博（イ・ミョンバク）大統領は野田首相に「大きな次元の政治決断を期待する」と慰安婦問題の解決を迫り，野田首相も「人道的見地から大統領と知恵を絞っていきたい」と解決に前向きな姿勢を示した．慰安婦問題の解決策を模索していた日本側は翌2012年3月，佐々江賢一郎外務事務次官が訪韓し，① 駐韓日本大使が元慰安婦を慰問し，② 政府予算で元慰安婦への支援事業を行うこと等を打診したが，韓国側は「元慰安婦や支援団体が総意として受け入れる案が必要」として日本

側の提案をいったん保留した。同年7月，今度は李大統領の指示をうけた申駐
日韓国大使が，日本政府に慰安婦問題解決のための再提案を行った。しかし，
内政に追われていた野田政権が保留したことで，慰安婦問題の決着をめぐる両
政権の話し合いは決裂することになった。李大統領が「慰安婦問題への日本政
府の不誠実な対応」を理由に竹島（韓国名，独島）に上陸したのは，翌8月のこ
とである。

（3）「河野談話」検証と朝日「慰安婦」誤報問題の波紋

2013年，日韓に新政権が誕生したが，安倍首相の「侵略の定義」をめぐる発
言や靖国参拝など，韓国側からみて「歴史修正主義」ともとれる日本政府の動
きは，慰安婦問題の解決をめぐる日韓対話にブレーキをかける要因となってき
た。さらに日本政府による「河野談話」の検証と慰安婦報道をめぐる朝日新聞
バッシングの高まりは，慰安婦問題の解決をますます遠ざけていくことになっ
た。

まず『慰安婦問題を巡る日韓間のやりとりの経緯』では，繰り返し「河野談
話を継承する」というフレーズがでてくるが，軍や官憲が慰安婦を「強制連
行」した資料は確認できないと述べられている。たしかに慰安婦の「強制連
行」に荷担したと述べた吉田の証言が出鱈目であることが判明している現在，
慰安婦の「強制連行」を裏づける加害者（日本）側からの証言や資料は見つかっ
ていない。

だが，すでに述べたように，「河野談話」は朝鮮半島出身の慰安婦だけを対
象に発表されたものではない。インドネシアなど日本軍の占領下の地域では，
日本軍が現地の女性を無理やり連行したことを示す資料も残されている[13]。朝鮮
半島における慰安婦の「強制連行」を偽証した吉田証言が否定されたからとい
って，他の地域出身の慰安婦の事例において「強制連行」を完全否定できるの
か疑問の残るところである。

そして何よりも深刻な問題は，朝日新聞が吉田証言を取り消したことで，慰
安婦問題は朝日新聞が創り上げた捏造事件であり，最初から慰安婦問題そのも

のがなかったかのような偏った報道が日本のマスコミに氾濫していることである．たとえば，以下の論稿はその典型的な事例である．

　　要するに，慰安婦が強制連行されて性奴隷になったという『従軍慰安婦
　　問題』は存在しないのだ．慰安婦は，戦場で軍が管理した娼婦（公娼）にす
　　ぎない．これ（従軍慰安婦問題）は『朝日新聞』が嘘に嘘を重ねてつくった
　　『朝日新聞問題』である．それが，日韓両国に憎悪循環を生み，外交を混乱
　　させた弊害の大きさははかりしれない[14]．

　池田氏が指摘する「慰安婦が強制連行されて性奴隷になった」という「慰安婦強制連行」説については，すでに論じたように，今後は韓国人の元慰安婦の被害者証言の信憑性を十分に検証したうえで真偽を確認していく必要があるだろう．しかし，朝鮮半島から動員された慰安婦のすべてを「戦場で軍が管理した娼婦にすぎない」とし，あたかも「自らの意思で軍人たちの売春婦になった」女性だから彼女たちに謝罪も補償もする必要はないという主張はいかがなものか．

　朝鮮半島出身者では「人狩り」的な「強制連行」，いわば狭義の「強制性」は確認できないものの，「甘言，強圧による等，総じて本人たちの意思に反して行われた」という広義の意味での「強制性」が存在したことは，日本政府も『慰安婦問題を巡る日韓間のやりとりの経緯』を通じて再確認している．筆者がこれまで行ってきた韓国人の元慰安婦へのヒアリング調査で圧倒的に多かったのは，さまざまな事情で若年期に「自らの意思ではなく」慰安婦にされてしまった女性たちである．彼女たちはある意味で「戦場における性暴力の犠牲者」であるといってもよい．

　「慰安婦強制連行」説を否定したい日本政府の立場も理解できるが，それが朝日バッシングを通じて「慰安婦問題そのものがなかった」という世論形成に結びついていくと，日韓の衝突を激化させるだけでなく，「戦場における性暴力」の廃絶をめざす国際社会から日本の孤立を招く可能性もある．慰安婦問題を解決するためには，「狭義の強制性」か「広義の強制性」といった議論にこだ

わるべきではないと考える．従軍慰安婦に関する膨大な先行研究から明らかに
なっているように，かつて「婦人と児童の売買に関する国際条約」の盲点（「除
外規定」）を突いて，軍が業者に依頼し朝鮮半島をはじめとする植民地から多く
の若い女性たちを集め，本人の意思に反して慰安婦にさせたケースもあったこ
とを，「戦時下の（戦場の）性暴力」と捉えて，慰安婦の立場にたって，どのよ
うに対応していくかが，日本政府に問われたが，安倍政権としては「河野談
話」で謝罪をし，アジア女性基金で補償も行ったという立場を崩そうとはしな
かったため，慰安婦問題の解決はさらに混迷を深めることになった．

（4）揺れる日韓合意

　こうした中，2015年12月，突如，韓国の朴槿恵政権と日本の安倍政権は，
慰安婦問題に関する「日韓合意」を発表し，両国間での慰安婦問題に区切りを
つけることを表明した．「日韓合意」の概要は以下のようなものである．

> ① 日本政府がお詫びと反省の気持ちを表明する．
> ② 韓国政府が慰安婦の支援を目的とした「癒し財団」を設立し，この財団
> 　に日本政府が10億円を支払い，日韓両国が協力して元慰安婦の心の傷
> 　を癒す事業を展開する．
> ③ 日本政府は，こうした措置を実施する前提として，日韓合意により慰安
> 　婦問題が最終的かつ不可逆的に解決されることを確認する．

　だが，冒頭で述べたように，こうした日韓合意は，韓国で政権交代が行われ，
進歩派の文在寅政権が誕生すると，当事者を除外した「政治決着」ではないか
と，朴政権を打倒した国民から批判の声が上がるようになった．文大統領も国
民の批判を受け，2017年12月，日韓慰安婦合意について「重大な欠陥があっ
たことが確認された」とし，「この合意では慰安婦問題が解決されない」とい
う新政権の立場を明らかにした．

　日本外務省は，文大統領の声明を受け，「日韓合意を変更しようとすれば日
韓関係はマネージ不能になり，断じて受け入れられない」と韓国政府に抗議し，

再交渉には応じない方針を発表した．これを受けて，2018 年 1 月，韓国の康京和外相は，日韓合意について日本政府に再交渉は求めないとしながらも，日本政府が合意に基づき元慰安婦の支援財団に拠出した 10 億円は使わないという方針を発表し，日本側が自発的に被害者の名誉と尊厳の回復に向けた努力を続けることを要請した[15]．

　その後，日本政府の資金 10 億円を基に韓国政府が設立した「和解・癒し財団」も実施的に機能停止の状況に追い込まれ，日本政府が慰安婦問題解決のために拠出した 10 億円の使い道が課題となっている．こうした経緯をみる限り，慰安婦問題はもはや日韓両政府間では解決できない複雑なねじれのレベルに到達してしまったようにもみえる．

お わ り に

　慰安婦問題は，日本がかつて行った植民地支配と戦争がもたらした悲劇である．日本はこうした過去の悲劇に対し，何もしてこなかったわけではない．1965 年の日韓条約における請求権協定では，「謝罪なき経済協力」という形で収束しようとした．しかし，1990 年代に入って韓国で民主化運動が起こると，権威主義政権下で隠蔽されてきた慰安婦問題に対して，日本政府の謝罪や補償を求める声が高まるようになった．日本政府は「河野談話」を発表し，かつての日本軍の慰安婦問題への介入と責任を認めて謝罪し，さらに「アジア女性基金」を設立して，国民から寄付を集め，慰安婦に対する補償を行おうとした．だが，こうした補償は公的資金で行われたものではないという理由で大多数の慰安婦は，アジア女性基金からの見舞金を受け取ろうとはしなかった．日韓関係の再構築を模索した安倍政権は，2015 年 12 月に朴勤恵政権との間で慰安婦問題に関する「日韓合意」を発表し，10 億円の公的資金を韓国側に提供し，この資金で韓国側に慰安婦に対する償い事業を展開してもらい，慰安婦問題の幕引きを図ろうとした．こうした流れをみると，日本政府は慰安婦問題に対し，韓国側の要望を踏まえ，精一杯対応してきたようにもみえる．

だが，韓国側からみれば，「日韓合意」に含意された「慰安婦像の撤去」や「最終的かつ不可逆的な解決」という日本政府の要求は，元慰安婦や彼女たちを支えてきた市民運動家の気持ちを逆なでするものであった．「慰安婦像の撤去」と「最終的かつ不可逆的な解決」という言葉は，「日韓合意」と引き換えに「慰安婦問題を歴史の闇に葬れ」という意味に解釈されたからである．

　元慰安婦の高齢化は進み，慰安婦問題の生き証人である人物がこの世にいなくなる日は遠くない．だが，慰安婦問題の記憶は韓国の人々に引き継がれ，消し去ることはできない．日本政府が問われていることは，慰安婦問題を歴史から消し去ることではなく，戦場の性暴力の根絶に向け，慰安婦の苦渋の歴史に向き合うことではないか．慰安婦問題解決のヒントは，そこにあると思われる．

注
1）朴慶植『朝鮮人強制連行の記録』未来社，1965 年および外村大『朝鮮人強制連行』岩波新書，2012 年参照．
2）吉田清治『私の戦争犯罪——朝鮮人強制連行——』三一書房，1983 年．吉田証言に関する批判的論考については数多く存在するが，秦郁彦『慰安婦と戦場の性』新潮選書，1999 年が詳しい．
3）池田信夫「朝日の『検証記事』を検証する」『Voice』2014 年 10 月号，57 ページ．
4）吉見義明『従軍慰安婦』岩波書店，1995 年，33 ページ．
5）吉見，同上書，33 ページ．
6）『米戦時情報局心理作戦班報告書』49 号（村山富市，和田春樹『慰安婦問題とアジア女性基金』青灯社，2014 年，13 ページ）．
7）1990 年 6 月 6 日，参議院予算委員会における労働省職業安定局長の弁．
8）「日韓関係，なぜこじれたか」『朝日新聞』2014 年 8 月 6 日．
9）河野談話作成過程等に関する検討チーム，2014 年 6 月．
10）『世界』1998 年 10 月号．
11）和田春樹「慰安婦問題——現在の争点と打開への道——」『世界』2014 年 9 月号，119 ページ．
12）趙世暎「河野談話の精神は継承されたのか——韓国からみた検証結果報告——」『世界』2014 年 9 月号，131 ページ．
13）1994 年，オランダの議会報告書は，スマランの日本軍兵士によって，ヨーロッパ系の女性を含む 17 名の女性が「慰安所」に強制連行されたと報告した（テッサ・モーリス＝スズキ「菅官房長官が貶めた『日本の地位』」『週刊金曜日』臨時増刊号，2014 年 10 月

19 日，35 ページ).

14) 池田，前掲論稿，57 ページ.

15) 木村幹は，従軍慰安婦問題について，韓国政府が日本政府に対し過去一貫して求め続けたのは，「賠償」というよりむしろ「解決策」だったと述べているが（木村幹『日韓歴史認識問題とは何か——歴史教科書と「慰安婦」ポピュリズム——』ミネルヴァ書房，2014 年，181 ページ），文在寅政権はそうした対日姿勢をより鮮明にしたと言えるだろう.

第3章

開 発 独 裁

1 独立後の東アジアにおける経済体制

　第二次世界大戦後，植民地支配から解放された東アジアの国々は，独立した国民経済の形成を目指して懸命な経済開発に着手してきた．その結果，東アジアには，韓国，台湾，シンガポール，マレーシアなど，一人当たりの実質所得を大きく拡大させ，高所得国や中所得国に変貌した国が数多くみられる．

　1960年代以降の開発を通じたこの地域の所得上昇率は，先進国や産油国の成長実績を大きく上回っており，1965年から99年の間に国民一人当たりGNPは，韓国で65倍（130ドル→8490ドル），シンガポールで49倍（600ドル→2万9610ドル），マレーシアで11倍（320ドル→3400ドル）という著しい成長を記録している．このような東アジアの経済成長は，多くの開発エコノミスト達から「アジアの経済的奇跡」と賞讃され，東アジアの開発体制は97年の通貨危機に直面するまで，工業化の成功例として発展途上国の「開発モデル」とまで言われるようになった．

　東アジアの経済成長を可能にした開発体制の特徴は，政府が経済開発を国家の第一目標として設定し，開発政策を迅速に遂行するために，政治指導者を頂点とする中央集権的な統治システムが採られていたところにある．韓国の朴正熙政権，台湾の蔣介石・蔣経国政権，シンガポールのリー・クアンユー政権，マレーシアのマハティール政権などが，その典型的なものだ．こうした東アジアにおける開発体制は，政府が貧しい資源を効率的に配分し，経済計画の立案

から執行にいたるまでの意思決定権を政府の特定の機関に集中させることで開発計画の実行性を高めたという点では，経済的に大きな成果を上げたといえる．

　だが一方で，開発過程における意思決定権が強い権限をもった政治指導者や特定の利権集団に集中したために民意が政治に反映されず，開発計画に批判的な勢力には容赦のない政治的圧力が加えられるなど，国民の政治参加を制限する独裁体制が進行したという点で，民主主義は大きく後退していった側面が強い．

2　開発独裁論の課題

　東アジアの開発国家に見られる「経済発展と民主化のジレンマ」に切り込んだのが政治経済学アプローチからの開発独裁論である[1]．開発独裁論は，開発経済学のように，この地域の経済成長を政治体制と切り離して評価するものではなく，また比較政治学のように，この地域の独裁政治の問題点を経済的果実と無関係に論じるものでもない．開発独裁という分析視角は，東アジアにおける権威主義体制下の政治的安定と経済成長をコインの裏表の関係と捉え，両者の因果関係を追究しようとするものである．

　とはいえ開発独裁の捉え方は決して定まったものではない．論者によってその理解は異なる．政治学者の高橋進は，開発独裁を「経済成長のためには政治的安定が不可欠であるとして，政治体制への参加を著しく制限する独裁を正当化している体制[2]」と捉え，また国際経済学者の劉進慶は，この概念を「経済が発展する一方，他方で政治の独裁も進行する事態[3]」と把握する．

　ここで，高橋が経済的パフォーマンス以上に体制の指向性を重視しているのに対し，劉は体制の指向性に加え経済的パフォーマンスを重視しているという点で，両者の認識には隔たりが見られる．というのも高橋のように経済的パフォーマンスを不問にして体制の指向性だけを開発独裁のメルクマールにするなら，開発を掲げながらも思うように経済成長を遂げることができなかった途上国の独裁政権も，開発独裁の範疇に含まれることになるからである．

岩崎育夫は，この点について「結果（経済的パフォーマンス）を判断基準にするならば，途上国で一定水準の経済成長を達成した国はあまり多くないため，対象が極めて狭められ，モデルの普遍性を失ってしまう[4]」とし，開発独裁の基準は経済的パフォーマンスよりも指向に置かれるべきだと主張する．しかし筆者は，本来の意味の開発独裁体制とは，やはり一定の経済成長を遂げた途上国の独裁政権に限定すべきであると考える．それは，開発独裁論が，そもそも「途上国の経済成長が進めば民主化も進む」という近代化論に対する反省として生み出された歴史的背景を持っており，「一定の経済成長を遂げても民主化が進まないのは何故か」という問いかけを最初に行ったのが開発独裁論であったからだ．したがって，開発独裁論の課題は，開発を目的に独裁を正当化してきた東アジアの国家体制の成立背景，機能，問題点のみならず，この地域の経済開発と民主化のジレンマについて考察するところにある．

3 ポストコロニアリズムとしての開発独裁

では何故，独立後の東アジアに開発独裁体制が生まれたのであろうか．この問題を考えるためには，どうしても開発独裁体制が成立するかなり前に遡って，東アジア諸国の植民地時代の葛藤と脱植民地化の歴史を振り返る必要がある．というのもこうした東アジアの歴史的文脈のなかに，開発独裁体制の成立背景が存在しているからである．

日本を除く東アジア諸国の共通した歴史体験は，いずれの国も帝国主義列強による民族否定的な植民地支配を受けたことである．この植民地体験は，東アジアの独立後の開発体制のあり方に大きな影響を与えた．影響の1つは，自らを植民地の呪縛から解放し，自分たち自身の国家を創ろうという民衆の期待，すなわち下からのナショナリズムに応えるため，政治指導者が独立後に強い国民国家を建設しようという「上からのナショナリズム」が生まれたことである[5]．また植民地支配下で民族解放闘争を担ってきた中心勢力の1つであった共産主義勢力が，冷戦下で多くの社会主義国家を建設し，東アジアにおける資本主義

社会の対抗勢力として登場してきたことも，各政府に共産主義の脅威と闘うための強い開発体制を構築させる要因になった．

植民地支配が東アジアに与えたもう１つの影響は，この地域に誕生した新しい国民国家が，経済開発を進めるにあたって，植民地時代のトラウマから，旧帝国主義国家であった先進国の経済支配を恐れ，外国企業の参入を警戒したことである．そのため東アジアの政府は，開発初期において，できる限り外国企業の参入を抑制し，国営企業を中心にした自立的な国民経済の建設を目指した．こうして東アジアの多くの国々では，国営企業中心の工業化が進められ，電力，交通，運輸，通信などのインフラ部門のみならず，鉄鋼，機械，金属，造船，石油化学などの基幹産業部門から金融機関まで，ほとんどの産業分野が国家資本によって支配されてきた．

4　開発独裁体制は開発モデルになりうるか

このように政府が経済過程に大きく介入し，経済開発を主導していく経済システムを政府主導経済と呼ぶが，政府主導経済は国営企業による市場参入にとどまるわけではない．政府が諸政策，諸法令を通じて直接・間接的に市場に介入するケースも数多くみられる．

東アジア各国でみられた労働統制はその代表的なものである．例えば，韓国，台湾，シンガポールなどの地域では，開発独裁体制の下で憲法や労使関係法が改定され，労働者は基本的な権利である労働三権を事実上保障されず，長らく無権利状態に置かれてきた．労働運動も労働者の権利を主張してきた左派の労働組合が政府の弾圧によって解体に追い込まれ，政府の認可した労働組合もまた御用組合の役割しか果たさなかったため，労働者の地位向上には寄与しなかった．朴正煕，蒋介石・経国，リー・クアンユーなどの開発指導者が，開発独裁体制の下で労使関係の安定性を演出することで外資の誘致に成功したのは，このような労働者の犠牲を代償にしたものであった．

だが激しい労働者管理は，高度成長の終焉とともに国民の批判の的となり，

やがて激しい民主化運動を生み出すことになった．1987 年の韓国における「6・29 民主化宣言」，同年の台湾における戒厳令解除，1993 年のシンガポールでの大統領直接選挙の実施という民主化を象徴する一連の出来事は，それぞれの地域の政府がこうした国民の批判を受け入れて実現したものと考えられる．

アジア研究者の中には，こうした一部の地域の民主化潮流を根拠に，開発独裁体制の合理性を説く人もいる．工業化の基礎条件に恵まれない途上国が，外資を導入し開発戦略を効率的に推進していくためには政治的安定性が不可欠であり，そのためには国内の社会的不安定要因を力で除去する独裁政治もやむをえず，結果的に経済成長が一定の水準に達すれば，おのずと国民の政治意識も成熟し，民主化されていくというわけである[6]．とはいえ，一部の例外を除いて，経済開発を口実に権威主義体制下に置かれた発展途上国の多くの人々が経済低迷から抜け出せないまま，依然として独裁政権による人権弾圧に苦しんでいることを考えれば，「民主主義に対する無邪気な楽観論」に途上国の将来を委ねようというのは，開発独裁の副作用を過小評価した危険な議論ではないだろうか．また日本の援助がこうした独裁政権を経済的に支えてきたことも，日本人は忘れるべきではない．

すでに考察したように，解放後の東アジアに生みだされた開発独裁体制は，帝国主義国の植民地支配に対する反発から生み出された歴史的背景を背負ってはいるが，権威主義的な支配体制の下で民衆力量の多くが開発に動員されるという点で，解放前の植民地体制と連続性を持っている．そうした意味で，自由を求めるアジア民衆の闘いは，決して過去形ではなく現在進行形なのである．

注

1）藤原帰一「民主化の政治経済学——東アジアにおける体制変動——」東京大学社会科学研究所編『現代日本社会 3 ——国際比較（2）——』東京大学出版会，1992 年，329 ページ．

2）高橋進「開発独裁と政治体制危機——スペイン，イラン，韓国の場合——」『世界』1980 年 2 月号，170 ページ．

3）劉進慶「東アジア新興工業国としての台湾経済」『アジア新工業化の展望』東京大学出

版会，1987 年，115 ページ．

4）岩崎育夫「ASEAN 諸国の開発体制論」岩崎育夫編『開発と政治——ASEAN 諸国の開発体制——』アジア経済研究所，1994 年，9 ページ．

5）末廣昭『キャッチアップ工業化論』名古屋大学出版会，2001 年，122 ページ．

6）渡辺利夫「経済発展と権威主義の溶解」『アジア研究』36(3)，1990 年．

第**4**章

労働統制と労働運動

は じ め に

80年代の末に韓国，台湾で生起した「政治的民主化」潮流をきっかけに，発展途上地域での国家資本主義，政府主導による権威主義的な開発独裁体制の合理性を説く議論が活発化していた時期がある．工業化の基礎条件に恵まれない発展途上国が，外国資本を導入し，開発戦略を効率的に推進していくためには，政治的安定性が不可欠であり，そのためには国内の社会的不安定要因を強権的に除去する独裁政治もやむをえないという議論である．そしてこの地域の民主化は，経済発展が一定の水準に達すれば，おのずと国民の政治意識も高揚し，後から必ずついてくるというのが，「開発独裁擁護」論のもう1つの主張であった[1]．

彼らの論点は，途上国のような開発の遅れた地域では，「開発によってもたらされるコスト」（例えば，政治的独裁下で抑制される国民の政治参加や労働争議，あるいは急速な開発によって進行する環境破壊など）よりも，「開発によってもたらされる利益」（例えば，外貨の獲得，雇用の増大，一人当たりGNPの増加など）を優先すべきであるというところにある．政治学や社会学における地域研究では，ラテンアメリカ地域の権威主義体制やアジアNIES, ASEAN, 中国の開発独裁が生みだしたコストについてかなり突っ込んだ議論がなされているようであるが[2]，経済学，とりわけ開発経済学の領域においてこうした問題意識は希薄であり続けた．

なぜだろうか．おそらく政治形態における民主主義の在り方を模索する政治

学者や途上国の環境破壊に関心を向ける社会学者と違い，経済成長の数量的パフォーマンスの追究に研究のウエイトを置く開発エコノミストにとって，計量が難しい民主主義の成熟性や人権侵害，あるいは環境破壊は分析の対象とはなりにくい分野であったからである．したがって，従来の開発経済学のアプローチでは，政治的独裁下で常態化する労働者への人権弾圧や深刻化する環境破壊は高度成長過程におけるやむをえないコストとして軽視され，経済開発に価値を置く開発独裁体制は成長の必要悪とみなされてきたのである．

こうした風潮は日本，韓国，台湾，シンガポールだけではない．改革開放を模索してきた中国でも，「新権威主義」論が学会を賑わせていた時期があった[3)]．中国のような開発途上国で政治経済改革を効率的に推進するには，韓国の朴正熙，台湾の蔣経国，シンガポールのリー・クアンユーのような「開明的独裁者」が必要であるというこの「新権威主義」論の展開は，開発独裁によるアジア NIEs の発展を「見習うべき模範」として受け入れようとするアジア後発途上国の動きとしてある程度予想された政治潮流であったといえる．

実際，アジアではこれまで多くの途上国で，経済成長や社会開発を口実に権威主義的な軍事政権や独裁政権が擁立されてきた．フィリピンのマルコス政権，インドネシアのスハルト政権，タイのサリット政権など，アジアで開花した開発独裁政権だけでもかなりの数にのぼる．だが重要なことは，ごく少数の例外を除いて，開発独裁下に置かれた発展途上国の民衆の多くは成長から排除され，依然として飢えと貧困に喘いでいるという事実である．

「① 開発独裁体制による国内整備の段階 → ② 外資（多国籍企業）導入による経済成長の段階 → ③ 政治発展＝民主化の段階」という NIES 型発展パターンからこうした事態をみれば，大部分の途上国は①から②への過渡の段階にあり，NIES 自身も依然として②から③への過渡期にあるという研究者もいる．しかし独裁が開発に繋がったケースは少数であり，さらに独裁下の経済成長が「民主化」に繋がったケースについても，韓国や台湾などごく少数の事例を数えるのみである．

それゆえに，こうした「民主主義に対する無邪気な楽観論」に途上国の将来

を展望するのは，開発独裁体制のコストをあまりにも過小評価した議論であるとともに，開発を口実に独裁政治や権威主義体制下で人権を蹂躙され続ける労働者の苦悩を軽視してしまう危険性がある．

　したがって，開発経済学の分野においても，以下の作業が要請されているように思われる．1つは，開発途上国で常態化している開発独裁体制や権威主義体制のコストに関する地域研究を進めること．もう1つは，すでに開発独裁から民主化の段階への移行を開始したといわれているアジアNIESにおける「民主化」の中身を吟味することである．

　この場合，政治学では，第三世界における権威主義的な政治システムや，軍部の役割の変化などに焦点を当てて，分析を進めることが多かったようである．しかし，こうした分析は権威主義体制や開発独裁体制の政治面での遅れに光を当てたものであり，決して経済的な歪みを浮き彫りにするものではなかった．

　本章では，特に開発独裁体制がもたらした経済面でのコストを浮き彫りにするために，アジアNIESの高度成長期を底辺で支えてきた産業労働者の処遇や労働環境に光を当ててみたい．経済発展とは一人当たりGNPの増大や国民所得の向上，すなわち経済の量的な上昇だけを目的としたものではなく，労働者の置かれた経済環境（労使関係や労働者の基本的人権）の改善，すなわち労働条件の質的な向上を目指すものでなければならないと考えるからである．

　以下では，このような問題意識に基づいて，シンガポール，台湾，韓国において，1960年代から80年代に展開された労働組合運動とそれに対する政府の対応の経験から，アジアNIESにおける開発独裁体制下の労働者管理の問題点，および労使関係面での「民主化」の進展について考察してみたい．

1　シンガポールの経験

（1）　左派勢力の追放と政府による労働組合の支配

　アジアNIESのなかでは，人民行動党支配下のシンガポールで最も徹底した労働者管理が行われてきたといわれている．人民行動党は今日まで30年近い

長期安定的な一党支配を堅持してきたが，設立当初（1959年〜）は反共右派勢力の一枚岩ではなく，その内部で激しい左右抗争が繰り広げられていた．英語教育を重視し，少数エリート主義を掲げる反共右派グループに対し，左派グループは反植民地共産主義運動の伝統を引き継いだ大衆組織を基盤として民族教育＝華語教育の実践を掲げ，両者の対立は人民行動党内の権力抗争にまで発展していった[4]．こうした状況のなかで，リー・クアンユーをリーダーとする反共右派勢力は，左派の労働運動を外向けの工業化にとっての最大の障害要素とみなし，人民行動党内部から左派勢力を追放し，やがて彼らに対して厳しい弾圧を加えるようになる．

　人民行動党は，1961年に同党から分裂した左派グループの社会主義戦線（the Barisan Socialist）ならびにその影響下にあるシンガポール労働組合会議（Singapore Trades Union Congress）の指導者を次々に逮捕・拘留するとともに，同組織を非合法組織とみなし，共産党の流れをくむ左派労働組合の解体をめざした．さらに人民行動党は弱体化したシンガポール労働組合会議に対して政府系の全国労働組合評議会（National Trades Union Congress）を組織し，労働組合の一本化に乗りだす．

　一方，左派グループは別個にシンガポール労働組合連合（Singapore Association of Trade Union）を結成し，全国労働組合評議会に対抗するが，1963年2月の「オペレーション・コールド・ストアー事件」をきっかけに，同組織（シンガポール労働組合連合）の中心メンバー111名がいっせいに逮捕され，左派系列下の労働組合は解散に追い込まれる[5]．この結果，1965年8月，シンガポールにおけるすべての労働組合は政府系の全国労働組合評議会に統合され，その後，すべて労働者は人民行動党の管理下に置かれることになる．

（2）　人民行動党の労働政策と労働者管理

　面積が小さく資源の限られたシンガポールが，競争の激しい世界市場で生き残るためには，「人的資源を最大限に利用できる能力主義社会」が必要と考えたリー・クアンユーは，「労働者が国家利益への自己犠牲をも厭わない」とい

う社会通念を国民に浸透させようとした．リーの言葉を借りれば，「すべての
社会には，肉体的にも精神的にも他の人よりも恵まれている人間が約 5 ％存在
する．我々は彼らのために限られたわずかな資源を投じ，彼らはそれを有効に
使って，シンガポールが東南アジアで卓越した社会であり続けるよう働かねば
ならない」[6]という訳である．人民行動党が掲げたこうした能力主義は，一握り
のエリートによる労働者支配を正当化するイデオロギーとして，文化省，ラジ
オ・シンガポール，市民評議会などあらゆるメディアを通じて，シンガポール
社会の隅々まで行き渡ることになる．

　国家の全体的利益のためには個人の自己犠牲も惜しまないという党のイデオ
ロギーは，労働組合を弱体化させ，党に従順な労働者を創出する労働政策に反
映されていく．人民行動党にとって，従順な労働者と彼らの低賃金は外資誘導
型の外向けの工業化を行ううえで必要不可欠な存在でもあった．1965 年，全国
労働組合評議会は党が打ち出した「産業進歩憲章」に批准し，「雇用者と労働
者が全力を挙げて生産性と生産高の向上に努める」ことを誓い，労使協調路線
を歩んでいくことを対外的に表明する[7]．

　この憲章を皮切りに，その後，低賃金で従順な労働力を育成するための施策
が次々と打ち出されることになる．

　まず 1966 年 8 月には労働組合法が国会を通過し，① ストライキや抗議行動
は多数の組合員による投票で承認されなければ違法となり，② 公共事業での
ストは禁止され，③ 労働相に公共事業での労働組合結成の禁止権が一任される[8]．
68 年には，労働者の勤務状況や給与体系を根本的に変えた雇用法と，経営者側
の権利を大幅に拡大する労使関係法が成立する．雇用法では，標準的な労働時
間が週 39 時間から 44 時間に延長され，公休日は逆に年間 15 日から 11 日に短
縮される．また有給休暇も勤続 10 年以下の者については 7 日，以上の者に限
って 14 日と厳しく定められ，ボーナスや報償金も上限が制限されることにな
った．一方，労使関係法では，昇進，配転，人員削減，解雇，復職，仕事の割
当てなど，労働者にとって最も関心のある問題が労働組合の交渉対象から除外
された[9]．こうして党ならびに経営者側は，雇用法によって労働者の賃金を大幅

に節約し，労使関係法で労働組合の機能を著しく弱めることに成功する．

　党の労働組合への圧力はこの程度で収まったわけではない．1969 年に全国労働組合評議会が「近代化と労働運動」というテーマで開催したセミナーでは，組織労働者が経済変革のための党の計画を積極的に受け入れるため，「労働者の生産および消費協同組合」が奨励され，有能な指導者を確保するため労働組合評議会内部に党から派遣された常勤職員を置くことが決定された[10]．こうして労働組合と労働者は徐々に国家への協力体制のなかに組み込まれ，労働運動は形骸化し，労働者の権利は大きく制約されることになった．

（3）　労働者・国民の抵抗運動と党の対応

　1970 年代に入って，厳しい労働者管理のなかで人民行動党の賃金抑制策に甘んじてきた労働者のなかから，徐々に不満が表明されるようになった．71 年に全国労働組合評議会はより平等な利益配分を求めるキャンペーンを行い，72 年には賃金の引き上げを求める労働者の要求が，雇用法で定められた額以上のボーナスを求める労働運動となって顕在化した[11]．72 年の総選挙で野党が 30 ％近い投票率を得たことは，反面で党に対するこうした国民の不満を物語っていた．不満の声は確実に中間階級にも広がっていた．国内の主要な新聞が国民の声を少しずつ報道し，反政府キャンペーンを掲載するようになった．

　こうした状況のなかで，労働者の賃上げ要求を抑えつけることが不可能と判断した党は，賃上げのプロセスを上から制度的に決定するシステムとして，1972 年 2 月，全国賃金評議会を設立する．賃金評議会の構成メンバーは，政府，雇用者，労働者，それぞれの代表から成り立っていたが，政府代表は党の直轄機関から選出され，雇用者の代表はシンガポール製造業協会などの政府系団体から選出され，また労働者の代表も政府系の全国労働組合評議会から選ばれたので，実質的には党の意向がそのまま反映される仕組みになっていた[12]．賃金評議会が設定した賃金ガイドラインは，公的な三者が話し合いを通じて決定したという意味で表面的には民主的な手続きを踏んでいるようにみえるが，労使交渉とはほど遠いものであった．こうして賃金の引き上げについても一般労働者

の手を離れることになる．また党はマス・メディアの政府批判も許さなかった．
1971年5月，党は政府に批判的な記事を掲載した新聞の編集者を逮捕し，その
他二紙を廃刊に追い込んだ．[13]

　労働組合やマス・メディアが労働者の声を反映できない状況下で，労働問題
の深刻さを内外にアピールしようと試みたのは学生たちであった．シンガポー
ル大学の学生組合は，不況下で企業を解雇された労働者のために学内に解雇セ
ンターを設け，労働者にアドバイスを行ったり，その実態を対外情宣してまわ
った．1975年，アメリカン・マリーン造船所でおこった労働者と学生による
「暴動と違法集会」は，政府に改めて学生運動の脅威を教えた．学生たちは，造
船所で実施された労働者の一時解雇に抗議し，労働者を見捨てた組合と対立し
て抗議集会を行って世論の支持を仰いだ．学生と労働者の政治的連帯活動に腹
を立てた党は，学生組合の会長と労働者の代表2名を告訴し，学生には1年の
禁固刑，労働者には1カ月の禁固刑が言い渡された．[14] この事件で学生運動を警
戒した党は同年シンガポール大学法を修正し，学生組合を教育省の管轄下に置
いて，彼らの行動を監視するようになる．

　1976年，アムネスティ・インタナショナルは，シンガポールには裁判なしで
拘束された少なくとも40人の政治犯がいるとして，人民行動党の合法的な反
対勢力への弾圧を批判した．この頃から，欧米のマスコミも，裁判なしで拘束
できるシンガポールの国内治安法を問題にし，反対勢力への脅かしや妨害を制
度化させている人民行動党の一党支配に批判的論説を掲げるようになった．し
かしながら党は，こうした国際的批判をものともせず，共産党の破壊活動を宣
伝することで，ますます労働者，学生，マスコミへの監視体制を強化していっ
た．[15]

　1970年代の末に入って，人民行動党はシンガポールがより高度な技術基地
へ移行していくという「第二次産業革命」を開始する．党は，産業再編成を行
うにあたって，社会的・政治的管理，とりわけ労働組合に対する管理をいっそ
う強化する．まず産業再編成にとって潜在的脅威となる組織労働者の自発的抵
抗能力を無力化するため，彼らの勢力基盤である大規模組合を弱体化させよう

とした．こうして 79 年 11 月から 80 年 7 月にかけて，シンガポールの二大組合であるシンガポール産業労働機構と創始産業従業員組合が分割され，9 つの産業別小組合に改編された．また新組合の執行委員会は与党国会議員，人民行動党員などで構成される諮問委員会の監視を受けることとなり，党の厳しい監視のもとに置かれることになった[16]．さらに党は組合の組織力を分散化するため，企業内組合の結成を奨励した．

　しかしながら企業内組合が現実化するにつれて，組合の抵抗も激しくなった．1981 年 11 月，石油産業統一労働者組合の執行委員会は，現在の組合を複数の企業内組合に分割することに反対する決定を行うとともに，企業内組合の導入に賛成した支部の委員会を除名処分にすると勧告した．また 84 年には，シンガポール航空輸送従業員組合の組合員から最高裁に組合の分割の停止を求める訴訟が起こされている[17]．

　このような党の企業内組合設立計画に対する組合員の執拗な抵抗にもかかわらず，全国労働組合評議会の指導に従って，企業内組合が次々と設立されていった．さらに党は労働者管理をさらに強化するため，全国労働組合評議会の主要ポストに対する党員の配置を大幅に増やしたり，労働者に産業再編成の意義を浸透させる全国的なキャンペーンを展開する．1980 年の総選挙と前後してリー・クアンユーが提唱した「日本に学べ」キャンペーンがそれで，労働者と雇用者の緊密な協調精神を特徴とする"日本式労使関係"を労働者に植え付けることで，産業再編成にむけた労働者の献身と集団努力を促そうとしたのである[18]．

（4）　権威主義体制の動揺

　1970 年代を通じて強化され続けた人民行動党の国民に対する管理・弾圧のシステムは，労働者，組合，学生，マスコミの抵抗・批判能力を一面で低下させつつも，一方で彼らの反政府感情を募らせてきた．こうした徴候は，80 年代に入ってからの同党に対する支持率の低下という形で顕在化している．

　すでに 79 年の補欠選挙において若い世代が選挙民の大きな比重を占めるテ

ロク・ブラガー地区とポトン・パシール地区では，野党への支持率が40%を越え，得票率もそれぞれ8%近く上昇した．これは，高等教育を身に付けたシンガポールの比較的若い中産層が党の抑圧的な政治支配に批判的であることを物語っている[19]．そして81年のアンソン補欠選挙では，ついに人民行動党の候補者が落選するという事態が生じた．これは，68年以来全議席を支配してきた人民行動党にとってショッキングな事件であったが，反面で党の権威主義的な統治システムに対する国民の不満を象徴するものであった．84年の総選挙でも，野党への一般的支持傾向はいっそう強まることになった．人民行動党は，得票率を前回の選挙から13%もダウンさせて，アンソン選挙区で議席奪回に失敗しただけでなく，さらに1議席失うことになった[20]．

80年の総選挙時点で77.7%を記録していた人民行動党への得票率は，84年64.8%，91年61.0%と下降し続け，91年の総選挙で人民行動党は4議席を失っている．「自由主義政策」を打ち出して党への批判票を減らし，野党議員を1名以内に押さえ込もうとしたゴー・チョク・トン新政権にとって，この選挙結果は与党の大敗北とみなされた．

80年代後半以降，シンガポールを襲った経済低迷は，人民行動党による開発独裁の正当性に疑問を投げ掛けており，その最大の犠牲者である労働者，組合，学生，マスコミの不満も高まっている．人民行動党への不満は，すでにホワイトカラーを中心にした中産層を中心に，党への得票率の大幅な低下や国外脱出[21]という形で顕在化していったが，こうした中産層の批判が労働者の不満を吸い上げた90年代以降，人民行動党の一党支配は大きな試練を迎えることになる．

2　台湾の経験

（1）　国民党政権の労働政策と労働者管理

台湾ではどうか．1929年大陸で制定された労働組合法によって，台湾でも産業，職業，行政区域別に労働組合が作られ，その後，労働組合の規模は順調に増加してきた（表4-1）．特に1975年に制定された「労働組合法」によって，労

表 4-1 台湾における労働組合の趨勢 (1960〜89 年)

年	工会数	組合員数	組織率 (%)
1960	683	280,173	8.4
66	768	354,382	9.2
72	952	560,491	11.3
78	1,543	963,987	15.5
84	1,924	1,370,592	18.8
86	2,260	1,724,439	22.3
88	3,166	2,187,074	27.3
89	3,562	2,529,931	30.6

(注) 工会数,組合員数は『労工行政年報』により,組織率は『労
工統計年鑑』の就業者数から算出した.
(出所) 隅谷三喜男・劉進慶・涂照彦『台湾の経済』東京大学出版
会,1992 年,179 ページ.

働者は組合への加入を義務づけられたため,70 年代後半から組織率も大きく
高まった.この結果,89 年時点で,253 万人の労働者が組合組織に参加し,そ
の組織率は 30％に達した.こうした労働組合の高い組織率からみると,台湾の
労使関係は一見進んだようにみえる.

　しかし,非常戒厳体制下でながらく労働基本権（団結権,交渉権,争議権）の行
使は禁止されてきた.国民党政府が大陸での失敗を教訓とし,労働組合を左翼
勢力や反政府勢力の温床とみて,組合運動を極度に警戒してきたからである[22].
そのため,政府はしばらくの間,労働組合の結成に批判的であった.1960 年代
に組合の組織率が低いのは,そうした政府の弾圧によるところが大きい.

　だが 1970 年代に入って国民党政府は組合の御用化を促すことで,労働者を
体制傘下に取り込むという柔軟な対応を示し始めた.75 年の労働組合法は,こ
うした組合の御用化に決定的役割を果たした.この法律によって,労働組合は
1 つの職場に 1 組合しか結成できなくなり,新たに組織された労働組合の役員
は地区の国民党委員会の承認を受けなければならなくなった.この結果,地区
の国民党幹部が組合において指導的役割を担うようになったといわれている.
また全従業員に組合への加入が義務づけられたため,企業の管理職が組合役員
になることが多くなったともいわれている[23].こうした政府の組合活動に対する
介入は,補助金の増大や組合費の徴収に対する強制的なチェック・オフ制度な

第4章 労働統制と労働運動　55

表 4-2　台湾における労働争議の原因 (1970〜88 年)

年	争議原因 (件)										争議参加人数		結果 (件)	
	計	解雇	不当解雇	賃金要求	賃金未払	賃金カット	手当要求	労災補償	業務紛争	その他	職員	工員	調停成立	調停不成立等
1970	92	11	44	4	10	5	5	2	2	9	20	900	92	—
75	458	150	79	5	59	12	21	42	26	64	162	16,647	458	—
80	626	140	54	20	143	11	55	57	61	85	61	6,244	601	25
82	1,153	171	402	6	242	13	173	93	37	16	372	9,129	1,106	45
84	907	167	38	3	182	2	330	106	77	2	264	8,805	892	15
86	1,485	234	47	3	259	16	594	138	148	46	470	10,837	1,470	15
87	1,609	292	21	9	180	5	775	204	104	19	250	15,404	1,584	3
88	1,314	250	28	23	164	21	409	163	179	77	788	23,449	1,198	67

（出所）　隅谷・劉・涂，前掲書，182 ページ（原資料：『中華民国七十八年労工行政年報』）.

どによって補強されてきた.

　このような組合活動の形骸化，企業の労働者管理の強化によって，労働者は雇用者に対して絶えず弱い立場に立たされてきた. 不当解雇や賃金未払いに泣かされる労働者も多く，労使紛争の原因の大部分は解雇，賃金未払い，手当要求，災害補償に集中している（表 4-2）. 1984 年にようやく労働条件の最低基準を保障した労働基準法が制定されたものの，労働基本権が規制されたままであるため，依然労働者は受け身の立場に立たされている.

（2）　戒厳令の解除と労働運動の台頭

　こうした骨抜きの労働者保護立法に対する労働者の不満は，労使紛争の激化という形で表面化していった. 1984 年の労働基準法の制定や 87 年の戒厳令の解除を契機に，労使紛争は件数，参加人数ともに大きく増加し，争議形態もそれ以前にはみられなかったストライキが頻発するようになった. これまで労働争議のほとんどが調停で解決され[24]，ストライキまで進展しなかったことを考えると，労働者の不満がどれだけ大きいかがわかる. 1986 年には，落選こそしたが，労働組合の代表が国民大会・立法院選挙に立候補した. 争議件数は 85 年

以降 1000 件を突破し，参加人数も戒厳令解除にともなって 88 年 2 万 4000 人，89 年には 6 万 2000 人と大幅に増えていった．また 1987 年には「台湾労工服務協会」という労働者による自主的労働組合や労働運動指導者と知識人による労働者政党（「労働党」）も誕生した[25]．

　当時，戒厳令は解除されたものの，その代わりに制定された国家安全法によって労働運動は依然として規制されていた．しかし国民の「民主化」要求のなかで，労働運動も激しさを増していった．1988 年 5 月，機関車労働者による休暇を求めた大規模な労働争議が発生し，バス運転手や郵便労働者もこれに合流した[26]．大企業でも労働争議が相次ぎ，労働条件の改善を求める草の根の労働運動が徐々に広がりをみせていくことになった．

　政府による組合活動への干渉，企業による徹底した労働者管理によって，これまで台湾の労働者は「台湾的家父長制」[27]ともいえる前近代的な労使関係の殻に閉じ籠ってきたが，戒厳令の解除，総統直接選挙制の導入（1996 年）という「民主化」機運のなかで，ようやく近代的な労使関係への第一歩を踏みだしたといえるだろう．

3　韓国の経験

　最後に，アジア NIES では民主化の進展が顕著であった韓国の労使関係をみてみよう（図 4-1）．

（1）　解放後の労働組合の覇権をめぐる左右抗争
　日本の植民地下で長い間抑圧されてきた韓国民衆による労働運動は，1945 年の祖国解放と同時に活発化したといわれている．こうした労働運動の拠点となったのは，同年 11 月に左翼陣営を中心に結成された全国労働組合評議会（全評）である．全国 1194 の労働組合と 13 の産業別労働組合の連合組織として誕生したこの組合は，労働者の経済的利益擁護を掲げて，左翼色の強い政治・経済闘争を繰り広げながら，米軍政下での労働運動を主導した．

図 4-1　韓国における労働組合の変遷（1924～1994 年）
(出所)　関連資料から筆者作成.

このような全評に対抗して，1946 年 3 月，右翼陣営（右翼の政治家と資本家）は米軍を後ろ盾に，大韓独立促成労働総連盟（大韓労総）を結成し，左翼系労働運動の一掃にのりだす．47 年，米軍政が鉄道労組のゼネ・ストを理由に全評を不法団体と規定するや，大韓労総は合法的な労働組合として一挙にその勢力を拡大し，いっきに全評を解体に追い込んだのである[28]．

やがて 1948 年に李承晩を大統領とする大韓民国が成立すると，大韓労総は文字どおり韓国唯一の合法的労働組合として認知され，ますます与党自由党政権の御用団体としての性格を強めていった．こうして 50 年代の労働運動は，政府主導下で生まれた大韓労総への労働組合の統合とその政治道具化・御用化という状況のなかで，沈滞を余儀無くされる．

（2）　軍事政権下での労働統制の展開

1960 年，4・19 学生革命が勃発し，李承晩独裁政権が崩壊したことで，御用組合のもとでこれまで抑圧されてきた労働運動が一挙に爆発する．60 年の労働争議は前年の 2 倍以上（1959 年 95 件 → 60 年 227 件）に膨れ上がり，御用労組を糾弾する街頭示威運動が活発化して，労働者による新しい労働組合がつぎつぎと結成された[29]．

しかし「労組の民主化」機運も束の間，1961年，軍事クーデターによって政権を奪取した朴正煕政権は，「労働争議の一斉禁止令」(同年5月19日)，「政党および社会団体解散令」(同年5月23日) などの労働統制法をたて続けに発表して，数百人の労組幹部を拘禁し，既存の労働組合や労働組織を解散させ，一切の労働争議を禁じてしまう．こうして既存の民主労組を解体した軍事政権は，再建組織委員会を通じて同年8月「韓国労働組合総連盟 (韓国労総)」を発足させた．

1962年に発表された「第三共和国憲法」では，勤労者の利益均霑権が削除され，公務員の労働三権 (団結権，団体交渉権，団体行動権) も制限された．63年には労働組合法，労働争議調整法，労働委員会法が相次いで改定され，労働組合運動に対する政府の介入が強化され，60年代を通じて一貫した企業益優先の労働行政が展開されていくことになった．

（3） 維新体制下で徹底された労働統制

1970年代に入ると，いわゆる開発独裁の典型と言われた"維新体制"が成立することで，労使関係に対する政府の介入がいっそう顕著になった．

1971年12月，「国家非常事態宣言」を発表し，国民の政治活動を禁じた朴政権は，さらに72年10月，全国に「非常戒厳令」を宣布して国会を解散，すべての政党の政治活動を停止する．そして同年12月，大統領権限を著しく強化した「維新憲法」を制定する．在韓米軍の撤退を契機に経済と軍事両面における自立化の緊急性を認識した朴政権は，対立政党のみならず既成の労働組織まで解体することによって，重化学工業化推進のための「安定的政治基盤」を作り出そうとした．

朴政権は，まず重化学工業化を開始するにあたって，工業労働者の増大にともない労使紛争が社会的な不安定要因になることを恐れて，工業労働者に対する徹底的な労働統制を展開した．なかでも集会・示威行動の禁止，言論・出版の規制など社会統制を目的として公布された「国家保衛に関する特別措置法」(1971年12月) は，労働組合の無力化に大きな威力を発揮した．保衛法の第九条では，① 非常事態下における労働者の団体交渉や団体行動は，予め主務官庁の

調整を仰がねばならず，また②大統領は国家安保を脅かす労働者の団体行動を規制する特別措置を定めることができるとし，この結果，労働組合は団体交渉権と団体行動権が厳しく規制され，労使間の自律的な交渉は不可能になった[30]．

こうした労働統制は，公権力（労働庁および治安機構）の介入による労使紛争の事後処理ばかりでなく，企業への「労使協議会」の導入を通じて，労使対立の事前防止措置もとられた[31]．特に外資系企業が進出する輸出自由地域には「外国人投資企業の労働組合および労働争議の調整に関する臨時特例法」（1970年1月）が適用され，輸出地域内での労働組合の設置や労働争議が非合法化されることになった．このようにして外資系企業に忠誠を尽くす従順な労働者と労働環境が整備され，外国資本に好都合な投資環境が造り上げられていった[32]．

さらに1970年代後半に入ると，法統制を通じた労働者管理は「セマウム（新しい心）運動」と称する精神啓発運動によって補強され，朴正煕大統領に対する忠誠心が国民に植え付けられていくことになった．朴政権は，韓国社会に根差した儒教倫理を逆手にとって，工業化の推進者としての大統領と労働者としての国民の関係を「国家を支える父と父に忠誠を誓う子」の関係にすり替えようとしたのである．

このように維新体制で実施された多様な労働統制は，労働者や労働組合の活動に制限と抑圧を加えながら，開発にとっての障害要素，すなわち労働運動や労働争議を極力排除しようとした．そのため韓国労総や産業別・企業別労働組合は，政府と企業の補助的な労働統制の装置としての役割を担ってきたといっても過言ではない[33]．したがってこのようなシステムのもとでは，企業や外国資本に有利な投資環境を提供することが可能となる反面，労働争議自体が罪悪視される風土が生まれ，労働者の声を企業活動に反映させる労働組合本来の機能は実質的に形骸化していくことになった．

（4） 労働統制に対する労働者・民衆の反発と維新体制の崩壊

しかしながら労働者が，このような労働統制に無抵抗であったかといえば，それは否である．むしろ労働統制が強化されればされるほど，彼らの反発も増

表 4-3　韓国における所得分配の変化（1970〜80 年）

（単位：%）

	1970 年	1975 年	1980 年
上位 20%所得占有率	41.6	45.3	46.7
下位 40%所得占有率	19.6	16.8	15.4

（出所）　韓国経済企画院『第 5 次経済社会発展 5 カ年計画』1981 年，5 ページ.

幅されていった.

　なによりも開発を優先するあまり，労働者や民衆の声を封じ込めてきた朴政権であったが，急速な経済成長は皮肉にも所得分配に不満をもつ産業労働者や，政治参加意識の高い都市中産層を生み出すことになった. 都市中産層の政治参加要求は，70 年代後半になって野党の勢力拡大や学生や市民による反政府デモという形で具体化していった. 例えば，1978 年の第 10 代国会議員選挙では，得票率で野党新民党が与党民主共和党を上回り，在野知識人の間でも民衆の支持を背景に反政府運動が執拗に繰り広げられるようになった. また経済成長にともなって国民の所得水準は全般的に底上げされたものの，**表 4-3** が示すように所得格差は広がり，労働統制下での賃金抑制に対する労働者の不満は，民主労組の建設や最低賃金制の実施を求める労使紛争や，79 年の Y・H 事件に端を発した労働運動の激化に現れた.

　やがて野党，学生，宗教人たちの間で高まった反政府デモは年々激しさを増し，第二次石油ショックによる経済成長の減速にともない，労働統制下で抑制されてきた労働争議が爆発することで，維新体制の基盤は大きく揺らいだ. 1979 年 10 月には，釜山を中心に発生した学生デモに労働者が合流し，デモは馬山にまで広がって，数万人規模の反政府集会にまで発展した. そしてついに社会矛盾の激化は，維新体制内の諸集団，諸勢力相互間のヘゲモニーをめぐる闘争を煽ることとなり，同年 10 月，朴維新体制はついに内部崩壊を遂げることになった.

（5）　新権威主義体制下での労働統制の再編と労使関係の変化

　1980 年，「ソウルの春」に終止符を打つ軍部介入によって政権を奪取した全

斗煥政権は，政府による労働統制の見直しを進めた．前政権（朴維新体制）が労働者を巻き込んだ反体制運動をきっかけに内部崩壊したことを深く憂慮したためである．

同年12月，こうした見直しの一環として「労使関係法」が大幅に改訂され，新たに「労使協議会法」が制定された[34]．まず労働組合法では，① 従来の産業別労働組合体制を企業別労働組合体制に改編することで，企業別労使関係を確立する，② 労働組合の設立にあたっては，従業員30人以上（5分の1）の賛成を必要とし，行政官庁への申告制を導入する，③ ユニオンショップ制を廃止する，④ 企業内の団体交渉に関する第三者の介入を禁止する，⑤ 交渉権の第三者への委任を禁止する，⑥ 行政官庁による団体協約の変更・取り消しを認める，などが規定された．さらに労働争議調整法では，① 国営企業や防衛産業での労働争議の禁止，② 争議行為への第三者の介入禁止，③ 争議の申告から実行までの冷却期間の延長，④ 事業場外での争議の禁止，⑤ 強制仲裁の対象となる公益事業規制の準用を大統領令によって拡大，⑥ 労働争議の手続きを複雑化し，行政官庁の介入を強化する，ことが規定された．また新たに制定された「労使協議会法」では，100名以上の従業員を擁する企業はすべて労使協議会の設置が義務づけられることになった．

これら一連の法改正は，産業別組合を企業別組合へ改編することで組合力量を低下させ，組合に対する行政規制をこれまで以上に強化したという点で，維新体制下の労働統制をさらに強化したものと言われた[35]．事実，この改定により，組合の組織率は著しく低下した（1980年 21.0% → 86年 16.8%）．従業員30名以上の賛成が組合設立要件となったことで，小規模組合や地域合同組合の設立が困難になったためである．さらに組合自体が企業別形態に限定されたうえに，第三者介入禁止規定が設けられたため，労働運動は企業別組合の単独行動に限られ，団結権が弱められることになった．また労使協議会が新設され，団体交渉の有効期間が3年となったことで団体交渉権は有名無実化し，団体行動による争議は事実上「非合法」扱いとなった[36]．

しかしながら労働争議自体が実質的に非合法化されたことで，労働者の抵抗

運動は皮肉にも以前にもまして過激な形態を帯びることになった．1984年から85年に発生したタクシー運転手による社納金引き下げ闘争，各地域で展開された被服合同組合の設立要求デモ，大宇財閥における労使紛争の激化など，全政権の労働統制強化に反発する労働者の闘いはますますエスカレートしていったのである．

　高揚化する労働運動への対応を余儀無くされた全政権は，1985年の総選挙において労使関係法の改定を訴えて野党が躍進したことで，労働者や野党の要求を一部受け入れることを選択する．85年から86年にかけて，全政権は労働組合法と労働争議調整法を再度改訂し，① 地域合同組合を部分的に承認，② 第三者介入については産別組合と韓国労総は禁止対象から除外，③ 延長された争議の冷却期間を短縮，④ 行政規制による争議予防措置の緩和などを認め，組合側の要求を一部のむことになった．[37]

（6）　労使関係からみた「6・29後の民主化」

　1987年，こうした流れのなかで実現した盧大統領候補（当時）による「6・29民主化宣言」を受けて，同年10月憲法改正案が国会で可決された．この改憲によって，これまで制限されてきた労働三権（団体，交渉，争議）が公務員を除いて保障されることになった．

　続いて労使関係法（労働組合法，労働争議調整法，労使協議会法）が改定され，行政規制が大幅に縮小されるとともに，労働組合の結成が自由になった．特に労働組合法では，これまで「労働者30名以上あるいは従業員の5分の1以上の賛成」を経た企業別組合に限定されていたが，この改定によって30名以下の小規模組合や地域合同組合の結成が可能となった（ただし1企業1組合の原則はそのまま）．また労働組合の解散・役員の改選に対する行政の命令権が削除され，組合の規約・決議に対する行政の介入は「法令に違反する」場合に制限された．また労働争議調整法では，これまで禁止されていた争議行動が公務員と防衛産業従業員を除いて認められるようになった（ただし街頭デモや公共物での座り込みは違法）．さらに労使協議会法では，労働者委員の選出における公正が重視され，

労働組合の自主的運営が強化されることが謳われた.[38]

　このように，憲法や労使関係法の改定によって，労働争議に対する政府の介入が緩和され，労働者の組合結成や労働交渉・争議もかなり自由化されたという点では，労使関係の民主化は着実に進んでいったと評価される．1988年には，国民年金制，最低賃金制が実施され，男女雇用平等法も新しく制定されるなど，法制度面で労働者の人権を重視した意欲的な改革も進められた．とくに90年1月に政府系の韓国労総に対抗して労働者自らの手で在野系労組＝全国労働者組合協議会（全労協）が結成された事件は，このような労使関係の民主化を象徴する出来事として特記される．93年6月には，この全労協と全国業種別労働組合会議，さらに大宇グループ労組協議会などの在野組織が結集して全国労働組合代表者会議（全労代）を結成し，在野グループの手で韓国労総に代わる第二のナショナル・センターづくりも始まった.[39]

　こうした状況のなかで，1993年，「民主化」を旗印に発足した金泳三政権は，盧政権下で解雇された労働者の復職を認めたり，労組の政治活動禁止条項の早期撤廃を打ち出すなど，「文民政権」としてふさわしい労働政策の民主化を模索した．しかし一方では，93年に入って長期化する現代グループの労働争議に対し，1800人の警察官を投入し，労組幹部ら5名を逮捕するとともに248名の労働者を連行するなど，公権力の介入もめだった.[40] この時点では，「文民政権」下においても従来の権威主義的労働組合法は健在であり，依然として複数労組は認められず，産業別労組やナショナル・センターもそれぞれ1つしか認められていなかった．また労組活動や労働争議においても，使用者側と労働契約を結んでいる労働者や当該労働組合以外の第三者の介入は禁止され続けた．これらの規定はいずれもILO条約に違反するものであり，権威主義時代の残滓であった．金泳三政権は当初，① 労組の政治参加の許容，② 産別労組体制の復活，③ 公務員の労組加入範囲の拡大などを主眼にして，労使関係法を大幅に改正する方針を打ち出したものの，財界や旧維新勢力の根強い抵抗によって，改正案の国会上程は94年以降に見送られた．このように，文民政権として誕生した金泳三政権であったが，労使関係の民主化を遂げるためには，越えなければ

ならない課題は多かった.[41)]

4 1960年代から90年代における労働統制様式の変化と連続性

シンガポール,台湾,韓国の経験からわかるように,総じてアジア NIES で
は,1960～70年代の高度成長過程において政府の労働者あるいは労働運動に
対する統制は厳しく,労働者は彼らの基本的な権利である労働三権も事実上保
障されず,ほぼ無権利状態に置かれてきたと言っても過言ではない.この地域
の労働組合運動も,労働者側に立ってきた左派の労働組合が政府の激しい弾圧
によって解体し,かろうじて存在を許された労働組合は政府の息のかかった御
用組合として機能してきたため,ほとんど労働者の地位向上には寄与しなかっ
たといえる.リー・クアンユー,蒋経国,朴正熙などのストロングマンが,開
発独裁下で「労使関係の安定性」を演出することで,外資の誘致に成功できた
のは,このような「労働者の犠牲」の賜物であったと言えるだろう.

だが激しい労働者管理は,高度成長の終焉とともに労働者の不満を募らせた.
シンガポールでは1970年代に入ってから労働者の賃上げ要求運動が高まり,
マスコミや学生による労働者と連帯した反政府運動が繰り広げられ,台湾でも
70年代の後半から企業の労働者管理に抵抗する労働争議が頻発するようになる.
さらに韓国では,70年代末に顕在化した第二次石油危機によって成長が鈍化し,
労働統制下で抑制されてきた労働争議が爆発.ついに広範化した労働運動は学
生,一般市民を巻き込んだ大規模な反政府デモへと発展し,維新体制の崩壊を
導くことになった.

1970年代,厳しい労働者管理の反作用として生まれた労働者の抵抗運動は,
80年代の政府の労働統制様式に一定の変化を及ぼさざるをえなかった.シン
ガポールでは,79年から80年にかけてこれまでの二大組合が9つの産業別小
組合に改編され,企業内組合の結成が奨励された.また韓国でも80年全政権
下で労使関係法が大幅に改定され,産業別組合が企業別組合へと改編されるこ
とになった.こうした両国政府の対応は,政府に対して大きな牽制力を持つよ

うになった組合力量を低下させ，組合活動に対する政府の規制を強化しようと
した点でほとんど一致している．台湾では，84 年に労働条件の最低基準を保障
した労働基準法が制定されたものの，労働基本権は依然規制され続けたため，
労働者側に大きな不満を残すことになった．

　いずれにせよこのような労働統制様式の変化は，逆に労働者の闘いをエスカ
レートさせ，それぞれの政府に新たな対応，すなわち民主化要求を迫ることに
なった．台湾における戒厳令解除，韓国での「6・29 民主化宣言」（いずれも
1987 年），またシンガポールにおける憲法改正（91 年）と大統領直接選挙の実施
（93 年）は，政府がこうした労働者の要求を一定量吸い上げて実現したものと言
えるだろう．

　しかしながら，こうした各政府の取り組みは，「権威主義体制の溶解」に直
結するものではなく，労使関係の側面からみる限り，多くの課題が次の政権に
残された．シンガポールではその後も暫くの間，権威主義的な労働統制に変化
がみられず，全国労働組合評議会は御用組合として機能し続けた．台湾では戒
厳令は解除されたものの，代わって施行された国家安全法によって，長らく労
働運動は禁止され続けた．最も民主化の進んだといわれている韓国でも，旧来
の権威主義的労働組合法は生き続け，新世紀に入るまで複数労組は認められな
いなど，労使関係面での民主化は大きく立ち遅れてきた．

　このようなシンガポール，台湾，韓国の 1960 年代から 80 年代の労働統制の
歴史を振り返ると，アジア NIES の経済成長は，労働者に多くの負担を強いて
実現されたものであることがわかる．労働組合や労働者の視点から開発独裁の
有効性をもう一度問い直してみる作業が，開発エコノミストにも求められてい
る．

注
　1）「開発独裁擁護」説の詳しい内容は，渡辺利夫『西太平洋の時代』文藝春秋，1989 年
　　や同「韓国：経済発展と権威主義の熔解」『アジア研究』第 36 巻第 3 号，1990 年などの
　　文献を参照されたい．
　2）ラテンアメリカにおける権威主義体制の問題点については，恒川恵市「権威主義体制

と開発独裁——ラテンアメリカからの視点——」『世界』1983 年 7 月号，アジアにおけ
る開発独裁については，田巻松雄「アジアの経済成長と権威主義体制」『アジア発展のダ
イナミックス』勁草書房，1994 年や岩崎育夫「ASEAN 諸国の開発体制論」岩崎育夫編
『開発と政治——ASEAN 諸国の開発体制——』アジア経済研究所，1994 年などの文献
を参照されたい.

3）中国における「新権威主義論」については，加々美光行「中国民主化運動四：新権威
主義論」『世界』1989 年 12 月号，ならびに天児慧「アジアの経済発展と民主化——中国
——」『アジア研究』第 32 巻第 3 号，1990 年 7 月などの文献を参照.

4）岩崎育夫「人民行動党支配体制の下部構造」『アジアトレンド』第 51 号，1990 年，81
ページ.

5）ギャリー・ロダン（田村慶子，岩崎育夫訳）『シンガポール工業化の政治経済学：国家
と国際資本』三一書房，1992 年（Garry Rodan, *The Political Economy of Singapore's
Industrialization: National State and International Capital*, Macmillan Press, 1989），
102 ページ.

6）同上書，125 ページ.リーはまた「二人の大卒者からは，25 年間で一人の大卒者が生
れ……，二人の非大卒者からは三人の非大卒者が生れる」と述べ，各種の優遇措置を作
って大卒同士の結婚を促すと同時に，非大卒者には，公共住宅への優先入居を取引材料
に，不妊手術を奨励した（本山美彦「シンガポールのリストラクチュアリング」『経済評
論』1986 年 11 月号，24 ページ）.

7）同上書，127 ページ.

8）F. C. Deyo, *Beneath the Miracle: Labor Subordination in the New Asian Industrialism*,
Berkeley: University of California Press, 1989, pp. 124-125.

9）F. C. Deyo, "State and Labor: model of political exclusion in East Asian Development,"
F. C. Deyo (ed.), *The Political Economy of the New Asian Industrialism*, Ithaca, N. Y.:
Cornell University Press, 1987, p. 186.

10）ギャリー・ロダン，前掲書，129 ページ.

11）同上書，125 ページ.

12）F. C. Deyo, *Beneath the Miracle*, p. 140.

13）リー・クアンユーは，マス・メディアの役割を党の開発目的を支援することとみなし，
投資や経済成長にマイナスとなるような批判的報道を禁じた.このため 1971 年 5 月，
政府に批判的な記事を掲載した英字紙「イースタン・サン」や「シンガポール・ヘラル
ド」は廃刊に追い込まれた（ギャリー・ロダン，前掲書，149 ページ）.

14）ギャリー・ロダン，前掲書，156 ページ.

15）1977 年には新聞印刷法が改定され，新聞社の個人持ち株比率が 3 ％以下に制限され
た結果，党以外の新聞への影響力が排除され，党の経済プログラムがメディアを通じて
強く支持されるようになった（ギャリー・ロダン，前掲書，170 ページ）.

16）F. C. Deyo, *Beneath the Miracle*, p. 141.

17) ギャリー・ロダン，前掲書，206-207 ページ.

18) 同上書，210 ページ.

19) 同上書，217-218 ページ.

20) 同上書，239 ページ.

21) 涂照彦「NIES 時代は終わるのか」『世界』1990 年 11 月号，187 ページ.

22) 劉進慶「ニックス的発展と新たな経済階層」若林正丈編『台湾——転換期の政治と経済——』田畑書店，1987 年，253 ページ.

23) F. C. Deyo, *Beneath the Miracle*, pp. 117-118.

24) 隅谷三喜男「労働——低賃金構造の秘密——」隅谷三喜男・劉進慶『台湾の経済』東京大学出版会，1992 年，183 ページ.

25) 升味準之輔『東アジアと日本』東京大学出版会，1993 年，435 ページ.

26) 同上書，435 ページ.

27) 隅谷，前掲論文，179 ページ.

28) 米軍政期における労働運動内部の左右勢力関係については，金三沫『韓国資本主義国家の成立過程 1945〜53 年』東京大学出版会，1993 年，第三章を参照.

29) 全基浩（高橋哲郎訳）「韓国における労使関係確立の展望」『韓国における労使関係の展開と労働運動家』法政大学比較経済研究所ワーキング・ペイパー第 13 号，1990 年，7 ページ.

30) 金享培（川口智彦訳）「労働法制」『韓国の労働法政の展開』法政大学経済研究所ワーキング・ペイパー第 15 号，1990 年，18 ページ.

31) 労使協議会の問題点については，李炳泰（金早雪訳）「労使協議会，その虚像と実像」『韓国の労使協議制度』法政大学比較経済研究所ワーキング・ペイパー第 10 号，1990 年を参照されたい.

32) 維新体制下の労働統制についての詳しい分析は，清水敏行「朴正煕維新体制と労働統制の展開 (1)(2)(3)」『北大法学論集』第 36 巻第 5・6 号，第 37 巻第 4 号，第 38 巻第 2 号，1986〜87 年を参照されたい.

33) 全基浩，前掲論文，12 ページ.

34) 1980 年 12 月の労使関係法の改定内容については，金享培，前掲論文ならびに小林謙一「韓国の経済開発と労働政策の展開」法政大学『経済志林』第 57 巻第 2 号，1989 年を参照.

35) 全基浩，前掲論文，13 ページ.

36) 張明国（高橋哲郎訳）「労働者の立場と労働法」『韓国労働政策の展開と現状』法政大学比較経済研究所ワーキング・ペイパー第 1 号，1989 年，24-25 ページ.

37) 小林謙一，前掲論文，124-125 ページ.

38) 全基浩，前掲論文，18 ページ.

39) 『統一日報』1993 年 7 月 13 日.

40) 『東洋経済日報』1993 年 7 月 23 日.

41) 文民政権下での労使交渉の問題点については，明泰淑「韓国における『文民政府』の成立と労使関係の新動向」『龍谷大学大学院研究紀要』第 8 号，1994 年を参照されたい．

第5章

技術移転と東アジアの構造変動

1 世界経済の新たな核

20 世紀の後半，東アジアの著しい経済成長に世界の熱い視線が注がれていた時期があった．主として NIES（韓国，台湾，香港，シンガポール），ASEAN（タイ，マレーシア，フィリピン，インドネシア），という 2 つの小域経済圏と大国中国から構成された，この東アジアの現時点での経済力はどれほどのものだったのか．1990 年代に入ってから記録された東アジアの経済パフォーマンスは，戦後，貧しいアジアをイメージしてきた日本の知識人に戸惑いすら与えた．そこには，かつてミュルダールが『アジアのドラマ』[1] で描いた哀れな主人公とは同一視できない「別のアジア」が存在していた．

当時，開発エコノミストから注目されたのは，① 先進諸国が不況に苦しんだ90 年代前半期に，東アジアが年平均 14％の高成長を維持してきたことである．この結果，② 東アジアは 90 年代の半ばに世界貿易の約 2 割を占めるまでになった．いうまでもなくこの成長を牽引したのは同地域からの工業製品輸出の増加であるが，③ 90 年代半ば（1994 年）の東アジアの総輸出額は 7000 億ドルを突破し，この額は同年日本の輸出額 4000 億ドル，米国の 5000 億ドル，EU の6000 億ドルをいずれも凌駕している．また ④ 1986 年から 94 年の 9 年間に東アジアに注ぎ込まれた直接投資の総額は 4700 億ドルであり，実に世界の直接投資のおよそ 4 分の 1 がこの地域に集中してきた計算になる．こうした数字を見る限り，1990 年代に入ってから，東アジアは日米欧と並ぶ世界経済の核に成

長したと言われるようになった.

こうした成長を可能にしたのは,90年代に入って東アジアで開花した技術移転の好循環メカニズムにあると言われた. そもそも東アジアは西アジアや南アジアに較べて教育水準が高く,技術の普及・開発面で優位な環境にあった. また当時の東アジアには,その中心に世界有数の技術力をもつ日本が存在し,ついで技術水準の高いNIES,さらにその周辺に優れた中間技術をもつASEAN,底辺には基盤的技術分野へ大量の遊休労働力の動員をすることが可能な大陸中国が存在していた. したがって技術移転がうまくいけば,技術水準の各分野に応じて日本,NIES,ASEAN,中国が棲み分け生産を行うことが可能であった.[2]

2 「フルセット」主義の弊害

ここで,東アジアの成長を可能にした技術移転の循環メカニズムについて論じる前に,「東アジアは,何故,長い間,成長しえなかったのか」を考えてみることも重要である. 東アジアの成長を抑制してきた要因があるとすれば,そうした要因を取り除いていくことが,アジアのこれからの繁栄にとって不可欠であると考えられていたからである.

結論から言えば,その最大の要因は,アジアで最初に高度成長を達成した日本経済の「脱亜」的体質にあったと思われる. そもそも日本における経済成長は「フルセット型産業構造」に彩られたものであり,元来インダストリアリズムの波を周辺アジアに波及させるような性格をもつものではなかった. 鉄鋼,造船,自動車,電機機器,繊維製品など,ほとんどの産業分野を国内に抱え込みながら発展してきた日本経済は,先進国から先端技術と一部の製品を受け入れる以外,長い間外国から,特にアジア諸国からほとんど製品を輸入しようとはしなかった. そのため日本はアジア諸国にモノを売ることには積極的であっても,技術移転には消極的で,アジアからモノを買おうという姿勢には欠けていた.

これは,戦後の西欧経済においてイギリス,ドイツ,フランスなどかつての

EC 各国が造船，鉄鋼，繊維というそれぞれの比較優位分野を有しながら相互依存をはかり，経済発展していった光景とは対照的である．アジア経済圏では，20世紀後半期まで日本だけが独り，インダストリアリズムの繁栄を独占してきたのである．

　経済史家の川勝平太は，資本節約型・労働集約型の生産革命によって国内自給体制を確立し，アジアから輸入していた物産をほとんど国内で自給できる体制を造り上げた経済システムが近世日本の「鎖国」であり，これは「アジア経済圏からの離脱」という点でまさに「脱亜」の完成形態であったと論じている[3)]．もし川勝が論じるように，徳川日本の「鎖国」政策を「脱亜」と呼ぶことができるなら，戦後高度成長期の日本経済こそ，国内自給体制を造り上げ，アジア経済圏からの輸入を免れていたという点で，かつての「脱亜」を再現したと言ってもよいだろう．まさに「脱亜」色に彩られた戦後日本経済の「フルセット型[4)]」経済成長が，アジア周辺部の成長を抑制してきたのである．

3　技術移転と東アジア

　東アジアに波及したインダストリアリズムの波は，日本におけるこのような「フルセット型産業構造」の溶解，すなわち日本の「脱亜」から相互依存を通じた「入亜」への転換によって生み出された．

　日本の「フルセット型産業構造」が最初に溶解する気配を見せ始めたのは，1970年代に入ってからのことである．70年代の初頭に日本経済を直撃したオイル・ショックは，かつて日本の高度成長を牽引した繊維，雑貨，電機機器などの労働集約的産業を比較劣位化させた．日本は，付加価値の低くなったこの部門の生産拠点を，韓国や台湾など周辺アジアに移転させることで，この危機を乗りきろうとした．

　一方，韓国と台湾は進出してきた日系企業に対し，輸出自由地域を整備し，従順で低廉な労働力を提供することで，彼らの期待に応えた．両国は日本企業との合弁を通じて技術を吸収し，自国内に中間技術，基盤技術の基礎を形成す

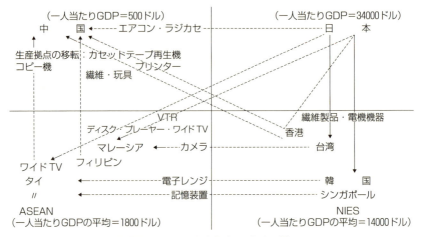

図 5-1　東アジア経済圏における生産拠点の移動と棲み分け（1970～1990年）

(注)　―――▶ は，1970年代における生産拠点の移動を示している
　　　-----▶ は，1985年以降の生産拠点の移動を示している
　　　一人当たりGDPは1993年のデータ
(出所)　関連資料から筆者作成．

ることに成功する．そして日系企業による労働集約財の輸出は両国に経済成長を促し，彼らを NIES に押しあげた．

　日本の「フルセット型産業構造」が音をたてて崩れ始めたのは，1985年のプラザ合意で円高に拍車が掛かった頃からである．特に1ドル＝100円に近づく頃から，円高に耐えられない日本企業が続々と労働コストの安い東アジアに生産拠点の一部をシフトさせるようになった．

　図 5-1 で示したように，1980年代後半から90年代初頭にかけて多くの日本企業が東アジアに生産拠点を移転させていった．この段階では，もはや一人当たり GNP 平均1万ドルを超える高所得水準に達した NIES は，生産拠点の移転先からはずれ，ASEAN，中国への進出が圧倒的である．家電メーカーでは，すでに80年代に三洋電機が中国にラジカセや半導体の生産拠点を移転．90年代に入ってから，シャープがディスクプレーヤーの生産拠点をすべてマレーシアに移し，やはり松下電器とソニーが小型ワイドテレビの生産拠点をマレーシアに移転させていった．またパイオニアも低価格帯のレーザーディスクの生産

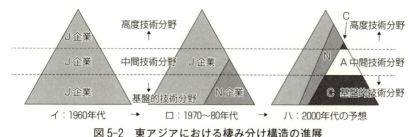

図 5-2　東アジアにおける棲み分け構造の進展
（注）　J企業＝日本企業，N企業 NIES 企業，A企業＝ASEAN 企業，C企業＝中国企業．

拠点をマレーシアに移転．一方，NEC はワイドテレビの生産拠点をタイに移転し，日立製作所は産業機器の生産拠点をフィリピンに移し始めた．

　ここで注意しなければならないのは，ハイテク部門で日本を追い上げ始めた韓国，台湾，シンガポールなどの NIES 企業が，カメラ，電子レンジ，記憶装置など労働集約的な商品の生産拠点を ASEAN や中国に移転させたことである．NIES の場合，70 年代に日米から移転・蓄積された基盤的技術に依拠して軽・重化学工業製品の量産・輸出に成功を収める一方，それぞれの政府・企業は R＆D（研究開発）投資の大部分をコンピューターや半導体などの先端技術分野に注ぎ込み，ハイテク産業の育成に努めてきた．NIES はこうした経済成長の過程で，比較劣位化した労働集約的な産業部門をより賃金の安い ASEAN・中国に移転させ始めたのである．さらに 80 年代に日本企業や NIES 企業の下請け生産を通じて分厚い中間技術を形成した ASEAN 企業も，3 K職種的色彩の強い労働集約的な製品の生産拠点を最も賃金の安い中国に移転させていった．このように円高を契機とした日本の「フルセット型産業構造」の溶解によって，一時期，日本→ NIES → ASEAN →中国という，中心部から周辺部への生産拠点の移動を通じた技術移転の好循環メカニズムが顕在化していくようになった（図 5-2）．

4 不均衡は改善してきたか？

　このように見ていくと，円高を契機に日本企業のアジア進出が東アジア全体の経済成長・技術発展を誘発し，日本と東アジアに新たな相互依存関係が芽生えたようにみえる．例えば，渡辺利夫は，円高を背景とする日本の海外進出が，日本の「フルセット型産業構造」を溶解させ，日本の産業構造を「輸入誘発的で，それゆえ対外調和的な」ものに変容させたと述べている[5)]．はたして本当だろうか．

　問題は，日本企業の東アジアへの生産拠点と技術の移転が，「アジア諸国へは輸出はするが，輸入するモノはない」としてきた日本と，「日本からの輸入は増大するが，対日輸出はいっこうに増えない」という東アジアとの不均衡な貿易関係をどれほど改善したかという点である．というのも，この逆調問題が改善されない限り，対アジア貿易において独り大幅な出超を続けてきた日本の「脱亜」政策の歪みは基本的に改められることはないからだ．

　当初，東アジアの人々は，日本企業の東アジアへの進出が，日本の東アジアからの製品輸入を拡大する一方，対アジア輸出を大幅に減少させるものと期待してきた．東アジアに乗り込んだ日本企業が日本から調達していた部品や半製品を，技術移転を通じて徐々に現地生産に切り替えていくものと考えていたからだ．ところが円高が顕在化した 1985 年以降も，東アジアに生産拠点を移した多くの日本企業は主要な部品を日本からの輸入に頼り続けてきた．

　90 年代の半ばに海外に進出した日本企業の部品・完成品の調達先を調べたある民間調査では，本国日本から調達していると答えた企業が，アジア NIES 進出企業の場合 70％，ASEAN 進出企業の場合 78％，中国進出企業で 77％と，いずれの場合もかなり高い対日部品依存率がみられた[6)]．とりわけ VTR のヘッドや IC など先端技術部門に該当する部品の調達については，日本からの輸入に全面依存していたのが 90 年代半ばの状況である．日本企業の海外進出を通じて，一部の中間技術や基盤的技術部門の東アジアへの生産拠点の移動と技術

移転は進んだものの，依然として100%の現地化生産は困難な状況にあった．

他方，東アジアに進出した日本企業の販売先を見てみると，販売市場としての日本の比率はアジアNIES進出企業の場合51%，ASEAN進出企業で49%，中国で73%というデータが検出された．このデータから当時（90年代半ば），NIESやASEANでは，現地販売を含めて海外生産された製品の半数が日本市場以外の地域に流れていたことがわかる．進出した日本企業の輸出市場として米国やその他先進国市場の役割が高まり，日本の役割が低下しているため，彼らによる工業製品輸出の増加がそのまま対日輸出の増加に結びついていなかったのである．

この結果，日本がアジア進出を活発化させた1985年以降，日本と東アジアとの貿易不均衡は改善されるどころか，拡大し続けた．1985年，NIES4カ国の対日貿易赤字額の合計は90億ドルであったが，90年に120億ドル，94年には540億ドルとその逆調幅は著しい拡大傾向を示した．一方，85年時点で70億ドルの黒字を計上していたASEAN4か国の対日貿易収支も，94年には120億ドルの赤字を記録することになった．中国を含めた東アジア全体の対日貿易赤字も，1985年120億ドル，1990年240億ドル，1994年640億ドルと，年々膨らんでいった．日本企業の対外進出を媒介とした東アジアからの製品輸入の拡大が日本の黒字減らしに貢献したと言われたが，対日貿易赤字問題は20世紀後半期を通じ，東アジア経済が抱えた深刻な課題であった．

5 「脱亜」から「入亜」に転じた日本

こうした日本の東アジアとのアンバランスな経済関係は，「対日逆調問題」として現地のマスコミや議会でも批判の的となり，東アジアにおける反日運動の火種としてくすぶり続けてきた．両者のアンバランスな関係に終止符を打ち，相互に補完しあえる，いわば相互依存関係を確立するため，日本政府や企業に，「脱亜」から「入亜」への意識改革が求められてきた．

その後，日本の企業が国内の産業空洞化を恐れず，価格競争力が低下した比

較劣位産業のアジアへの移転をさらに大胆に進めていったことは，評価される．当時の日本では国内産業の空洞化を恐れていたが，日本国内に滞留する 30 万人以上の外国人「不法就労者」は，国内ですでに比較劣位化した下請けの製造メーカーに雇用されていた．もし当時の日本が本当に産業空洞化していたら，これほど多くの外国人労働者を日本経済は吸収できていなかったはずである．まず何よりも国内では日本人労働者を集めることができない鋳造，メッキ，機械製作といった「基盤的技術部門」，あるいは国内では商売として成立しない比較劣位化した労働集約部門をアジア周辺部に移譲していく必要があった．これによって日本は比較優位産業に特化することで，経済効率を高めていくという戦略である．

　こうした戦略に負の要素がなかったわけではない．アジアへの移転で国内の比較劣位部門からはじき出される日本人労働者の数は少なくなかった．彼らの大部分は，新しく生まれるサービス産業やベンチャー・ビジネスに吸収されていくことが予想されたが，なかなか，そう順調に労働移動が実現するはずもなかった．日本では，日本人労働者は日本に職場を求めるのが当たり前という古い考えに囚われてきたからである．日本の産業空洞化による雇用不安は，そもそも日本人の職場を日本企業に限定した「労働鎖国論」に根ざしてきた．こうした状況を打開するには，日本企業が生産拠点を海外に求めるだけでなく，日本人労働者も，日本人大リーガーのようにもっと国外に職場を求めていく視点が求められていた．

　とはいえ，せっかく日本企業が東アジアに生産拠点を移転しても，日本から部品や中間財の多くを調達している限り，対日逆調問題の温床となっている「対日輸入誘発構造」は溶解しなかった．進出企業は可能なかぎり部品の内製化に努め，中間財もできるだけ東アジア諸国から現地調達すべきであったが，日本企業が部品や中間財を日本から輸入し続けたからである．さらに現地の組み立てメーカーに部品を供給しうるサポーティング・インダストリィーを育成するためにも，この分野での技術移転を積極化していくことが望まれた．

　しかし，日本企業の技術移転の消極的姿勢はなかなか改善されなかった．こ

れまで日本企業は，技術移転に際しさまざまな制約条件を相手側に課してきた．例えば，① 技術移転の転用を認めない，② 日本国内での販売を禁止，③ 他国への輸出にあたっては日本と協議のうえ行う，④ 技術移転を行った製品についての海外での製造は禁止する，などの制約条件がその代表的なものである．日本側はブーメラン現象[8]を最小限に食い止めるためこのような制約条件を課してきたが，東アジア企業の反発も強かった．日本のやり方に嫌気がさして技術提携先を EU 企業に変更するアジア企業も少なくなった．日本企業は明らかに「ひもつきの技術移転」に終止符を打つ時期に差し掛かっていた．

6　富裕化ゲームの末路は？

　21 世紀に入って，東アジアの富裕化ゲームの激しさが増した．人々は皆，富裕化ゲームによって「近い将来，欧米のように豊かになれる」と信じている．だが皮肉なことに，このゲームは参加者の所得格差・技術格差を前提にして初めて成立する．

　1995 年の東アジアにおける地域別の一人当たり GDP は，日本が 3 万 4000 ドル，NIES が平均 1 万 4000 ドル，ASEAN が平均 1800 ドル，中国はわずかに 500 ドルであった．この時点で東アジアが豊かになったといっても，日本と NIES の所得水準の間には依然 2.5 倍近い開きがあり，最貧の中国と日本を較べると，実に 70 倍に迫る所得格差が存在した．所得水準で見る限り，東アジアには，日本を中心として，準中心に駆け上がった NIES，準周辺に上昇した ASEAN，今のところ周辺に止まっている中国という，重層的な格差の四層構造が形づくられていた．

　技術水準ではどうか．各国の技術レベルの尺度となっている R & D（研究開発）投資の対 GNP 比でみると，1993 年段階で，日本が 3 ％と突出しており，以下韓国 2.3％，台湾 1.8％，シンガポールの 1.1％，中国 0.6％，フィリピン，マレーシア 0.1％という順になっていた[9]．ロケット，レーザーなどごく一部の軍事関連のハイテク分野で優れた技術を有する中国は ASEAN 諸国を上回って

いるが，この時点での所得の差はほぼそのまま技術力の差を反映していたといってもよい．

　20世紀末までの東アジアの繁栄を保証してきた中心部から周辺部への生産拠点の移動と技術移転は，こうした賃金格差と技術力の差を前提として成り立ってきた．したがって周辺部の賃金が上昇し，ある程度の技術力をつけていくと，このゲームも成立しにくい状況が生まれる．当時のシンガポール通産省の予測では，2020年には一人当たりGDPでアジアNIES（平均5万5000ドル）が日本（3万8000ドル）を逆転し，タイ，マレーシア，中国，インドネシアも1万ドルを突破するという[10]．もしこの予測が当たるとすると，日本とASEAN（予想平均2万ドル），中国（予想1万4000ドル）との所得格差は，かつての日本とNIES程度の差に縮まることになる．これでは，絶対的な賃金格差と技術格差を前提とした東アジア内部での生産拠点の移動による富裕化ゲームは成立しない．おそらくこの時期の海外移転のターゲットは21世紀に高成長が期待されるインドやバングラディシュなどの南アジアということになると思うが，早晩，東アジアは市場の壁にぶつかることは間違いない．どこかで，賃金格差と技術格差を前提とした富裕化のゲームにけりをつける必要がありそうだ．

　さらにこの富裕化ゲームでは技術革新が勝敗を決めるため，東アジア各国は激しい技術開発競争に巻き込まれることになる．とりわけ半導体やコンピューターなどの先端技術部門では，日本，韓国，台湾の間で，新しい製品技術の開発をめぐって激しいデッドヒートが繰り広げられ，そこに注ぎ込まれた資金は，発展途上国の国家予算規模にまで膨脹している．R＆Dに必要な巨額の投資負担に耐えられずゲームから脱落する企業も少なくない．こうした新技術の開発競争は，個別企業の次元ではなく，もはや国家の威信を賭けたパワー・ゲームと化している[11]．所持金の貧しいアジアの途上国はゲームに参加さえさせてもらえないのが実状だ．リスクを回避し，途上国にもチャンスを与えるために，東アジア全域での比較優位にたったR＆Dの国際分業や共同研究体制の構築が望まれる．

　アジアにおいて相互依存関係を確立することは，貧しい周辺諸国を産業・技

第5章 技術移転と東アジアの構造変動 *79*

術ピラミッドの底辺部に押しやることではない．とはいえ皆がハイテク部門への参入を望む一方，誰かが３Ｋ労働的色彩の強い基盤的な技術部門を担っていかなければならない．こうしたジレンマを背負いながら，アジア経済圏の技術・産業構造のピラミッドの中で各国がいかに棲み分けを行い，どれだけ水平的な分業関係を作っていくことができるか．まさにこれからの東アジアの繁栄は，落伍者を出す前に，競争と共生を結びつけた新たな経済・技術協力の秩序を作り出せるかどうかに，かかっている．

注

1）G. ミュルダール・S. キング（板垣與一監訳）『アジアのドラマ』東洋経済新報社，1979 年．

2）関満博『フルセット型産業構造を超えて』中央公論社（中公新書），1993 年，109〜1118 ページ．

3）川勝平太「東アジア経済圏の成立と展開」『アジアから考える6　長期社会変動』東京大学出版会，1994 年．

4）「フルセット型」とは，すべての産業分野を一定のレベルで一国内に抱え込んでいる経済構造を意味する．

5）渡辺利夫「局地経済圏の時代」『局地経済圏の時代』サイマル出版，1992 年，6 ページ．

6）『一九九五年ジェトロ白書』日本貿易振興会，1995 年．

7）梶田孝道『外国人労働者と日本』日本放送協会，1994 年，75 ページ．

8）ブーメラン現象：この場合，技術移転を行った結果，相手国の製品が逆上陸して来ることを示す．

9）経済企画庁『APEC 経済展望』1995 年．

10）『朝日新聞』1995 年 12 月 22 日．

11）柳町功「韓国半導体産業における技術蓄積と国際競争力」陳炳富・林倬史編『アジアの技術発展と技術移転』文眞堂，1995 年．

第6章

社会主義，輸入代替，輸出志向
—— 20世紀の開発システムをどう見るか ——

はじめに
—— 3つの開発モデル説に対する疑問 ——

　20世紀を飾った途上国の開発システムには，以下のような3つのモデルがあったと言われている.

　1つは，社会主義モデルと言われ，ロシア・旧ソ連で始まり，冷戦期に東側世界に普及していった社会主義イデオロギーに基づく計画経済の試みである. 一般的な社会主義経済のモデルは，土地と生産手段の国家（協同組合）所有，工業化計画に基づく指令生産と原料・機械の割当，労働に応じた所得配分，貿易の国家独占などを特徴とする中央集権的な計画経済に基づく開発と理解されるが，そのシステムは国によって異なる. この社会主義モデルは，アジアの途上国では，中国，北朝鮮，ベトナム，ビルマ（ミャンマー），カンボジア，ラオスなど多くの国々で採用され，途上国の独立後の国民経済形成に大きな影響力を与えた.

　2つ目は，大戦後，資本主義的な国民経済形成を目指す多くの新興独立国で採用された輸入代替工業化モデルである. 輸入代替工業化とは，高関税障壁や輸入数量制限などによって，外国製品（完成品）の輸入を規制し，外国製品との競争から国内市場を保護することで，国内の工業品生産を促し，輸入を国内生産で代替させることが可能となる工業化を導くというものである. 米国，ドイツ，日本など多くの先進国における工業化はこうした輸入代替によって実現し

たものであり，戦後もラテンアメリカ諸国をはじめ，1950年代から60年代にかけて韓国，台湾，タイ，マレーシア，インドネシア，フィリピンなどアジアの多くの途上国で輸入代替工業化戦略が実施された．

3つ目は，1960年代以降，アジアやラテンアメリカの輸入代替工業化に行き詰まった途上国で，新たに採用された輸出志向工業化モデルである．輸出志向工業化とは，特定の輸出産業にさまざまな特恵を与えたり，多国籍企業の生産拠点を国内に設置したフリー・トレード・ゾーンに誘致するなど，積極的に世界経済にコミットすることで，欧米市場に対する工業製品輸出を増大させ，工業化を促すことである．1960年代に入り韓国・台湾・シンガポールなどアジアNIESが，輸入代替工業化から輸出志向工業化に政策転換を図り，急速な経済成長を達成してから，このモデルは世界の開発エコノミストの関心を集め，「東アジアの奇跡」と呼ばれることになった[2]．

こうした3つの開発モデルを「社会主義」対「資本主義」，「計画経済」対「市場経済」，「輸入代替工業化」対「輸出志向工業化」，「保護主義的工業化（内向き工業化）」対「対外開放的工業化（外向き工業化）」，「政府主導の工業化」対「市場主導の工業化」というような二分法的な構図で分類し，前者を失敗，後者を成功と結論づけるエコノミストが少なくない[3]．確かに，現時点から判断すると，社会主義的な中央集権的計画経済モデルや輸入代替工業化モデルに基づいて開発を進めた途上国の工業化は挫折し，輸出志向工業化モデルに依拠して開発を進めた途上国は大きな成功を収めたようにも見える．

だが，こうした理解は正しいのだろうか．筆者は，こうした二分法的な理解，また前者を失敗，後者を成功という捉え方に，次のような疑問を感じている．

① 多くの開発エコノミストは，途上国の政府が複数の開発モデルからあるモデルを選択したかのように論じているが，独立当初の途上国には社会主義モデルや輸入代替工業化モデルを採用せざるをえなかった歴史的あるいは政治的背景があったのではないか．

② 多くの開発エコノミストは，社会主義モデルや輸入代替工業化モデル

第6章 社会主義，輸入代替，輸出志向 *83*

に基づいた工業化は挫折し，輸出志向工業化モデルに基づいた工業化は
成功を収めたと論じているが，実際は社会主義計画経済や輸入代替であ
る程度成功を収めた時期もあり，一方輸出志向工業化が行き詰まりを見
せた時期もあったのではないか．

③ 多くの開発エコノミストは，こうした複数の開発モデルを対比し，切り
離して論じているが，国によって複数のモデルが併存して採用された時
期があったのではないか．

④ 多くの開発エコノミストは，3つのモデルの違いを強調するが，3つの
モデルには開発モデルとして本質的な類似性が見られるのではないか．

以下では，こうした問題意識から，独立後に輸入代替工業化から輸出志向工
業化へと転換を遂げた韓国と台湾，また社会主義計画経済の下で国民経済を形
成してきた中国と北朝鮮を事例に，20世紀に開花した3つの開発モデルの歴
史的背景，成果と問題点，類似点と共時性について考察したうえで，21世紀の
開発システムの課題を考えてみたい．

1 韓国と台湾の輸入代替工業化政策は「失敗」だったのか

（1） 戦後多くの途上国で輸入代替工業化政策が採用された歴史的背景

社会主義圏を除く開発途上国の工業化戦略をめぐっては，戦後暫くの間，開
発エコノミストたちの間で輸入代替工業化モデルと輸出志向工業化モデルの優
劣や適用可能性について激しい論争が行われてきた．しかし，植民地が独立を
遂げた1950年代から60年代においては，国連のラテンアメリカ地域委員会の
R・プレビッシュ事務局長に代表される「輸入代替派」が大きな影響力を持っ
ていたこともあって，輸入を規制して国内市場向けの工業生産を増大させる輸
入代替工業化政策を採用する途上国が多かった[4]．

輸入代替工業化モデルが戦後多くの途上国で受け入れられた背景には，当時
の途上国が置かれていた不平等な国際経済環境があった．R. プレビッシュがか

つて国連貿易開発会議で指摘したように，当時の貿易システムは先進国に有利に作用していた．途上国の主要な輸出品である一次産品の価格が低迷する一方，先進国から輸入する工業製品の価格は上昇し続けていたからである．このような世界経済システムに参入しても途上国の開発は望めないという考え方が，途上国では支配的であった[5]．

とりわけ西側先進国に植民地支配を受けた経験のある途上国では，無防備に国内市場を開放すれば，再び先進国経済に従属した「新植民地」に転落するという考え方も強かった．したがって，途上国が世界経済システムに組み込まれない，国内産業の育成に有利な「内向き」で「保護主義的」な開発モデルである輸入代替工業化モデルが途上国の支持を集めることになったのである．

（2） 韓国における輸入代替工業化

日本の植民地を経験した韓国ではどうか．日本の植民地時代に独立運動の有力な指導者の１人であった李承晩が初代大統領になった韓国では，植民地時代の後遺症から一貫した反日政策が展開された．1952 年，李承晩大統領は朝鮮半島周辺の水域に李ラインを設け，ライン内に侵入した日本漁船を拿捕し，多くの日本漁民を釜山収容所に抑留した．その後も対日禁輸を断行するなど，日本とは経済的に距離をとる政策を続けた．

こうした李承晩政権の排他的な対日強硬政策を可能にしていたのは，米国からの大規模な経済援助であった．韓国に対する米国の経済援助は，朝鮮戦争休戦後の 1953 年に入ってから本格化し，60 年まで韓国に投入された米国援助の総額は 21 億ドルに達した（韓国銀行『調査月報』各年版）．援助の大半は，小麦，原糖，原毛，原綿などの原料であり，李政権はこの米国の援助物資を利用した輸入代替工業化で朝鮮戦争によって疲弊した経済を立て直し，復興を遂げようと考えたのである．

李政権は援助物資の輸入代替工業化を促すために，さまざまな保護政策を展開した．まず李政権が取り組んだのは，国内の輸入代替業者に有利な為替管理を行ったことである．1953 年から 55 年までの公定為替レートは１ドル 18 ウ

ォンに設定されていたが，当時の実勢レートは1ドル50ウォンであった．公定レートで外国為替を得ることができた輸入代替業者は，実勢よりもはるかに安い価格で輸入材を手に入れることができた．また政府は，輸入項目を①事前承認を経ないで輸入しうる項目，②事前承認を必要とする項目，③輸入禁止項目に細かく分類し，輸入代替すべき最終財の輸入を禁止し，輸入代替を促す生産財の輸入を優先する輸入統制にも着手した．さらに政府は，特定の輸入代替企業には市場の実勢金利よりも大幅に低い金利で市中銀行の資金を貸し出す低金利政策を実施し，輸入代替工業化を誘導した．

　こうした米国の援助と政府の保護政策によって，韓国の輸入代替工業化はその後「三白産業」と言われた製粉・精糖・繊維産業を中心に活況を呈し，工業生産は1956年に朝鮮戦争前のピークを超え，1960年に韓国の工業化率 (国内総生産に占める工業部門生産額の比率) は14%に達した．こうした輸入代替工業化による経済成長を担ったのは，米国の援助物資と政府の手厚い保護を受けることができた一部の特権的大企業であったため，大企業と中小企業の格差が著しく拡大したという批判もある[6]．しかし，米国援助に基づく輸入代替工業化が，いくつかの産業部門の自給生産を促し，輸出余力を与え，60年以降の経済成長を牽引した輸出企業の育成に繋がったことを考えると，当時の李政権の工業化戦略を「失敗」と見なすこともできない．むしろ50年代の輸入代替工業化による民族企業の育成は，60年代の輸出志向工業化の上台を形成したという意味で，きわめて重要な歴史的役割を果たしたと評価できるのではないだろうか．

（3） 台湾における輸入代替工業化

　台湾の場合はどうか．戦後の台湾の工業化も，やはり輸入代替工業化からスタートしている．そもそも台湾は砂糖，米，バナナなどの農作物生産で有名な農業国家であり，戦後の復興も農業を中心に行われてきた．戦後，台湾を占領した蒋介石・国民党は，農地改革を基礎に農村の再建と農業の安定を図り，農業近代化に取り組んだ．しかし，植民地宗主国であった日本との関係が絶たれたことで伝統的な砂糖の輸出市場が失われるとともに，大陸中国からの大量の

人口流入によって米の輸出余剰は年々減少し，米糖依存経済からの脱却が急務の課題となっていた.

　こうした状況のなかで，国民党政府は，1950年代に入ってから輸入代替工業化の途を模索するようになった. 台湾に輸入代替工業化を導いた外的要因は，韓国と同じく米国からもたらされた大規模な経済援助である. 当時，韓国と同じくアジアにおける反共防衛ラインの拠点であった台湾にも，米国から経済援助が提供され，援助の総額は1951年から65年まで計約15億ドルに達した. 国民党政権は1953年から第一次経済四ヵ年計画 (1953~56年) および第二次五ヵ年計画 (1957~60年) を立て，この援助物資を活用した輸入代替工業化に乗り出す.

　この際，台湾の国民党政府もまた，輸入代替工業化を後押しするため，さまざまな支援策を展開した. 政府のよる輸入代替支援策の第1は，1951年に導入された複数為替レートである. 国民党政府は，重要と認める投入財の輸入には過大評価された低い公定レートを適用し，また機械設備や米国の援助を受けた財の輸入業者に優先して最恵国待遇を与えるよう為替レートを組織した. 第2は，輸入統制である. 政府は，韓国と同じように輸入項目を ① 許可，② 統制，③ 停止，④ 禁止の4つのカテゴリーに分類し，輸入代替すべき最終財の輸入を禁止し，輸入代替を促す生産財の輸入を優先した. 第3は関税政策である. 国民党政府は，1950年代の初めに関税法を改正し，金属製品や機械類など非輸入代替財の関税率は引き下げられ，繊維製品や電気機器などの輸入代替財の関税率は引き上げられた. こうした関税政策によって，台湾国内の輸入代替業者は外国製品との競争から保護されることになった.[7] 政府による手厚い保護政策の結果，肥料，紡績，食品，製紙，セメントなどの分野で輸入代替工業化が進展し，台湾の工業化率は1951年の23.8%から59年には30.2%まで上昇し，1952年から輸入代替工業化が終了した60年までの経済成長率は年率8.1%を記録した. こうした台湾の輸入代替工業化についても，保護政策が公営企業や少数の特権的大企業に利するものであったため，その歪みを問題にする研究者もいる.[8] しかし，エズラ・ボーゲルも指摘しているように「国民党が輸入代替政策を実施した10年間は，絶大な成功を収めた」[9]と言うべきであろう. なぜなら，蒋

介石政権がこうした輸入代替工業化を行わなければ，少なくとも紡績，セメント，雑貨などいくつかの部門では，50年代に成長を遂げて自給を達成し，その後の輸出志向工業化につながる輸出余力を持つことができなかったからである[10].

2　輸出志向工業化の光と影
——韓国と台湾の事例——

（1）　韓国と台湾の「経済成長メカニズム」をめぐる論争

　韓国と台湾は，1960年代に入ってから著しい高度成長を遂げ，80年代に入ると新興工業国（NIES）として認知されることになり，多くの開発エコミノミストから途上国の開発モデルと評されるまでになった．

　こうした韓国・台湾の1960年以降の「経済成長」の特徴としては，一般的なコンセンサスとして，①一人当たりGNPの大幅な上昇，②就業人口に占める製造業比率の上昇，③貿易依存度の上昇，④貿易構造に占める日米市場の比重の大きさ，⑤所得分配の改善などが指摘されている．つまり，韓国と台湾は，1960年代に入ってから日本から中間財や資本財を輸入し，国内の低賃金労働力を用いて，それを加工した最終財を米国に輸出するというやり方で工業化を進め，経済成長とともに所得分配の改善も達成したというわけである[11].

　しかし，なぜ両国の高度成長が可能であったのかという「経済成長メカニズム」については，現在なおいくつかの論点において，開発エコノミストたちの間で意見が分かれている．まず韓国・台湾の「成長メカニズム」をめぐる争点の1つは，両国の成長が「輸入代替工業化から輸出志向工業化への政策転換」によってもたらされたという説は正しいかという問題である．新興工業諸国における「輸入代替工業化から輸出志向工業化への転換」説は，B.バラッサと渡辺利夫の研究が有名である．バラッサは，韓国・台湾などのアジアNICsは，長期にわたる輸入代替工業化によって生じた深刻な経済停滞を，市場自由化政策をはじめとする輸出志向工業化への急速な政策転換によって打破し，輸出拡大と経済成長を実現したと主張する[12].また渡辺利夫は，バラッサが指摘した

「輸入代替から輸出志向への政策転換」のプロセスを韓国と台湾を事例に詳しく検証し，韓国が高度成長を実現しえたのは，こうした政策転換に際し，対外的にも対内的にも市場自由化政策を果敢に展開できたからであると，論じている[13].

　こうした「保護主義的な輸入代替工業化から市場自由化を基調とする輸出志向工業化への転換」説に対しては，柳原透による批判がある．まず柳原は，輸入代替と輸出志向は必ずしも明確な選択肢として問題となるとは限らないとし，「一時点で産業部門を横並びに見るとき，ある部門では輸入代替が，他の部門では輸出志向が，というように両者が併存していることがある[14]」と述べ，韓国と台湾は「七〇年代に入ってから六〇年代の輸出志向政策に加えて，中間財・資本財部門での輸入代替政策を図る複線型工業化政策が進められた」とし，輸入代替工業化から輸出志向工業化への転換説を否定している[15].

　韓国・台湾の「成長メカニズム」をめぐるもう１つの争点は，両国の経済成長に市場と政府，どちらが主導的な役割を果たしたかという問題である．先のバラッサやクルーガーは，韓国や台湾では政府の市場への介入が抑制されたことで，市場が有効に機能し，経済成長が達成されたと指摘する[16].

　一方，アムスデンは輸出補助などの企業に対する優遇措置，開発計画の策定，研究開発機関の設立など，韓国の経済成長に果たす政府の役割を重視し，こうした政府の介入こそが漢江の奇跡を主導したと主張している[17]．この点について，韓国・台湾における労働集約的な輸出工業部門と中間財．資本財部門の連関について実証研究を行った今岡日出紀等の研究グループも，両国における輸出志向工業化が単なる自由化政策ではなく，政府の様々な介入を伴うものであり，輸入代替部門の育成策も正当化しうることを明らかにし，経済成長に果たした政府の役割の重要性を指摘している[18].

　以下では，こうした論争を踏まえ，1960 年・70 年代の韓国と台湾を事例に，輸入代替工業化と輸出志向工業化の関係，政府の市場への介入の実態などについて検証してみたい．

（２）　韓国と台湾の高度成長期における開発戦略と政府の役割

　1950年代末から60年代の前半にかけて，韓国や台湾では輸出志向工業化への取り組みが始まる．両政府が輸入代替から輸出志向に工業化政策をシフトさせたのは，60年代に入ってから，輸入・代替工業化の基礎になった米国からの経済支援が打ち切られるとともに，国内市場の狭隘性から多くの輸入代替産業が生産過剰に陥ったためである．

　韓国では，1960年の４月革命を機に，輸入代替工業化期に政府と癒着し不正蓄財を行ったとされる財閥に対する国民の怒りが高まるなか，軍事クーデターによって政権を奪取した朴正熙を中心とする軍部は，翌61年「金融機関臨時特例法」を発表し，財閥所有の市中銀行株を買収し，財閥に対する発言権をいっきに高めた．朴正熙は大統領に就任するや，大統領を頂点とする権威主義的な政治体制を敷いて「不正蓄財処理要綱」を発表し，李承晩政権期に政治献金や脱税などを行って不正な利益を得てきた財閥のオーナーたちを次々に逮捕し，経済の病巣にメスを入れた．朴大統領の狙いは，財閥のオーナーたちに罰金に相当する金額を政府が進めようとしていた経済開発五ヵ年計画の工業化プロジェクトへ代替投資させることで，50年代に蓄積された財閥の商人資本を工業投資に向けさせることにあった[19]．

　当時，まだまだ資本や技術が不足していた韓国において，限られた資源を効率的に配分するために，朴政権は経済テクノクラートを集めた経済企画院で開発計画を策定させ，特定の分野に企業を誘導することで，政府主導型の工業化を推し進めようとしたのである．朴政権がこうした経済開発計画で力を注いだのは，輸出志向工業化の担い手となる輸出産業の育成である．朴政権は，開発計画に呼応した企業に工業用地の提供から資金調達まであらゆる便宜を図った．とりわけ政府が選定した輸出企業には，輸出用設備・原材料への関税減免，輸出支援金融など数々の支援が行われた．また政府は各地に輸出自由地域や輸出工業団地を設置し，外資系企業を誘致し，国内企業との合弁による輸出促進に努めた[20]．

　この結果，韓国では60年代に繊維，木材，履物などの労働集約型産業の分

野で，新興財閥と呼ばれる多くの大企業が生み出され，彼らを担い手とする輸出志向工業化が進展し，高度成長が実現することになった．ポリエステルの鮮京，ナイロンのコーロン，履物の国際などが，当時政府の輸出振興策に呼応して急成長を遂げ，財閥化した企業グループである．各財閥は，政府が経済開発計画で選定した産業分野に次々と参入し，タコ足のように系列企業の輪を広げ，60 年代の経済成長の担い手となった．

　台湾でも，1950 年代末頃から，蔣介石総統をトップとする権威主義的な開発体制の下で，輸出志向工業化に向けた政府の介入が行われた．国民党政府が輸出振興を図るために最初に行ったのは，為替改革である．国内市場の狭さゆえに輸入代替工業化が限界に差し掛かった 1958 年，政府は為替の複式レートを一本化すると同時に，輸出に不利な為替レートの過大評価を是正した．ついで 1960 年，輸入代替工業化期にとられてきた経済統制や為替管理を緩和し，市場の正常な機能を回復することを目的とした「一九項目財経改革措置」が発表され，実施された．さらに同年，投資と輸出の奨励，そのための租税の減免，外資の持株制限の撤廃，内国待遇の保証，利潤送金規制の緩和などを定めた投資奨励条例が制定され，台湾への投資環境が大きく整備されることになった．また 1965 年には高雄に輸出加工区が設置され，外資系企業を誘致して輸出を促す体制が整えられた[21)]．

　こうした国民党政府による輸出振興を目的とした制度改革によって，台湾の輸出企業は低賃金労働に特化した食品飲料，紡績アパレル，プラスチック製品，電気電信などの労働集約的輸出加工業を中心に発展を遂げ，台湾の経済成長を牽引していくことになる．

（3）　韓国・台湾の重化学工業化期における工業化戦略

　韓国と台湾は，1970 年代に入ってから，ともに重化学工業化に乗り出す．両国が重化学工業化に着手した背景には，70 年代における国際情勢の大きな変化が反映している．1970 年代に入って当時の米国大統領のニクソンが中国を訪問し，劇的な米中関係の正常化がなされてから，世界は冷戦からデタント時

代に突入することになり，韓国と台湾における米軍の再編・部分的撤収が叫ばれるようになった．だが，米中関係が変化しつつも，中国や北朝鮮の軍事的脅威にさらされ続けざるをえない韓国と台湾は，在台米軍や在韓米軍の存在感が希薄化するにつれて，自主国防力を強化するために重化学工業化に取り組まざるをえなくなったのである．

韓国の重化学工業化は，第三次経済開発五ヵ年計画期間中の1972年から76年にかけて，政府主導下で大規模かつスピーディーに進められた．計画初年度の1972年には，早くも蔚山に石油化学コンビナートが完成したが，翌73年に朴政権は重化学工業建設計画を発表し，鉄鋼，機械，電子，造船，石油化学，非鉄金属を六大重点産業に選定し，各地に大規模な重化学工業地帯を造成していった．73年には浦項総合製鉄所の第一期工事が完了し，続く74年には現代造船の第一期工事が完了した．その後も昌原，亀尾など6カ所に大規模な重化学工業団地が建設された．さらに同年，政府は長期自動車工業振興計画を発表し，起亜や現代自動車による国民車の生産が開始された．こうした政府による重化学工業化振興政策によって，鉄鋼，造船，石油化学，自動車などの部門で，70年代前半期の韓国経済は飛躍的な発展を遂げることになった．

このような韓国の重化学工業化政策は，60年代の輸出志向工業化において輸入需要が高まった中間財・資本財の輸入代替工業化を進めたという点で大きな成果を収めたと言える．だが，1972年以降きわめて低い水準に置かれた韓国の制度金融の実質利子率は，政府が投資目標に掲げた重化学工業部門へ市場需要を超えた設備投資を助長する役割を果たした．70年代の後半期に入ると，政府の金利政策の歪みから生じた投資競争は，とりわけ資本集約的重化学工業分野での設備過剰状態を一層深刻化させ，国内企業の生産停滞・操業率の低下をもたらし，インフレと不況を同時に進行させた．こうして政府の重化学工業化政策が招いた過剰投資に第二次石油危機という対外要因も重なって，韓国経済は70年末に低成長・企業倒産・失業の連鎖という深刻な経済危機に直面することになった．

台湾でも，韓国とほぼ同時期に重化学工業化への取り組みが始まっている．

台湾では，1973 年に蒋介石の息子である蒋経国が総統に就任すると，「十大建設」と呼ばれるインフラ整備と重化学工業の振興を目的とした十項目の国家プロジェクト投資が行われることになった．台湾政府が重化学工業化に力を入れるようになったのは，先に挙げた政治的要因に加え，1960 年代に輸出志向工業化が進展した結果，石油化学原料や鉄鋼素材への輸入需要が増大し，規模の経済性から見て，これを輸入代替的に自給生産する必要性に迫られていたからである．そのため，計画されたプロジェクトのうち，造船，鉄鋼，石油化学の 3 項目が投資額全体の 4 割という大きな比重を占めていた[22]．台湾政府はこうした重化学工業部門に公営企業を次々と設立し，集中的に大規模な投資を行うことで重化学工業化を牽引した．

　台湾政府による重化学工業の振興策で成果を上げたのは，石油化学部門と鉄鋼部門であった．台湾における石油化学は，すでに 60 年代から広範な川下加工部門を擁していると言われ，70 年代に入ってからの投資の拡大は，川上・川中部門の輸入代替的中間原料の自給率を高めた．それでも需要が追いつかず，1980 年に第四エチレンプラントの追加投資が行われ，同年のエチレンの年間生産能力は 95 万トンに達した．台湾は，こうして化繊紡績やプラスチック加工業における原料の自給体制を 70 年代に確立した．そして，80 年以降は石油化学原料の輸出市場への進出を遂げることになった．さらに鉄鋼の分野では，1977 年末に第一期計画の粗鋼年間生産 150 万トンのプラントが完成し，82 年には，第二期工事で年間 325 万トン規模の生産力を擁するまでになった．しかし，政府の重化学工業振興策によって 74 年に民営企業として設立された中国造船公司は，第一次石油危機による造船不況で深刻な経営不振に陥り，民間資本が撤収した．国営企業に改組された後，輸出船の建造に活路を見出だそうとした中国造船公司であったが，第二次石油危機による造船不況で再び大打撃を受けることになった[23]．

（4）　韓国・台湾の 60・70 年代の工業化戦略をどのように理解すべきか

　以上，韓国と台湾における 60・70 年代の工業化のプロセスを検証してみると，

次のようなことがわかる.

両国の場合,まず,60年代における輸入代替工業化から輸出志向工業化への転換,70年代における輸出志向工業から重化学工業への転換に際し,政府がきわめて大きな役割を果たしたことである.計画の立案から,プロジェクト参入企業への金融支援,輸出志向工業化や重化学工業化を促すための様々な振興策の展開,重点産業部門への国営企業の設置,輸出加工区や重化学工業団地の設置など,こうした政府の介入がなければ,おそらく両国における60・70年代の輸出志向工業化や重化学工業化の進展はなかったことを考えると,韓国や台湾で政府の市場への介入が抑制されたが故に経済成長が達成されたというバラッサ・クルーガー説には大きな疑問を感じる.むしろ70年代後半の台湾の造船部門における重化学工業化の失敗や,韓国の重工業化過程における政府の金利政策の歪みから生じた過剰投資とそれを背景とした経済危機は,政府主導の工業化によってもたらされた歪みであったと言える.

次に,韓国と台湾の70年代の重化学工業化の過程を検証してみると,両国とも,中間財・資本財部門での輸入代替と労働集約的な部門での輸出志向が併存・同時進行した「複線型工業化」が認められる.少なくとも韓国や台湾のケースを見る限り,「輸入代替工業化か,それとも輸出志向工業化か」という二者択一の議論では重化学工業化のプロセスは理解できないことがわかる.韓国と台湾の70年代の工業化過程を経済開発モデルとして改めて整理するなら,これまでの通説的な「輸出志向工業化から重化学工業化」ではなく,「輸出志向一本槍の工業化」から「輸入代替と輸出志向の複線型工業化」への転換モデルとして理解すべきであろう.

3 社会主義計画経済の理想と現実
──中国と北朝鮮の事例──

（1）　中国における社会主義計画経済

戦後独立を勝ち取った途上国のなかで,マルクス主義に基づく社会主義を開

発モデルとして選択した国は少なくない．かつて欧米日列強による植民地・半植民地支配を体験した独立国では，極力外国資本を排除し，自立的な国民経済を創りだすことが，国家建設に際して最も重要な課題であった．こうした独立国の指導者にとって，社会主義は外国資本から自国を守ると同時に，宗主国に従属した植民地国家を「我々の国家」に改造するための解放思想でもあった．[24]

　中華人民共和国の建国の父とも言える毛沢東の場合はどうか．1949年10月，毛沢東は中華人民共和国の建国を宣言するが，当時の毛沢東にとっての最大の問題は，長く続いた抗日戦争とその後の国民党との内戦による破壊と混乱から，いかに中国経済を復興させ，対外的にも対内的にも自立した国に立て直すかという点にあった．

　毛沢東は最初，世界の社会主義運動を牽引してきたソ連の社会主義を発展モデルに据えることで，経済の近代化を遂げようした．1953年，中国共産党による一党独裁体制を確立した毛沢東は，ソ連をモデルにした計画経済のシステムを導入し，国家主導による上からの工業化と農業集団化を推し進めた．ソ連の中央計画経済をモデルにして作られた第一次五ヵ年計画（十五計画：1953〜58年）では，① 重工業の推進と ② 農業や私営企業の協同組合化が目標として設定された．この計画では，多くの生産設備がソ連から導入され，工業のなかでも重工業が重視され，全投資額のうち58.2％が工業部門に向けられ，さらにその8割が重工業に配分された．こうした第一次計画を通じた重工業への偏重投資の結果，鉄鋼や発電など一部の重工業部門はめざましい発展を遂げることになり，同計画期間中の工業生産増加率は年平均19.2％，経済成長率は年平均5.7％に達した．[25]

　また，毛沢東自ら農村視察を続けた結果，農業集団化も加速した．農業集団化のプロセスは当初，土地所有権が農民にある互助組合や初級農業組合を経て，土地を含むすべての生産手段を協同組合に提供する高級協同組合へと徐々に移行していく予定であった．しかし，56年に入ると初級協同組合を飛び越えて高級協同組合に加入する農家が急増し，その比率は全体の9割近くに達した．[26] こうして毛沢東は，建国からわずか7年で，形式上の社会主義モデルを実現する．

第 6 章　社会主義，輸入代替，輸出志向　　95

　毛沢東が経済の近代化にあたってソ連型の社会主義モデルを導入したことが
妥当であったかどうかは，エコノミストによって評価が分かれるかもしれない．
だが，少なくとも 50 年代末までは，ソ連型の社会主義モデルに基づく中国経
済の近代化は，疲弊していた農業を活性化し，貧しい国民に食料を配給し，重
工業を中心とする工業化の進展をもたらしたという意味で大きな成果を収めた
と思われる．

　ところが，スターリン批判を開始したソ連が，これまでの反帝路線を変更し
米国との平和共存路線を打ち出すや，毛沢東はソ連モデルからの決別と「自力
更生」という中国独自の社会主義的な建設モデルを模索するようになる[27]．こう
して 1958 年から開始されたのが大躍進運動である．「一五年でイギリスに追い
つき，追い越す」をスローガンに，工業と農業の同時発展を目指して始まった
大躍進運動では，まず工業生産を拡大させるために鉄鋼増産運動が行われた．
毛沢東は「土法高炉」と呼ばれる伝統的な製鉄技術を全国に広め，農家，工場，
学校などにその施設を作らせ，そこで鉄鋼生産を行うよう民衆に呼びかけた．
こうした運動を通じて，農民は昼は農地で働き，夜は土法高炉で鉄生産に従事
するという厳しい勤労生活を余儀なくされた．またこの大躍進運動の過程で，
これまでソ連のコルホーズを模倣して作られた集団経営の農村（農業生産協同組
合）は人民公社と呼ばれる大規模な農村組織に再編され，学校，病院，託児所，
食堂などを備えた公社の中で農民たちは共同管理され，厳格な思想・労働統制
が行われた[28]．

　しかし，大躍進運動は大失敗に終わる．土法高炉で作られた鉄は使いものに
ならず，その多くはくず鉄にすぎなかった．また，農民は農作業のみならず鉄
生産にも従事させられたため，極度に疲弊し，徐々に労働意欲を失うようにな
った．1960 年には自然災害も影響して穀物生産は 4 割減少し，中国は大飢饉に
直面する．この年だけでも 1000 万人の国民が餓死し，1958 年まで年率 6 ％程
度の安定成長を続けてきた中国は，大躍進運動以降深刻な経済停滞期を迎える
ことになる．

　大躍進運動の失敗が明らかになった 1959 年，毛沢東は国家主席のポストを

辞任し，政治の表舞台から一時退く．毛に替わって国家主席のポストについた劉少奇は，60 年代に入ってから改革派の鄧小平と組み，経済の立て直しに着手する．劉少奇と鄧小平は，農民たちの自由耕作地，自由市場，独立採算性などを部分的に容認し，個々の農家がそれぞれの生産を請け負い，規定分を上納し，余剰分は自由市場で売買して儲けてもよい個別農家請け負い制を実行し，働けば働くほどよい収入が得られるシステムを作りだした．こうした経済調整の結果，中国経済は急速に回復し，1962 年には落ち込んでいた経済状況がほぼ回復するようになった[29]．

だが，1962 年に政界の表舞台に復帰した毛沢東は，経済調整を進める劉少奇や鄧小平たちのグループを「資本主義の途を歩む実権派」と見なし，彼らを打倒するために，中国からブルジョワ的要素を完全に取り除くことを目的とした文化大革命を展開した．毛沢東思想に染まった紅衛兵は北京市内に繰り出し，市内の歴史遺産や名所旧跡を封建遺制として破壊した．さらに彼らは「造反有理」を叫び，中央指導部の要人を大衆集会に呼び出し，徹底した糾弾を加え，リンチを行った．批判集会の対象は，中央指導部のみならず，中級・下級レベルの幹部や大学教授にまで及んだ．こうした文化大革命が中国経済に及ぼした悪影響は甚大であった．この政治思想運動によって，多くのエリートの命が奪われると同時に，大学をはじめ高等教育機関が閉鎖されたことで，中国の貴重な人的資源が失われることになった．文化大革命の後遺症は大きく，その後，1970 年代末に中国が鄧小平体制下で再び「改革開放」路線に転換するまで，中国経済は長い停滞を余儀なくされるのである．

（2） 北朝鮮における社会主義計画経済モデル

建国初期において中国以上にソ連の強力な指導の下で社会主義計画経済モデルに基づく国家建設が行われた国が，朝鮮民主主義人民共和国（以後，北朝鮮と表記）である．1945 年 8 月，日本の植民地支配から解放された朝鮮半島は，暫くの間，38 度線の北側はソ連軍，南側は米軍によって占領・統治されることになった．そしてソ連の占領下に置かれた朝鮮半島の北側では，ソ連の指導の下

第6章　社会主義，輸入代替，輸出志向　　97

で農地を地主から没収し農民に分与する農地改革が実施されると同時に，重要産業施設の国有化が進められた．こうした政策は，1948年に同地域に誕生した金日成を首相とする北朝鮮政府にも引き継がれ，翌49年には国有（協同所有）企業が工業総生産額の9割を占めるようになった．[30]

　1950年から53年まで続いた朝鮮戦争は北朝鮮経済に甚大な損害を与えたが，金日成は休戦後，北朝鮮経済のさらなる社会主義化を進めることで，戦後復興に取り組んだ．53年8月，金日成は戦後復旧のロードマップとして，半年から1年をかけた戦後復旧のための準備期間，国民経済復旧発展三ヵ年計画（戦後復旧三ヵ年計画），国家の全般的工業化のための五ヵ年計画（第一次五ヵ年計画）という三段階の経済開発計画を発表した．それは，朝鮮戦争で破壊された経済を戦前のレベルまで復興させながら，社会主義経済の基礎を固めようとするものであった．

　まず1954年から始まった戦後復旧三ヵ年計画では重工業を発展させることに重点が置かれ，ソ連・中国から大規模な経済援助を受けたことで，工業総生産年平均増加率は同期間（1954〜56年）41.7％を記録し（『朝鮮中央年鑑』各年版），朝鮮戦争前の生産水準を取り戻すという目標を達成することができた．ついで1957年から始まった第一次五ヵ年計画では，1日に千里走るという伝説の馬のようなスピードで経済建設を進めようという上からの大衆動員運動（「千里馬運動」）が展開された結果，1957〜59年の工業総生産年平均増加率は36.6％を記録（『朝鮮中央年鑑』各年版）し，当初の目標は1960年に2年半繰り上げて達成された．またこの期間に農業や中小商工場において，土地や生産手段は協同所有，すべての農民は協同農場に属することになり，社会主義的な所有制が確立された．[31]

　こうした1954年から60年までの朝鮮戦争後の経済復興・経済建設期を金日成は「社会主義の勝利」と評したが，この時期に北朝鮮が社会主義計画経済体制の下で工業化を進展させ，大きな経済的成果を収めたことについては，多くの研究者が認めるところである．[32]北朝鮮が歩んできた歴史的経緯や当時の国際情勢から考えて，金日成が朝鮮戦争後の復興にあたって，ソ連型の社会主義を

開発モデルとして採用したことはごく自然な流れであったと言えるし，またその選択によって，50年代の北朝鮮には少なくない経済的果実がもたらされたと言えるだろう．

　だが60年代に入って，金日成が「民族自立経済」を掲げ，中央集権的な指令経済に基づく独自の開発路線を歩み始めると，北朝鮮経済は低迷期を迎えることになる．金日成は北朝鮮建国後，社会主義陣営に所属し，ソ連と中国という社会主義大国から大規模な経済援助を受けながら経済復興を遂げる一方で，次第にソ連や中国から自立した国造りを行うべきであるという考えを持つようになっていった．金日成が自らの権力基盤を安定させるためには，ソ連や中国の内政干渉を許してきた国内のソ連派と延安派の影響力を排除する必要があったからである．そのため，金日成はソ連派・延安派のみならず南朝鮮労働党など金日成に批判的な勢力を次々と粛正して自らの権力基盤を強化するとともに，経済計画においても外国にできるだけ依存しない「民族自立経済」の樹立を掲げるようになった．北朝鮮が「民族自立経済」というスローガンを掲げるようになったのは，50年代末から始まった第一次五ヵ年計画においてである．1958年3月，金日成は同五ヵ年計画の実施にあたり，「民族自立経済」の建設を「われわれがすべてを自分でまかなって，十分に暮らしていけるような，つまり自給自足できるような国を作ることを意味する[33]」と解説し，ほとんどのものを外国に依存せず，生産できるフルセット型の自立経済を目指すことを宣言した．

　やがて，北朝鮮がこうした「自立的民族経済」の路線を鮮明にするにしたがって，ソ連との関係は悪化していくことになる．1962年，ソ連が社会主義的国際分業の枠組みを拡大するため，北朝鮮にコメコンへの参加を要請すると，北朝鮮はソ連の対応に不快感を示し，北朝鮮とソ連の経済協力関係に決定的な溝が生まれることになった．1961年から開始された第一次七ヵ年計画（1961〜67年）では，当初「重工業を優先した工業化の進展」が目標として掲げられたが，1962年のキューバ危機を契機に計画が見直され，経済建設とともに国防建設が急務の課題になった．これによって，国家財政に占める軍事費の比率が著しく高まる一方，ソ連との関係が悪化するなかで，これまで北朝鮮の経済計画を

第6章　社会主義，輸入代替，輸出志向　　*99*

財政面で支えてきたソ連からの援助が大幅に削減されたことで，期間内での計
画遂行が困難になった．結果的に67年に完了する予定だった同計画は，3年
後の70年まで延長され，同七ヵ年計画の工業総生産年平均増加率も12.8%に
とどまり，50年代のような高成長を達成することはできなかった（『朝鮮中央年
鑑』各年版）．

　1971年から開始された六ヵ年計画（1971～76年）では，当初「重労働と軽労働，
工業労働と農業労働の差異をなくし，婦人を家事労働から解放する三大技術革
命を遂行する」ことが目標として掲げられていた．しかし，金日成総書記の意
向にそって計画期間内に何度も目標が変更されることになった．1973年には
当初の計画にはなかった西海岸地域における大規模工業地帯の建設が新たな目
標として掲げられ，74年には鉄鋼1200万トン，非鉄金属100万トン，石炭1
億トン，セメント2000万トン，化学肥料500万トンなどの「十大建設目標」が
掲げられ，いずれも六ヵ年計画で掲げられた目標値をはるかに上回るものであ
った．[34]

　とはいえ，「十大建設目標」で示された工業建設に必要な近代的なプラントは，
ソ連など社会主義国からすべてを確保することが困難であった．そのため，北
朝鮮は，これまで原則的に認めてこなかった資本主義国からのプラント導入に
踏み切ることを決意する．こうして北朝鮮は，日本や西ドイツなどの西側世界
から大量の資材や機械設備を輸入すると同時に，過大な目標を達成するため
1975年9月から全国の労働者をそれぞれの建設現場や生産現場に70日間連続
で総動員する「七〇日戦闘」という上からの大衆運動まで展開した．この結果，
六ヵ年計画は期間中の工業総生産年平均増加率が16.3%と第一次七ヵ年計画
を上回るペースで増加し，計画目標は1年4カ月繰り上げて達成された（『朝鮮
中央年鑑』各年版）．だが，西側世界からの大規模なプラント導入は対外債務を大
きく膨らませることになり，1975年以降，北朝鮮は債務の償還ができなくなっ
た．

　石油危機が顕在化した1970年代末から，北朝鮮は「工業生産を飛躍的に上
昇させる」ことを意図した第二次七ヵ年計画（1978～84年）をスタートさせる．

しかし 80 年代に入ると，この計画とは別に 80 年代末までに達成すべき「十大展望目標」（電力 1000 億 kwh，石炭 1 億 2000 万トン，鉄鋼 1500 万トン，非鉄金属 150 万トン，化学肥料 700 万トン，セメント 2000 万トン，穀物 1500 万トンなど）が新たに発表され，七ヵ年計画よりも「十大目標」に重点が置かれるようになり，それぞれの生産・建設現場へ労働力や資材が集中的に動員されていくことになった．

だが，度重なる大衆動員運動にもかかわらず，「十大展望目標」は予定期間内には達成されなかった．北の関係者の証言では，1990 年の時点で電力が 564 億 kwh（目標値 1000 億 kwh），石炭 8700 万トン（目標値 1 億 2000 万トン），鉄鋼 712 万トン（目標値 1500 万トン）など，いずれの項目でも目標値を大きく下回ることになった[35]．北朝鮮では原料や燃料が恒常的に不足し，債務不履行問題が表面化してからは，西側世界からのプラント輸入が困難になり，生産設備も老朽化していたためである．また中国の「大躍進運動」の影響を受けて始まった生産・建設現場への大衆動員運動も，度々繰り返されたことで，国民の勤労意欲を徐々に枯渇させ，結果的に生産物の品質低下や粗悪化が目立つようになった．

北朝鮮は 80 年代の末までに達成する予定であった「十大展望目標」を 93 年まで延期し，それを実現させることを 1987 年からスタートさせた第三次七ヵ年計画（1987〜93 年）の目標に設定した．しかし，同時期にスタートした「首都大建設運動」の展開がこの計画の実現を困難にした．1989 年の世界青年学生祭典の開催に備えて始まった「首都大建設運動」は，数百の記念碑的な建物をいっせいに建設するために，莫大な資金（47 億ドル），労力，資材，設備が必要とされ，世紀の大建設工事と言われた[36]．金正日書記が音頭をとったこの運動を通じて，平壌では計 8 万世帯の壮大な建設ラッシュが始まったと言われている．当初計画になかった巨大プロジェクトの展開は，資金面でも人的資源の利用面でも第三次七ヵ年計画の遂行に大きなダメージを与えることになった．「首都大建説運動」によって，平壌は立派な施設を整えることができたが，一方で地方の人民生活は疲弊の一途をたどった．1989 年の世界青年学生祭典開催後，全国の工場・企業の稼働率は 10% 程度にまで低下し，深刻化する食糧危機を乗り越えるために「一日二食運動」まで行われた[37]．

第6章　社会主義，輸入代替，輸出志向　　*101*

　さらに90年代に入ってからの対外情勢の変化が，北朝鮮を窮地に追い込む
ことになった．1990年9月に北朝鮮を訪れたソ連の外相は，韓国と国交を結ぶ
ことを伝えるとともに，北朝鮮との貿易を今後は国際市場価格によるハードカ
レンシー決済に変更することを一方的に通告した．それまで，北朝鮮はコメコ
ンの準加盟国と見なされ，ソ連との貿易は友好価格に基づくバーター取引であ
った．こうしたソ連との貿易制度の転換は，北朝鮮に大打撃を与えることにな
った．「朝ソ間経済取引を新形態に移す政府間協定」調印後，ソ連からの燃料
輸入が減退しはじめ，輸入量は1991年にはこれまでの10分の1まで激減する
ことになった．こうしたエネルギー危機によって，北朝鮮の火力発電所，製
鉄・製鋼所，セメント工場などソ連からの輸入燃料に依存してきた重化学工業
は壊滅状態に追い込まれることになった³⁸⁾．1993年12月，党中央第六期第12回
総会で，北朝鮮は第三次七ヵ年計画の主要目標が達成できなかったことを公式
に認めた．これは，北朝鮮政府が閉鎖的な計画経済の失敗を初めて認めたもの
であり，その後の北朝鮮の限定的な「対外開放」路線への政策転換を決定づけ
た事件であった．

4　東アジアにおける開発モデルの転換

（1）　政府主導から民間主導，開発独裁から民主化へ

　第1節と第2節で考察してきたように，韓国と台湾は，50年代の輸入代替工
業化の段階から，60年代の輸出志向工業化の段階，さらに70年代の重工業化
の段階を通じて，政府が経済過程に大きく介入し，経済開発を主導する政府主
導型の工業化が行われてきた．独立後，経済開発を国家の第一目標として設定
した両政府は，開発計画を立案し，基幹産業部門に国営企業を設置する一方，
さまざまな政策や法令を通じて直接・間接的に市場に介入し，国民経済形成を
リードしてきた．

　こうした政府主導型の工業化は，決して韓国や台湾に特有のものではない．
東アジアの多くの途上国に見られた現象である．アジアの開発途上国がこうし

た政府主導型の工業化に乗り出した背景には，すでに述べたように，それぞれの国が植民地から独立後ながらく絶対的な貧困状況に置かれ，民族資本が十分に育っていなかったことが挙げられる．

　実際，韓国・台湾をはじめ東アジアで開花した政府主導型工業化は，政府が貧しい資源を効率的に配分し，開発計画の立案から執行にいたるまでの意思決定権を特定の機関に集中させることで開発計画の実効性を高め，政府の庇護の下で民族資本を育て，経済成長を導いたという点で，大きな成果をあげたと言える．

　だが反面，こうした政府主導体制には，開発過程における意思決定権が，強い権限をもった政治指導者や特定の利権集団に集中したため，民意が政治に反映されず，民主主義が形骸化したという批判もある．政治学者の高橋進は「経済成長のためには政治的安定が不可欠であるとして，政治体制への参加を著しく制限する独裁を正当化している体制」[39]を「開発独裁」という言葉で表現したが，韓国，台湾のみならず，シンガポール，マレーシア，フィリピン，インドネシアなど東アジアの多くの国々では，ながらく経済開発を口実に政治独裁が正当化され続けた．

　これらの国々では，開発独裁体制下で憲法や労使関係法が改定され，労働者は基本的な権利である労働三権が保障されず，国の労働政策に批判的な左派の労働組合は解体に追い込まれ，政府の認可した労働組合も御用組合の役割しか果たさなかったため，労働運動はほとんど機能不全の状態に置かれてきた．韓国の朴正煕，台湾の蔣介石・蔣経国，シンガポールのリー・クアンユー，フィリピンのマルコス，インドネシアのスハルトなどの政治指導者が，開発独裁体制下で労使関係の安定性を演出し外資の誘致に成功したのは，このような労働者の犠牲を代償にしたものであった．

（2）　経済の自由化と政治の民主化

　しかし，1980年代に入ると，国内外情勢の変化によって，こうした東アジアの開発体制は揺らぎ始める．まず，最初の変化は，70年代末の第二次石油危機

第6章　社会主義, 輸入代替, 輸出志向　　*103*

を契機に, 韓国や台湾の重化学工業化の事例で見たように, 政府主導による高度成長の歪みが顕在化し, 政府主導の有効性に疑問が投げ掛けられたことである. こうした時代の変化のなかで, これまで政府主導の工業化を進めてきた東アジアの多くの国々も, 政府による市場機能への介入を減らし, 徐々に資本取引を自由化し, 自由競争を促進することで民間活力を強化していく方向性を打ち出していくようになる.

　韓国では1981年に第五次五ヵ年計画が発表され, 80年代の経済運営を民間主導で臨む方針が打ち出され, 同年「資本自由化計画」が発表され, 84年には外資導入法が改正されて導入業種がネガティブリスト方式に転換されるなど, その後は資本取引の自由化に向けた対内直接投資の自由化措置が次々と採られるようになった. また対外直接投資についてきわめて制限的な政策を採ってきた台湾でも, 85年から国内企業による海外への直接投資が解禁され, 対外直接投資の規制緩和が進んだ. 石油危機を契機に経済が低迷していたフィリピンやインドネシアでも, IMFや世界銀行の要請で, 政府によるさまざまな規制が緩和されたり, 撤廃されることになった[40].

　これに続く変化は, 東アジアの国々で経済が成長し, 一人当たりの国民所得が上昇するにつれて, 開発独裁の正当性が失われ, 権威主義政治に対する不満が噴出し, アジア各地で民主化運動が活発化したことである. まず1986年, フィリピンで長期に亘って独裁政治を続けてきたマルコス大統領が, 民主化を掲げるアキノ女史をリーダーとする「黄色い革命」によって退陣を余儀なくされる. ついで1987年, 韓国で市民による民主化要求が高まるなか, 独裁政治を続けてきた全斗煥大統領が退陣し, 後継者の盧泰愚大統領候補によって「民主化宣言」が行われ, 韓国でも大統領直接選挙が復活することになった. 同じく87年, 台湾でも一党独裁を続けてきた国民党が野党結成の自由を認め, 政治的自由を抑圧してきた戒厳令を解除した. こうしたフィリピン, 韓国, 台湾における民主化運動の勝利は, これらの国々の高度成長を支えてきた開発独裁モデルの限界と終焉を告げるものであった.

（3） 中国と北朝鮮で進む一党独裁下での「市場経済化」

こうした流れを見ると，東アジア諸国の開発モデルは，政府主導から民間主導，開発独裁から民主化の方向へ向かっているようにも見える．しかし，東アジアにおいて開発独裁モデルが姿を消したわけではない．高所得国に属するシンガポールでは現在なお開発独裁体制下で経済開発が進められているし，中国や北朝鮮でも，中国共産党や朝鮮労働党の一党独裁体制下で「市場経済化」の動きが見られる．

北朝鮮では，金正日が事実上の後継者に就任した90年代に入ってから「改革・開放」に向けた法制度改革が始まり，21世紀に入ってから「改革・開放」を目指すより具体的な取り組みが見られるようになった．2001年4月に開催された最高人民会議では，韓国企業から原料や半製品を手に入れて完成品を造り，加工代金を取る委託加工について取り組めた「加工貿易法」など，本格的な外資導入に向け新たに3つの対外経済関連法が制定された．さらに2002年7月，北朝鮮は「経済管理改善措置」を発表し，① 配給制の見直し，② 価格統制の緩和，③ 賃金の引上げ，④ 企業の自主権の拡大，⑤ 賃金の成果主義の導入など，大胆な経済改革に乗り出した．これらの措置は，配給制や価格統制などの社会主義的な経済システムを見直し，実利主義の観点から経済運営に市場経済的要素を加えようとするものである[41]．

こうした北朝鮮における政府主導の経済改革は限定的であり，かつての韓国や台湾の政府主導型の開発モデルとは比べられないかもしれない．だが，現在の中国における一党独裁下の市場経済化モデルは，権威主義的な政府主導の下で，より明白な「対外開放（輸出志向工業化）」政策が展開されているという点で，1960・70年代高度成長期の台湾や韓国の開発独裁モデルと重なる部分が少なくない．

中国では1978年に鄧小平が政権の座についてから，かつての社会主義計画経済の時代にはみられなかったドラスティックな経済改革が行われるようになった．農村では毛沢東時代のシンボルであった人民公社が解体され，家族農業を復活させた．また国家による買い上げ品目を減らし，買い上げ価格を引き上

げた. 農民は国家から請け負った農産物さえ納めれば, 後は自由に販売できる
ようになり, 農民の労働意欲は著しく高まった. この結果, 中国の農業生産は
飛躍的に増大し, 農家所得も大きく上昇した.

　中国の経済発展戦略にも大きな変化が見られた. 最大の変化は, 中国が「内
向的発展」から「外向的発展」に方向性を大きく転換したことである. 社会主
義計画経済の時代, 中国は「自力更生」をスローガンに国際社会, とりわけ西
側世界から距離を置いた「内部自給型産業国家」の創造が大きなテーマであっ
た. しかし, 鄧小平は経済の近代化を実現するには, 海外から資本や技術を導
入することが不可欠と考えた. そのため, 中国は1984年, 対外開放の拠点と
して深圳, 珠海, 汕頭, アモイの4カ所に経済特区を設置し, その後も沿海地
域の一四都市を対外開放したのを皮切りに, 長江, 珠江などのデルタ地域, さ
らには遼東半島, 山東半島へと対外開放地域を広げていった.

　政府の対外開放政策の結果, 中国の経済特区には世界中から多くの多国籍企
業が進出することになった. 1980年代には日本のカメラメーカーや台湾の靴
メーカーが進出して産業基盤が築かれ, 90年代に入ると日本の家電メーカー
や台湾のパソコンメーカーなどが進出して地場産業が発展を遂げた. さらに
90年代半ばからはコピー機やプリンターの世界的な生産拠点になり, 90年代
後半になると米国や韓国の企業も進出した. こうして広東, 深圳, 上海, 蘇州
などの対外開放地域は, 世界に類を見ない裾野の広い産業集積地に成長した[42].

　中国の輸出額も大きく拡大した. 1995年に1500億ドルであった中国の総輸
出は, 2000年には3100億ドルと5年間で2倍以上の急成長を示した. 輸出の
成長に牽引され, 中国のGDPも飛躍的な成長を見せてきた.「改革・開放」が
始まった1978年から2001年までの23年間に, 中国のGDPは26倍以上に増
加し, その間のGDP成長率は年平均で約10%を記録している[43]. こうした「改
革・開放」後の中国経済の躍進と持続的成長は, 良かれ悪しかれ, 開発経済学
に「社会主義市場経済」という新たな (21世紀型) 開発モデルを提示していると
言えるだろう.

おわりに
──21世紀における開発モデルの課題──

中国がこれだけ長期間にわたって高成長を持続できたのは何故か．まぎれもない事実は，中国がかつての台湾や韓国のように開発独裁体制の下で，世界経済にリンクする「市場経済化」を推し進めてきた結果，「世界経済の奇跡[44]」が導かれたことである．この事実を開発エコノミストはどのように受け止めればよいのだろうか．

米国の中国研究者であるG.K.ラモは，政府の役割を限定し徹底した市場主義を追及する欧米型開発モデル「ワシントン・コンセンサス」に対し，「市場経済化」を認めながらも権威主義的な政府が経済活動に介入することで経済成長を追及しようという開発モデルを「中国モデル」ないし「北京コンセンサス」と名づけ，これを1つの成功モデルとした．一方，北京大学の姚洋は「中国が経済成長と社会的安定を維持するには民主化以外の選択肢はない」と「中国モデル」を批判している[45]．姚洋は，社会的な不安定を招く開発独裁的な中国モデルでは高度経済成長は維持できないと主張しているのである．

さらに「中国モデル」に対する批判の背景には，既得権益層が富の再分配に抵抗しているために拡大する格差問題や，中国共産党の一党独裁という抑圧的な政治体制の下で労働者の人権が脅かされているという人権問題などが存在する．しかしそれでも尚「中国モデル」が支持されているのはなぜだろうか．1997年のアジア通貨危機以降，不況に陥った多くの国が欧米型の開発モデルを導入して政治面での民主化と経済面での構造改革を進めたものの，金融危機後の対応が迅速に進まないまま長い景気低迷期を迎えたが，一党独裁下の中国では強力な政府主導体制によって金融危機への迅速な対応ができた．その事実が「中国モデル」に説得力を与えているのである[46]．

グローバル化が進展するなかで先進国のマネーゲームに翻弄されてきたアジアの国々では，国家や政府の役割の重要性が再びクローズアップされているが，

第6章 社会主義，輸入代替，輸出志向 *107*

「中国モデル」をめぐるこうした論争は，開発モデルにおいて「国家とは何か，
市場とは何か」という根源的な問題を再び私たちにつきつけていると言える．
国家による暴力とグローバリゼーションの脅威から労働者の人権をどう守り，
持続的な成長をどうすれば維持できるのか．開発経済学はこれからもこの困難
な課題に悩まされ続けなければならない．

注

1）渡辺利夫『開発経済学研究――輸出と国民経済形成――』東洋経済新報社，1978年，
109ページ．

2）World Bank, *The East Asian Miracle: Economic Growth and Public Policy*, Oxford
University Press, 1993.

3）渡辺利夫『成長のアジア／停滞のアジア』東洋経済新報社，1985年．平川均「東アジ
ア工業化のダイナミズム」，粕谷信次編『東アジア工業化のダイナミズム――二一世紀
への挑戦――』法政大学出版局，1997年．Bela Balassa, "The Process of Industrial
Development and Alternative Developing Strategies", in his *The Newly Industrializing
Countries in the World Economy*, New York, Pergamon Press, 1981.

4）柳原透「輸出志向工業化」，渡辺利夫編『もっと知りたい NIES』弘文堂，1989年，75
ページ．

5）郭洋春『アジア経済論』中央経済社，1998年，89-90ページ．

6）渡辺利夫『アジア中心国の挑戦』日本経済新聞社，1979年，77-78ページ．

7）長谷川啓之『アジアの経済発展と政府の役割』文眞堂，1995年，193ページ．

8）渡辺，前掲『アジア中心国の挑戦』81-82ページ．

9）Ezra F. Vogel. *The Four Little Dragons*, Cambridge, Mass.: Harvard University Press.
p. 15（エズラ・ボーゲル『アジア四小龍』中央公論社（中公新書），1993年，25ページ）．

10）劉進慶「台湾の産業」隅谷三喜男・劉進慶・徐照彦『台湾の経済』東京大学出版会，
1992年，105-112ページ．

11）服部民夫・佐藤幸人「韓国・台湾比較研究の課題と仮説」服部民夫・佐藤幸人『韓
国・台湾の発展メカニズム』アジア経済研究所，1996年，5ページ．

12）Bela Balassa, op. cit.

13）渡辺，前掲『開発経済学研究』153-159ページ．

14）柳原，前掲「輸出志向工業化」81ページ．

15）同前，85ページ．

16）Bela Balassa, *Development Strategies in Semi-Industrializing Economies*, Baltimore:
Johns Hopkins Univ Press. 1982. Anne O. Kruger, "Trade Policy as an input to Devel-
opment", *American Economic Review*, 70(2). 1980.

17) Alice H. Amsden, *Asia's Next Giant: South Korea and Late Industrialization*, New York: Oxford Press, 1989.

18) 今岡日出紀・大野幸一・横山久『中進国の工業発展——複線型工業化の論理と実証——』アジア経済研究所，1985年．

19) 朴一「韓国の工業化と支配三者体制」『経済評論』1990年4月号．

20) 劉進慶「韓国における重化学工業化と政府主導経済の問題」『アジア経済』1983年12月号，10-13ページ．

21) 同上論文，113ページ．

22) 同上論文，127ページ．

23) 同上論文，128ページ．

24) 国分良成『中華人民共和国』筑摩書房（ちくま新書），1999年，78ページ．

25) 国分良成「中華人民共和国」小島朋之他『東アジア』自由国民社，1997年，267ページ．

26) 同上論文，269ページ．

27) 小島朋之『中国現代史』中央公論社（中公新書），1999年，53ページ．

28) 竹内実『毛沢東』岩波書店（岩波新書），1989年．

29) 国分，前掲『中華人民共和国』279-280ページ．

30) 室岡鉄夫「北朝鮮　孤立と低迷」渡辺利夫編『アジア経済読本』東洋経済新報社，1994年，219-220ページ．

31) 同前，220ページ．

32) 梁文秀『北朝鮮経済論』信山社，2000年，101ページ．

33) 『金日成選集』第五巻，朝鮮労働党出版社，1960年，363-364ページ．

34) 玉城素「破綻する経済計画」玉城素・渡辺利夫『北朝鮮——崩落か，サバイバルか——』サイマル出版会，1993年，47ページ．

35) 同前，62ページ．

36) 『民主朝鮮』1987年6月18日．

37) 玉，前掲「破綻する経済計画」62-64ページ．

38) 同上論文，65ページ．

39) 高橋進「開発独裁と政治体制危機——スペイン，イラン，韓国の場合——」『世界』1980年2月号，170ページ．

40) 河合正弘『アジアの金融・資本市場：自由化と相互依存』日本経済新聞社，1996年，28-29ページ．

41) 朴一「太陽政策期における北朝鮮の政治・経済システムの変化と連続性」『経済学雑誌』第111巻1号，2010年（本書第9章）．

42) 末廣昭『進化する多国籍企業』岩波書店，2003年，126ページ．

43) 田代秀敏・賀暁東・英華『沸騰する中国経済』中央公論新社（中公新書），2002年，5ページ．

44) 同上書, 5 ページ.
45) 『日本経済新聞』2010 年 3 月 29 日.
46) 鄭永年『中国模式――経験と困難――』浙江人民出版社, 2010 年.

第7章

通貨危機
——韓国は通貨危機にどう立ち向かったのか——

はじめに

　1997年は,「NIES型開発モデル」と言われてきた韓国の開発戦略を見直す重要な契機となった[1].

　この年, 韓国では高度成長を牽引してきた財閥の経営が行き詰まりをみせ, 10月までに起亜や眞露など大小7つの財閥が次々と姿を消すことになった. またこれらの財閥に運転資金を貸し付けていた第一銀行など多くの金融機関も莫大な不良債権を抱え, 金融危機が表面化した. 金融危機は証券業界にも波及し, 2つの大手証券会社が倒産, 証券市場では株価が急落した.

　さらに11月に入って韓国の通貨ウォンが最安値を更新, 12月には一時1ドル=2000ウォンまで下落した. 韓国政府はドル売り介入を続けウォン安に歯止めをかけようとしたが, 結局, 変動相場制に移行せざるをえない状況に追い込まれた.

　この結果, 深刻な外貨不足に陥った韓国は, OECD加盟からわずか1年後に, IMFから570億ドルに及ぶ金融支援を受けて, 経済の再建に取り組むという最悪の事態を迎えることになった.

　どうして韓国はこのような深刻な経済危機に陥ることになったのか, 周知のように, 韓国だけではなく, タイ, インドネシア, マレーシアなど97年にアジア全域に伝播した経済危機については多くの研究論文が発表され, その原因について多様な見解が提示されてきた. 国際短期資本の流入と流出, 決済や資金

調達における過度のドル依存, 経常収支赤字の累積, 企業の過剰投資, 不透明な金融システムなどが, その代表的なものである[2].

　こうした仮説のなかでも, 「国際短期資本の流入・流出」説や「経常収支の大幅赤字化」説は, 日本における開発エコノミストたちの多くの支持を集めてきた. 例えば, 渡辺利夫は, 今回のアジア経済危機について「危機を引きおこしたものは経常収支の赤字であり, この赤字を補塡した大量の外資であり, つまりは東アジアの債務負担の増大であった. 過大な債務負担に対する投資国側の不安が資本逃避を誘い, この逃避が東アジアの屋台骨を揺るがせた[3]」と分析している. また原洋之介も「東アジア地域を過去 2 年間にわたって襲った経済危機は, 基本的には, 情報技術革新に支えられて噂だけを頼りとする投資家が群れているグローバル資本主義の移り気が引き起こしたものだ」と述べ, 「東アジアの経済危機は, 東アジアの『歪んだ経済システム』が引き起こしたものではない[4]」と主張する.

　彼らに共通する認識は, 97 年のアジア通貨危機があくまで経済のグローバル化や金融の自由化にともなう「無秩序な国際短期資本の動き」によってもたらされたものであり, 決して「クローニー・キャピタリズム」や「政経癒着」などと呼ばれるアジア特有の経済システムに起因するものではないというものである.

　こうした主張の背後には, 実は東アジアのこれまでの高度成長が, 政府と企業の密接な関係を基づいたアジア特有の経済システムによってはじめて実現されたものであり, そうしたシステム下での「10 数年の高成長が構造的な病癖や矛盾を抱えたままで可能なはずはない[5]」という強い思いがある. 原はまたこの点について, 好況期には「経済の奇跡を生み出した」要因として肯定的に評価していた東アジアにおける政府と企業の関係を, 危機が発生すると一転して「透明性に欠けるクローニー関係でしかなかった」と非難するのは, 「『専制と停滞のアジア』という近代西欧が作りあげたオリエンタリズム的思考[6]」であると批判した.

　当然, 今回の危機の原因を外部＝グローバル資本市場に求める彼らは, IMF

主導による構造改革にも懐疑的である．例えば，原は「IMF主導の余りにも性急な構造改革が，韓国の実物経済の不振を一層深めてしまった[7]」とし，韓国で進められている構造調整は，「1960年代以来構築されてきた韓国の歴史・伝統とも適合的な経済システムを，グローバル・マーケットの要求にあわせるべく急激に崩壊させようとするもの[8]」であると警鐘をならした．そして深川由起子の言葉を借りて「英米システムへの移行が失敗し，混乱に陥った場合，韓国の35年の開発努力は水泡に帰する[9]」と述べ，IMF主導の構造改革の危険性を主張した．

確かに，これまでの特殊韓国的な経済システムをすべて不況の要因と捉え，それをグローバル・スタンダードに基づいたシステムに変更すれば良くなるという考え方には，筆者も同意できない．しかしながら筆者は，経済危機の主たる原因をグローバル・マーケットに求め，クローニー・キャピタリズムの解体を意図した構造改革の成果を疑問視する外部責任説にも，次のような点で違和感をもち続けてきた．

まず第1に，韓国における政府と企業（金融機関）の関係を，彼らが言うように「経済の奇跡を生み出した要因」としてのみ捉えてよいものかどうか．韓国における政府と企業（金融機関）の特別な関係がもたらした歪みやコストをどう考えるのか．

第2に，今回の危機がグローバル・マーケットの気紛れから生じたとしても，元を糺せば通貨流動性の危機を顕在化させるだけの構造的な問題が韓国経済の実体面に内在化されていたのではないか．

第3に，IMF主導による構造調整というが，結局，構造改革を実践するのは政府や企業であり，彼らがその意欲を示さない限り，構造改革は進展するはずもない．それは，IMFがいくらプログラムを示そうとも，企業や国民がそれに応じないインドネシアで構造改革が進まなかった状況を見れば明らかである．こうしたことを勘案すれば，97年の構造改革の責任や成果をIMFにのみ求めるのは，韓国政府の主体性（主体的選択）を欠いた議論に陥っていたのではないか．

第4に，韓国で進められた構造改革が，一部の論者が言うように韓国の伝統的な経済システムを本当に崩壊させるだけの実効力をもっていたのかどうか．以下では，こうした問題意識に基づいて，97年危機を前後する韓国の政治や経済の動きを振り返ってみたい．

1 韓国における通貨危機の歴史的背景

（1） 不正蓄財処理と政府・企業間関係の変化

韓国における政府と企業の関係を評価する前に，この両者（政府と企業）が構造改革以前にどのような関係に置かれてきたのかを見ておく必要がある．開発エコノミストの中には，韓国における政府と企業の関係を経済の奇跡を生み出した要因として賞賛してきた研究者が少なくないが，この両者の関係は必ずもよい結果ばかりを生み出してきたわけではない．それは多くの問題点を内包し，それゆえ政治的，経済的コストを伴ったものであった．

といってもこの両者の関係は，解放後の韓国経済の激しい変動のプロセスにおいて，変化しなかったわけではない．これまで韓国経済には，激しい政治・経済変動に見舞われた時期が三度あったが，その度に政府と企業の関係は大きな質的変化を遂げてきた．

韓国で政府と企業の関係が大きく変化した最初の転換期は，50年代から60年代への政治・経済の変動期である．

解放後，朝鮮戦争で民族資本を破壊された韓国では，経済復興にあたって援助物資の輸入代替工業化が目指された．これは，政府主導の下に米国から投入された援助物資を加工する輸入代替産業を国内に育成しようとするものであった．この際，政府は援助物資の販売対象を商品加工能力のある企業家に限定したため，輸入代替工業化に参加できる企業家はすでに帰属事業体（旧日本人工場）を確保している古参の加工業者に限られた．彼らは同業者のなかで原料カルテルを結成し，原料の割当てを保有している加工施設の規模で決定した．そのため企業家たちは原料の割当て拡大を目論んで企業規摸の拡張に力を注いだ．

しかし国内市場の限界から 50 年代の輸入代替工業化はやがて行き詰まり，いずれの企業も設備過剰状態に陥り，操業率は低下し続けた．政治権力と結びつき三白（製粉，製糖，綿紡績）産業で財閥を築き上げた企業家たちも，インフレと為替格差で得た援助物資の購買利得を生産的な企業活動には向けず，もっぱらストックを目的とする不動産投資や高利貸金融に向けるようになった．¹⁰⁾

1960 年，4・19 革命を契機に財閥の不正蓄財に対する民衆の怒りが高まるなか，軍事クーデターによって政権を奪取した朴正煕は，1961 年「金融機関臨時措置法」を発表し，財閥所有の市中銀行株を還収し，財閥に対する発言権を一挙に高めた．彼は，ただちに不正蓄財処理要綱を発表し，政治献金を行って不正な利益を得た財閥の総帥たちを次々に逮捕した．この際，朴大統領の狙いは，工業投資に意欲を示した財閥の総帥たちに罰金に相当する金額を政府が推進する第 1 次 5 ヵ年計画の工業化プロジェクトへ代替投資させることで，50 年代に蓄積された財閥の商人資本を工業投資に向けさせることだった．¹¹⁾

この時期，政府主導下で民族企業の育成を図るという官民一体型成長システムには，それなりの妥当性があったといえる．当時，資本や技術が圧倒的に不足していた韓国では，限られた資源を効率的に配分するために，権威主義的な政府が経済企画院を中心に開発計画を立案し，特定の分野に企業を誘導することで，上からの産業化が推し進められた．開発計画に呼応した企業に，工業用地の提供から資金調達までありとあらゆる便宜を図ることで，政府は自らの保護の下で民族資本を育てようとしたのである．

60 年代の後半から始まった輸出指向工業化期においては，政府が選定した一部の輸出企業に，援助物資の配定，輸出用原材料への関税減免，輸出支援金融などの輸出支援が行われ，繊維，木材，履物など労働集約型産業の分野で多くの財閥が生み出された．ポリエステルの鮮京，ナイロンのコーロン，履物の国際などが，その頃，政府の輸出振興策に呼応して急成長を遂げた企業グループである．

もちろん政府の開発計画に参与できない企業のなかには，没落していくものも少なくなかった．したがって既存の財閥系企業は，生き残るために，政府の

開発計画にそって次々と事業を拡大し，多角化していくようになった．財閥は政府から受けた特恵を享受しながら，相互出資や相互債務支払い保証を繰り返し，タコ足的な企業拡張を続けることになった[12]．

　各財閥は，政府が経済開発計画で選定した産業分野に次々と参入していった．60年代は輸出産業，70年代は重化学工業部門と，時代によって変化する政府の政略産業部門に応じて，財閥は系列企業の輪を広げた．こうして多くの財閥は，政府の制度金融に依拠しながら，造船，石油化学，コンピューター，通信機器，自動車はもとより，ホテルから新聞社まで事業を拡大し，急成長を遂げた．

（2）　重化学工業化過程における政府・企業間関係の歪曲

　しかしこうした政府と財閥が結びついた二人三脚的な発展は，財閥が肥大化するにつれ，徐々に経済のさまざまな分野で歪みを生み出すことになった．そうした歪みは，とりわけ70年代に入ってからの重化学工業化への移行の過程で鮮明になった．

　政府はこの時期，在韓米軍の撤退という状況の中で国防産業の育成を迫られ，第三次計画5ヵ年計画とは別に重化学工業化計画を立案し，財閥を鉄鋼，造船，電子，機械，非鉄金属などの資本集約型産業に誘導した[13]．

　だが，第一次石油危機が表面化した70年代後半以降，韓国の労働者の平均賃金は年平均30％台に迫る勢いで上昇し続け，労働生産性の増加率（76〜78年平均9.5％）を大幅に上回るにあたり，この国の成長を支えてきた価格競争力は徐々に揺らぎ始めていた．こうした賃金上昇は物価を押し上げ，70年後半の消費者物価上昇率も14〜15％台の高水準を維持し続けていた（76年の15.3％，78年に14.4％）．

　政府はこの時期，物価上昇を恐れるよりも，すでにスタートさせていた重化学工業化計画の目標達成に躍起になっていた．77年から78年にかけて，政府は各財閥に低利融資を与え，造船，石油化学などの重化学工業化分野に投資することを積極的に奨励した．多くの財閥はこうした政府の呼び掛けに応じ，負

債を重ねて設備を拡張し，新規投資を繰り返すことで，積極的に重化学工業部門への投資を行った．

また，財閥による重化学工業部門への投資ブームは，政府の過度の輸出助成によって促されてきたインフレ傾向に拍車をかけることになった．1979年，こうした投資ブームの最中に第2次石油危機が韓国経済を直撃した．重化学工業化政策によって石油需要が大幅に増加している状況の中で，石油価格が急上昇したためインフレが高進．輸入原材料価格は高騰し，生産コストが大幅に上昇したことで韓国の価格競争力は相殺され，輸出増加率は78年の26.5％から79年には18.4％へと大きく鈍化した．これによって重化学工業分野で加熱していた財閥間の投資ラッシュは，設備過剰状態に陥ることになり，輸出産業の生産停滞，操業率の低下へと繋がっていった．

政府は，経済企画庁長官を更迭し，重化学工業化計画の縮小見直しを主眼とする経済安定総合施策を発表するが，これに伴って実施された金融引き締めによって資金調達の道を閉ざされたいくつかの財閥は，加重な元利金の負担に耐えられなくなり，銀行の管理下に置かれることになった．栗山，源進，日清など多くの中堅財閥が倒産・不実化し，深刻な失業問題がこの国を襲った．1980年には，経済開発計画始まって以来のマイナス成長（-5.2％），高物価（前年比40％），膨大な経常収支赤字（-48億ドル）に見舞われ，韓国は文字どおり低成長，高物価，国際収支危機というトリレンマに悩まされたのである．

1979年から80年にかけて韓国が直面したこのような経済危機は，政府による手厚い財閥保護政策の下で，経営基盤が脆弱な財閥系企業が政策的金融支援を梃子に安易な設備拡張を続けてきた結果に他ならなかった．この危機は，これまでの政府と財閥の強い紐帯に基づいた開発戦略が壁にぶつかったことを物語っていた．

（3） 自由化過程における政府・企業間関係の変化

80年代に入って経済の全般的停滞下で誕生した全斗煥政権は，これまでの政府主導による高度成長の歪みとして，① 政府の政策融資から生じた資源配

分の歪みや，②過度の輸出助成が植え付けた構造的インフレ，③一部の企業に対する過度の保護政策が帰結した独寡占の深化と部門間不均衡の拡大などを挙げ，「政府主導体制から民間主導体制への移行」を表明した[14]．それは，政府主導体制の下で財閥を中心に民間企業が大きく成長したことで，資本蓄積の牽引者としての政府の役割を徐々に縮小し，政府の保護から自立した民族資本の育成を目指したものであった．

　これによって，政府と企業の関係も一定の変化を余儀なくされることになった．政府は民間企業に対する政府の規制を徐々に緩和し，あらゆる経済部門で公正で自由な競争を促す「独占規制および公正取引に関する法律」を施行するとともに，市場機構を活性化し投資財源を効率的に配分するために，政府が支配下に治めてきた市中銀行の政府保有株を民間に売却し，金融部門の民営化を推し進めた．1981年韓一銀行を皮切りに，82年に第一銀行とソウル信託銀行，83年には朝興銀行と，すべての市中銀行の政府所有株が民間に払い下げられた．この際，財閥オーナーによる銀行支配を回避するために，政府は同1人の持ち株を8％以下に制限した．

　また**表6-1**に見られるように，直接投資の大幅な自由化，外資系銀行の設立認可など，貿易・投資における自由化政策が次々と推進された[15]．この結果，80年に69.4％に止まっていた輸入自由化率は84年には84.8％に，88年には95.4％まで上昇した（**表6-2**）．投資面では，86年に施行された「工業発展法」によって8つの個別産業育成法（機械工業振興法，造船工業振興法，石油化学工業育成法，鉄鋼工業育成法，非鉄金属精練事業法，航空工業育成法，繊維工業近代化促進法，電子工業振興法）が廃止され，産業保護の対象に指定されていた特定業種も織物を除いて生産自由化が認められ，ほとんどの産業で投資が自由化されることになった．

　民族資本に対する過度の保護政策が生み出した財閥系企業による独寡占の深化に対処するために，政府は86年に公正取引法を改正し，財閥系列企業間の「株式相互持ち合いの禁止」，財閥系企業の「総額出資を純資産の40％以下に制限」，「持株会社の設立禁止」などの規定を新たに盛り込み，財閥による独寡占

第7章　通貨危機　*119*

表6-1　1980年代における主要な自由化・開放化の動き

1980	・外国人投資規制の緩和（特定事業に対する外国人100%投資許可，投資金額の下限を10万ドルに引下げ） ・為替相場の決定を複数通貨バスケット方式へ変更
1981	・市中銀行の民営化開始（83年完了） ・海外投資規制の緩和（事業計画の事前承認制の廃止，投資相手国の条件撤廃など） ・短期金融会社にCP取扱い認可 ・「資本市場国際化計画」の発表 ・外国人向け投資信託の開設
1982	・外資系銀行（新韓銀行，韓美銀行）の設立認可
1984	・貸出金利の弾力化 ・商業銀行のCD発行の認可 ・外資系銀行に対する差別の撤廃 ・為替管理規定の改定（非居住者の入国時外貨持込み申告額を5,000ドルに引上げ，韓国企業の本国への送金義務を緩和，利子スワップ・通貨スワップを許容） ・外国人専用受益証券の発行
1985	・転換社債，ワラント債など海外証券の発行を一部認可
1986	・自由化を基調とする「工業発展法」の発表 ・社債・金融債の金利自由化 ・外資系銀行のCD発行認可 ・外国為替集中制度の緩和方針発表
1987	・CD発行単位の引下げ（1億ウォン→5,000万ウォン）と発行限度額の拡大（1兆4,000億ウォン→2兆6,000億ウォン） ・証券会社にBMF（債権管理口座）認可 ・株式店頭市場開設 ・国内銀行の海外支店に対して非居住者のウォン貨預金の取扱いを認可
1988	・貸出金利の原則自由化と預金金利の一部（2年以上の定期預金）自由化 ・政府系銀行（韓国産業銀行など）の民営化 ・証券会社に対する規制の緩和と証券市場の民営化 ・「資本市場国際化プログラム」の発表 ・海外の事業経費の支払い枠拡大
1989	・場内コール市場と場外コール市場の一本化 ・中小企業専門銀行の設立を認可
1990	・対外投資限度枠の引上げ（証券会社は500万ドルへ，保険信託金会は300万ドルへ） ・為替相場の決定を市場平均レート方式へ変更

（出所）　関連資料から筆者作成.

120

表6-2　輸入自由化の推移

	総品目数	自動承認品目	制限品目	禁止品目	輸入自由化率
1980	7,465	5,183	2,282	0	69.4%
1981	7,465	5,579	1,886	0	74.7
1982	7,560	5,791	1,769	0	76.6
1983	7,560	6,078	1,482	0	80.4
1984	7,915	6,712	1,203	0	84.8
1985	7,915	6,944	971	0	87.7
1986	7,915	7,252	663	0	91.6
1987	7,915	7,426	489	0	93.8
1988	7,915	7,553	362	0	95.4

（出所）　韓国貿易協会『貿易年鑑』各年版より作成.

表6-3　盧泰愚元大統領に対して各財閥から提供された政治献金一覧

財閥名	譲渡された資金額	賄賂と認定された金額	資産順位（1995年）
現　　代	250億ウォン	150億ウォン	1
三　　星	250億ウォン	100億ウォン	2
大　　宇	240億ウォン	150億ウォン	4
Ｌ　　Ｇ	210億ウォン	140億ウォン	3
韓　　進	170億ウォン	100億ウォン	8
東亜建設	160億ウォン	110億ウォン	16
ロ ッ テ	140億ウォン	110億ウォン	9
真　　露	110億ウォン	100億ウォン	28
韓　　一	100億ウォン	40億ウォン	26
双　　龍	80億ウォン	60億ウォン	6
韓　　宝	80億ウォン	10億ウォン	18
暁　　星	75億ウォン	60億ウォン	11
大　　林	70億ウォン	50億ウォン	15
錦　　湖	60億ウォン	50億ウォン	13

（出所）　『東亜日報』1995年11月24日.

と不正取引の監視を強めた.

　このように韓国政府は，80年代を通じて貿易と投資の自由化を進め，市場原理を導入することで政府の市場介入を縮小する民間主導経済体制への移行を遂げようとした．しかし実際には，自由化に伴う産業構造調整が政府の介入を通じて実施されたために，政治権力と癒着した特定の財閥に重要な産業分野があてがわれることになった．ソウル最高検の調査では，この時期，盧泰愚大統領には35の財閥から2800億ウォン（日本円で当時約380億円）に及ぶ賄賂が提供さ

れていたと報道されている[16] (表6-3). 現代グループの鄭周永会長は, この頃を振り返って「賄賂は年2回. 朴大統領のときは1回につき5億ウォンから20億ウォンだったが, 盧大統領の時は1回につき20億ウォンから100億ウォンに拡大した. ……賄賂とは別に, 国策事業を落札したときは, 価格の1割を大統領に渡すのが慣例だった」と述べている[17].

この結果, ディーゼル・エンジンは現代, 双龍, 大宇, 乗用車は現代と大宇, 電子交換機は三星と金星という具合に, 主要な産業分野は政治献金額の多い5大財閥に集中することになり, 財閥による独寡占を緩和しようとした政府と意図とは裏腹に, 上位財閥への経済力集中が一層促されることになった[18].

(4) 政経癒着型開発システムの終焉

しかしこうした政府と財閥の癒着を前提とした成長はいつまでも続かなかった. 95年12月, 盧泰愚元大統領の秘密政治資金事件をきっかけに大検察庁は35財閥のトップを一斉に取り調べ, 賄賂性のある政治献金をした7社を起訴. こうした相次ぐ捜査で露骨な政府と財閥の癒着は許されなくなっていったのである.

97年1月には, 財閥ランキング14位の韓宝鉄鋼が倒産. 90年代後半から韓国企業の輸出を牽引してきた円高が円安局面に移行するにともない, 輸出が激減. 過大投資がたたって, 不渡り手形を出してしまったのである. 韓宝グループは, 政府の特恵融資をテコにして, 20年足らずの間に系列企業を24社に拡大させた「政経癒着型成長」財閥の典型であった.

その後の調査では, 韓国内の6つの銀行が韓宝に十分な担保をとらないまま6兆ウォンもの大金を融資していたことが判明. 融資に関与した内務長官, 国会議員, 銀行頭取計8名が逮捕されるという前代未聞の事件に発展した[19].

これまでの権威主義的な政権なら, 政府が救いの手を差し出し, 財閥の倒産を回避したかもしれない. 韓国ではこれまで「政府は財閥と銀行はつぶさない」と信じられてきたからである. しかし「権威主義の精算」を掲げる金泳三政権には, それが許されなかった. この事件は, 政府と財閥との蜜月時代が終

表 6-4　90 年代における金融・資本市場の自由化の動き

1990 年	・市場平均為替レート制の採用 ・投資信託会社の一部証券業務の許可
1991 年	・金利自由化計画（第 1 段階）の実施 ・証券業務への外資の参加を認める ・外国銀行の支援開設を国内銀行なみに認める
1992 年	・金利自由化計画（第 2 段階）の実施 ・上場企業への外国人証券投資の許可 ・為替管理のネガティブリスト方式への変更 ・海外投資の申告制への移行 ・機関投資家による外貨証券投資枠の拡大
1993 年	・金融実名制の実施 ・外資証券発行の自由化
1994 年	・金融自由化計画（第 3 段階）の実施 ・機関投資家の海外証券投資枠の拡大 ・一般投資家の外貨証券投資の許可 ・国内企業の融資活動の規制緩和
1995 年	・不動産実名制の実施 ・債権型カントリーファンドの許可
1996 年	・中小企業の商業借款導入の自由化 ・外国人証券投資枠の拡大 ・株式・債権型海外受益証券の発行限度枠の拡大 ・外国為替の海外支店におけるウォン勘定の自由化
1998 年	・大企業の商業借款完全自由化
1999 年	・外国人証券投資枠の廃止

（出所）　関連資料から筆者が作成.

ろうとしていることを国民に強くアピールするものであった.

　同時に金泳三政権は，OECD の加盟に向けて 80 年代から引き継いだ資本取引の自由化に拍車をかけた. **表 6-4** からも窺えるように韓国の市場自由化は 90 年代に入って大きく進展したが，特に資本取引の自由化で金融機関の外貨借入が容易になるとともに，韓国の金融機関の海外支店での借入やオフショア市場での運用が拡大した. この結果，海外で調達した資金をインドネシアやタイなど東南アジアで運用する韓国の企業や金融機関が増加していった[20].

　しかし政経癒着構造にメスを入れた金泳三政権の民主化措置や OECD の加盟を目指した資本取引の自由化は，韓国経済が抱えてきた歪みを一気に表出さ

せることになった. 韓宝財閥の倒産をきっかけに, メインバンクであった第一銀行は莫大な不良債権を抱えることになり, 第2の第一銀行になることを恐れた他銀行が一斉に貸し渋り体制に入り, 経営の悪い企業から資金回収を行うようになった.

政府は, 金融機関に対し返済期限を2カ月延期する「不渡り防止協定」公布するが, かえってこの協定は, 手形引き落としが凍結されるのを恐れたノンバンクを刺激した. 彼らは経営悪化がささやかれる企業が倒産する前になんとか資金を回収しようと躍起になった.

そのため, アジアへ過大投資を行っていた多くの財閥の資金繰りが悪化していった. 同年7月までに三美, 真露, 大農, 起亜などの有名財閥が次々と倒産に追い込まれた. 財閥企業の連鎖倒産によって, 今度は, これらの財閥に貸し付けていた系列銀行の不良債権が増大. またアジア全域に伝染した通貨・金融危機によって, 外貨を東南アジアに投資していた韓国の金融機関も莫大な損失を被ることになった. この結果, ムーディーズをはじめとする外国の格付け機関の韓国の銀行に対する評価は急降下していった.

韓国の輸出が減速し, 銀行の不良債権が拡大すると, 対外債務を返済できないことを恐れた外国人投資家たちも一斉に短期資本を引き上げ始めた. それまで韓国が96年OECDの加盟に向けて資本取引の自由化を進めたことによって流入した短期資本が, 一転, 流失に転じたのである. 瞬く間に韓国の銀行の国際的信用は失墜し, 韓国は国際金融機構で資金調達ができない状況に追い込まれることになった. 韓国の対外債務は97年末時点で1569億ドルに達していたが, 外貨準備は244億ドル, そのうち使用可能な外貨はたった72億ドルであった.

こうした韓国経済の流れを改めて考察してみると, 1997年の通貨危機が権威主義時代の産物ではなく, 民主化の過程で顕在化してきたことがわかる. つまり開発独裁下で隠蔽されてきた歪みが, 政経癒着にメスを入れた民主化の過程で一挙に顕在化してきたわけである. さらに韓国経済の危機は, 政府による厳しい資本移動の規制下で生まれたものではなく, 韓国政府が80年代から準

備してきた資本取引の自由化の過程で生み出されたことにも注目する必要があ
る.[22) まさに韓国の危機は,民主化と市場自由化の相互作用の結果として顕在化
したものであったと筆者は考える.

2 構造改革をめぐる葛藤

(1) 再建プログラムをめぐる IMF と新政権の対立と協調

1997 年 11 月 21 日,金泳三政権は通貨危機を回避するため,IMF に支援を
仰ぐことを決定した.経済危機が深刻化するなかで,ウォンに対する通貨切り
下げ圧力が高まり,同年 11 月 20 日にウォンが上限の 10％まで減価し,外国為
替市場で取引中止という最悪の事態に追い込まれたからである.そして政府は,
12 月 18 日の大統領選挙を待つことなく,同年 12 月 3 日,IMF の厳しい再建
プログラムを受け入れることを条件に IMF 等から 570 億ドルの融資を受ける
ことに合資した.つまり次の政権が誕生する前に,新政権下における構造改革
のシナリオは,すでに準備されていたわけである.

しかし当時の大統領候補者の中でも,労働者や組合を支持基盤とした金大中
は,整理解雇制の導入に反対の立場をとり,IMF の再建プログラムに最も批判
的であった.選挙期間中,金大中は IMF との合意の一部について何度も「再
交渉」を主張した.12 月 8 日,その金大中が大統領に当選したことで,IMF 関
係者はずいぶん当惑したと言われている.この結果,株価は下落し,金融危機
が再燃した.

ところが金大中は当選後の記者会見で一転して「IMF との合意を順守する」
ことを表明し,IMF の再建プログラムに沿って「1 年半で韓国経済を立て直
す」ことを国民に約束した.そして驚いたことに彼は,大統領に就任する前か
ら IMF と協議を重ね,金融引き締めの強化,為替レートの変動幅の廃止,資
本取引規制の自由化など IMF の再建プログラムをむしろ強化し,実施を早め
ることを提言したのである.そこには,IMF との合意を順守する姿勢を早々に
アピールすることで国際的な信用を回復して逃避した外資を呼び戻し,外国人

に国内市場を積極的に開放した市場自由化を大胆に進めるとともに，IMF という外圧を利用して財閥改革を一挙に実現しようという，金大中氏の苦渋の選択が含意されていた[23]．DJ ノミクスと呼ばれた金大中大統領の構造改革は，韓国経済に市場原理の徹底を求める IMF と，真の民主化を実現しようとする金大中大統領の利害関係のなかで生み出された妥協の産物といってもよい．

（2） 再編を余儀なくされた財閥と金融機関

　金大中政権の構造改革は，行政，財閥，金融，労働すべての分野にわたって実施された．なかでも金大統領が最も意欲を示したのが財閥の改革である．金大統領は，97 年危機の根本的な原因が政経癒着下での財閥の放漫な経営と不透明な金融システムにあると考え，財閥と金融機関に徹底した体質改善を求めた．

　98 年 1 月，金大統領は，現代，三星，LG など四大財閥のオーナーと会談．この場で大統領は，① 企業経営の透明性を確保するため，99 年度から連結財務諸表を義務化，② 相互債務保証を解消，③ 負債比率を低下させ，財務構造を改善，④ 主力業種への特化とビッグディール（競争力の劣る分野の事業交換）の実施，⑤ 経営陣の責任強化などを骨子とする企業改革の早期実現をそれぞれの財閥側に促した．

　続く 2 月，政府は労組の政治活動の合法化，複数労組，教員の組合結成の自由などを国が認めることを条件に，懸案であった整理解雇制の導入を労組側に受け入れさせた．当初，労組側は整理解雇制の導入に難色を示していたが，IMF の要請と世論をバックに譲歩を迫る金大中大統領の熱意に押し切られることになった．

　一方，整理解雇制の導入で実利を得た 30 大財閥のオーナーには，グループ会長室，企画調査室の廃止を要求すると同時に，企業経営の透明性の向上，系列企業間の相互債務保証の解消，財務構造の改善，系列企業の整理と業種専門化，オーナーの経営責任の明確化など，5 項目に渡る企業改革を約束させた．これを受け，現代，三星，大宇，LG，SK の 5 大財閥は，主力業種の選定，系

列企業の売却などを盛り込んだ構造改革計画を次々と発表し，99年末までに負債比率を200％以下に引き下げると約束した．また政府は，財閥に系列企業の整理を促す一方，外国人の株式投資枠を現行の26％から55％へ拡大すると同時に，外国人の敵対的M＆A（企業の合併，買収）を許可することで，財閥に採算性の悪い企業を外資に売却させる方針も打ち出した．

　こうした政府による財閥改革の第一波は，会長秘書室（総合企画室）の廃止から始まった．同年4月，三星グループが企業改革の一環として，政府から求められていた会長秘書室（総合企画室）の廃止を他の財閥に先駆けて発表．三星に続いて6月までに現代，LG，双竜，綿湖，韓進，東亜，大林，東洋，韓一などの財閥グループも次々とグループの参謀本部であった秘書室を廃止し，従来の秘書室を通じたオーナー支配の構造に終止符が打たれることになった．

　これまで財閥のオーナーは，人事，財務など重要な意思決定は系列企業に任せず，法人格のないグループ全体の参謀本部的機能を有してきた会長秘書室（総合企画）が意思決定を下してきた．会長秘書室が解体したことで，オーナーは経営権確保のため系列企業の代表取締役への就任を余儀なくされることになった．これによって株主が実質的な経営者に直接経営責任を問えるようになったわけである．

　同月，政府の命を受けた債権銀行は不実企業判定委員会を結成し，各企業の財務構造の改善約定を精査し，再生不能な企業を選定した．この報告を受けて，6月，政府は経営不振の整理対象企業名を発表．5大財閥の系列企業20社を含む55社に対して銀行による新規融資の停止措置が採られ，財閥に対して「お荷物になる」企業の整理が命じられた．企業選定を委託された債権銀行団は，「財閥系列企業については母体企業の支援で再建可能」と政府に進言したが，「財閥改革を決してうやむやにはしない」という金大中大統領の意思は堅かった．

　さらに金融監督委員会は主要な8銀行に対し，財閥系列企業の中から財務構造の改善計画の立案と実行を義務づけるワークアウト対象企業を7月までに選定することを命じた．この結果，双龍，東亜建設，亜南など14財閥の系列会社43社がワークアウトの対象になり，系列企業の売却や経営陣の退陣など厳し

い企業改革を余儀なくされることになった.

　こうした財閥整理を通じて，韓国の産業界を支配してきた64大財閥のうち34の財閥が法定管理やワークアウトによって解体した．またワークアウトを受けている16の財閥に所属する305の系列企業のうち230社が整理された[24].

　金融の分野では，「不実銀行」に指定された第一銀行とソウル銀行が外資への売却を前提にいったん国有化され，第一銀行はただちに米国のニューブリッジ・キャピタル投資連合に50億ドルで売却されることになった．また98年6月，大東，東南，同和，京畿，中清など債務超過の5つの銀行に対して，金融監督委員会から業務停止命令が下され，不良債権を除く資産，負債は別の銀行に引き継がれることになった．さらに政府は，BISに基づく自己資本比率が8％に達していない7つの銀行に対し合併や経営陣の交代を促した．この際，銀行の整理は，いずれも予告もなく発表したその日に，経営陣は全員退陣，行員もすべて解雇されるという荒療治であった.

　この結果，97年末から99年1月までに当初26行あった韓国の地銀，都銀数は合併や整理を通じて17行に減少することになった．わずか1年あまりで7つの銀行が姿を消したことになる．またこうした金融改革の過程で，30社あったマーチャント・バンクのうち16社が閉鎖，5つの証券会社，4つの保険会社，10のリース会社が瞬く間に姿を消すことになった.

　こうした金大中政権の早急かつ強引ともいえる荒療治は，いくつかの面で確かに成果を上げた．まず金泳三政権下で慢性的な赤字に悩まされてきた貿易収支が，98年に入って黒字に転じた．98年の輸出は前年比2％減少して1332億ドルにとどまったが，内需の低迷によって輸入が933億ドルと前年比で35％も激減したため，一時期過去最大の400億ドル近い黒字が計上されることになった．貿易外収支も出国者数の減少にともなうサービス収支の改善から98年から黒字に転じるようになった.

　経常収支の黒字化により，韓国経済の信用低下の原因になった外貨保有高も，97年末の89億ドルから99年末には684億ドルを記録し，過去最高を記録した．また97年末に1ドル＝2000ウォン近くまで急落したウォンの対ドルレートが，

徐々に以前の安定を取り戻し始めるなど，改革の成果は数字にも表れた．

こうした韓国経済の回復に呼応して，海外の格付け機関も韓国に対する評価を改めた．98年12月，ムーディーズが韓国の信用格付けを「投資不適格」から「投資適格」に引上げ，今年1月には，Ｓ＆Ｐ（スタンダード＆プアーズ）が韓国の信用格付けを"stable"から"positive"に引き上げた．

（3）　構造改革をめぐる政労使間の対立

しかし金大中政権の構造改革は，迅速な企業・金融改革を促す一方，中小企業や労働者に想像以上の苦痛を強いたのもまた事実である．財閥系列企業の整理による余波と銀行の貸し渋りで，多くの中小企業が倒産，また整理解雇制の導入で銀行とともに大企業が次々と余剰人員をリストラの対象とした．

金大中政権は，こうした事態を予期し，労使関係を安定させるため，98年1月に労，使，政3者の協議機構である「労使政委員会」を作り上げた．その後，委員会は同年12月までに労組の政治活動の許容，教員組合の合法化など50件以上の社会協約事項を3者間で合意に導いてきた．しかし整理解雇制と派遣勤労制の導入をめぐって2大労組である韓国労総と民主労総が猛反発し，3者間の交渉は何度も決裂した[25]．

韓国最大の自動車メーカー現代自動車は当初4万6000人の従業員のうち8189人の整理解雇を労組に通告．98年5月，これに反発した韓国第2の労組である民主労働組合総連盟は，12万人規模の時限ストライキを展開した[26]．民主労組側は「労働者だけが構造調整の負担を強いられている」として，政府に整理解雇制の撤廃や不当労働行為の根絶を要求した．結局，現代自動車の労使紛争は，政府の介入によって，労組側が会社側の希望した約30分の1に該当する277名の整理解雇を受け入れるという「労使痛み分け」の結果に終わった．とはいえ，整理解雇の対象になった277名に加えて，1年半の無給休暇（1960名），希望退職（6349名），一般退職（1371名）という形で現代自動車を追われた労働者は総計9957名に達しており，4万5000人の労働者の約2割が構造調整の犠牲になった．

また 98 年 6 月から始まった政府による金融機関の整理で当初 11 万 4800 名（正社員）いた銀行員も 7 万 6000 人まで削減されることになった，構造改革による金融再編で，全体の 3 分の 1 にあたる 3 万 8000 人の銀行員がリストラされたことになった．

さらに IMF の指導によって金融引き締めが行われた結果，短期金利が 30% 近くまで上昇．健全な借り手である中小の優良企業さえ瀕死の状態が続いていた．こうした企業の貸し渋り倒産が失業者の増大に拍車を掛けた．当初 2 % 台だった韓国の失業率はたちまち 9 %（1999 年 1 〜 3 月）を超え，一時，失業者の実数は 200 万人に膨れ上った．実に韓国の経済活動人口（当時約 2000 万人）の 10 人に 1 人が失業者を経験したことになる．ちなみに韓国の保険福祉部の調査では，「最低所得基準に満たない貧困層は 350 〜 400 万人で，このうち生活保護対象者は 192 万人程度」という推計値を公表した[27]．

こうした改革に対する労働組合や財界の視線は厳しかった．98 年 7 月，韓国の 2 大労組である韓国労組と民主労組は，政府が進める構造調整を一方的と批判し，1 年半ぶりにソウル市内で 10 万人集会を開いた．2 大労組はここで金大中大統領が経済危機克服のために設けた「労使政委員会」を「政府の政策を一方的に通告・貫徹するための引き立て役」と批判し，政府に対し構造改革の中止と業務停止処分で職を追われた労働者の雇用保障を要求した．99 年 2 月，整理解雇制の中断などの要求が受け入れられないことを理由に，民主労総が「労使政委員会」を脱退した[28]．同年 4 月には，韓国労総も労組専任者への賃金支給を認めなければ「労使政委員会」を脱退すると政府に通告した[29]．

政府は，「労使政委員会」を正常化させるために，労組専任者への賃金支給など前向きに検討すると述べたが，今度はこれに財界が反発した．同 4 月，韓国経営者総協会は労組専任者への賃金支給を認めることについて政府と労組が密約をかわしたことを批判し，「労使政委員会」からの脱退を決定した[30]．

3 構造改革で揺れる韓国社会

（1） 構造改革と失業のジレンマ

金大中大統領は，99 年 2 月，『国民との TV 対話』において「構造調整の過程での一時的な失業者の増加は避けられない」と述べた．労働者が血を流すのは覚悟の上で構造改革を進めなければ，韓国はこの難局を乗り切れないという判断である．しかし構造改革のメインテーマであった財閥改革は，財界の抵抗によって思うようには進まなかった．

なかでも 5 大財閥による系列企業の整理作業が進まなかった．**表 6-5** からわかるように，三星グループを除けば，他の財閥は系列企業数が 1 割も減少しなかった．なかには現代のように系列企業数がまったく変わらない財閥も見られた．このため 5 大財閥の資産総額が 1 年前に比べ 13.8％増加したのに対し，系列企業を大幅に削減した 6 位以下の他の財閥グループの資産総額は縮小することになった．この結果，総資産額で見た 30 大財閥に占める 5 大財閥の比率は65.8％と前年比（62.7%）で 3 ％上昇．金大中政権の構造改革によって，上位財閥への経済力集中が一層進むことになった．

金大中政権の財閥改革の目玉である財閥によるビッグディール（事業交換）も難航した．98 年 9 月，6 つの財閥間で互いに重複してきた 8 部門（半導体，航空，鉄道車両，石油化学，製油，船舶エンジン，発電設備，自動車）について企業合併を進める構造調整案が合意された（**図 6-1**）．しかし三星自動車の経営破綻や大宇財閥の「解体」などアクシデントも手伝って，政府が求めてきたような大規模な事業交換は実現されなかった．当初，金大統領と全経連（全国経済人連合会）の代表との間で，ビッグディールは企業主導で推進することが確認されていたが，市場経済が根付いていない韓国では，市場原理に任せていては改革が進まないのが実状だ．しかし政府の介入にも限界があった．財界の協力を得られなければ，構造改革は前へ進まないため，政府も介入に慎重にならざるをえないからだ．

また企業合併や事業交換は大規模な従業員の削減をともなうだけに，労組の

表6-5　韓国の財閥の資産と系列企業の推移

順位	財閥名	系列企業数			総資産（単位10億ウォン）		
		1998年	1999年	減少率%	1998年	1999年	増減率%
1	現　　代	62	62	0	73,520	88,806	21
2	大　　宇	37	34	−8	52,994	78,168	48
3	三　　星	61	49	−20	64,536	61,606	−5
4	Ｌ　　Ｇ	52	48	−8	52,773	49,524	−6
5	Ｓ　　Ｋ	45	41	−9	29,267	32,766	12
6	韓　　進	25	21	−16	19,457	18,548	−5
7	双　　竜	22	23	5	15,645	14,167	−9
8	ハンファ	31	21	−32	12,469	13,084	5
9	錦　　湖	32	29	−9	10,361	10,696	3
10	ロ　ッ　テ	28	28	0	8,862	10,446	18
11	東　　亜	22	15	−32	9,054	8,719	−4
12	ハンソル	19	19	0	6,268	8,060	29
13	斗　　山	23	14	−39	6,586	6,704	2
14	大　　林	21	17	−19	7,001	5,825	−17
15	東国製鋼	17	16	−6	4,865	5,764	18
16	東　　部	34	32	−6	4,626	5,549	20
17	漢　　拏	18	17	−6	8,562	5,535	−35
18	高　　合	13	8	−38	5,193	5,232	1
19	暁　　星	21	17	−19	5,249	5,178	−1
20	コーロン	18	20	11	4,894	4,941	1
21	東　　洋	23	21	−9	3,885	4,228	9
22	真　　露	15	17	13	4,258	4,098	−4
23	亜　　南	15	15	0	4,339	4,097	−6
24	ヘ　　テ	15	15	0	3,747	3,977	6
25	セ　ハ　ン	16	15	−6	2,659	3,513	32
26	江原産業	27	13	−52	2,665	2,957	11
27	大　　象	20	14	30	2,827	2,798	−1
28	第一精糖	—	15		—	2,728	
29	新　　湖	28	21	−25	3,060	2,701	−12
30	三　　養	—	10		—	2,342	
5大財閥計		257	234	−9	273,090	310,870	14
30大財閥計		804	687	−15	435,318	472,757	9
30大財閥に占める 5大財閥の割合		32.0%	34.1%		62.7%	65.8%	

（注）　1999年の数値は4月1日現在.
（出所）　韓国公正取引委員会発表『30大財閥の財務状況』1999年4月1日に基づいて作成.

業種／財閥名	現代	大宇	三星	LG	ハンファ	韓進
製油	◆	←------------------------------			◆	
航空	●	--------●--------------------				→ 統合法人設立
鉄道車両	●	---------------------------			●→	統合法人設立
石油化学	●	--------------------			→	統合法人設立
半導体	◆	←--------------		◆		
自動車		◆ ←---- ◆				
発電設備	■	-----■-----------------			→	韓国重工業への移管
船舶用エンジン	■	-----■--------------			→	韓国重工業への移管

図 6-1　財閥間の 8 業種ビッグディール（大規模事業交換）の進行計画

（注）　●統合法人の設立，◆一財閥引受け，■韓国重工業への移管.
（出所）　関連資料から作成.

反発もビッグディール実施の根強い壁になっていた．もし失業率がこれ以上高まれば，国民の忍耐にも限度があると，政府は考えていた．国民は構造改革の必要性は理解しても，高失業の痛みにどれぐらいの間，耐えられるか分からない．失業保険などセイフティネットが十分に完備されないままリストラが進めば，労使紛争は大きな社会的不安定要因に転化する可能性もあった．そうした点で，失業対策が当時の金大中政権の命綱になっていた．政府は，増加が見込まれる失業問題への対応として，道路建設や鉄道・港湾整備，地下鉄，発電所建設などの公共事業を拡大し雇用創出をはかろうとしたが，IMF 体制下で緊縮財政を求められている当時，そうした財源の確保は容易ではなかったと想像できる．

（2）　韓国企業の変化と連続性

　とはいえ金大中政権による構造改革の波は，これまで韓国の財閥を支配してきたアジア的な企業経営のありようを変化させたことも事実である．まず何よりも外国人投資の大幅な規制援和措置は，これまで負債を重ねて企業拡大路線を邁進してきた財閥の企業経営に 180 度の方向転換を迫ることになった．資金操りが厳しい中堅財閥の多くは採算の取れない系列企業を売却し，系列企業数を大きく減少させてスリム化していった．200％以下を目標としてきた企業の負債比率も，99 年 6 月時点で大企業平均値が 234.6％まで低下し，ほぼ半数

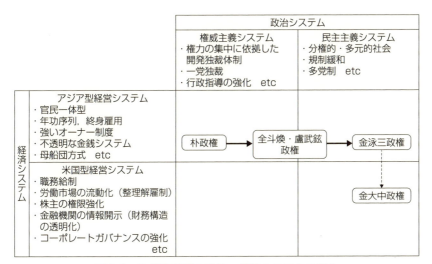

図 6-2　21世紀韓国の政治・経済システムの行方
(出所)　筆者作成.

(全体の 46.6%) の企業が負債比率を 200% 以下に引き下げられた[31]. また社外役員を迎えたことで，一定額以上の海外投資については役員会の了承が必要になった財閥も増加した．これによって常態化してきたグループ企業内の相互債務保証など不透明な系列企業の支援はできなくなった．

　実際，金大中政権の構造改革を経て，21世紀の韓国の経済システムは 20 世紀のそれとはずいぶん異なったものに変貌した．韓国の企業や金融機関は，構造改革を経てこれまでのアジア的経営システム (年功序列，終身雇用，不透明な金融システムなど) のいくつかの部分は払拭され，徐々にアメリカナイズされた経営システム (株主の権限強化，職務給制，労働市場の自由化，財務構造の透明化など) に衣替えしていくことになった (図 6-2).

　しかしだからといって半世紀近くに渡って築きあげられてきた韓国的な企業システムが簡単に払拭されるはずもなかった．むしろ韓国企業は，構造改革という試行錯誤の段階を経て，グローバル・スタンダードとアジア的な経営システムの狭間で，韓国独自の経営スタイルを確立しようと模索する段階に入ったというのがより正確な解釈かもしれない．

おわりに

　これまで考察してきたように，韓国で生じた97年の経済危機は，タイ，インドネシア，マレーシアと異なり，「巨額な外資の流入と急激な流出」を顕在化させたグローバル資本主義の危機というシナリオではとうてい説明できない歴史的背景をもっている．韓国における経済危機は，タイから通貨危機が飛び火するずっと前に，すなわち80年代以降の自由化と民主化の過程ですでに準備されていた．そして金泳三政権がこれまで韓国の繁栄を支えてきた政府と企業の関係＝政経癒着の構造にメスを入れたことによって危機が露呈したのである．

　韓国の財閥はそれまで政府から特恵を与えられ，ひたすら肥大化と多角化の途を歩んできた．財閥はそうした見返りとして政府（大統領）に莫大な政治献金を渡してきた．そうした政府と財閥の癒着関係のなかで韓国の成長が維持されてきたのである．しかし民主化を掲げる金泳三大統領が登場したことで，こうした政府と財閥の二人三脚的発展は許されなくなった．金泳三政権が誕生してから，政経癒着構造にメスが入れられたことで，韓宝，三美，真露，大農，起亜，ニューコアなどの財閥が政府から見放され，次々と連鎖倒産したのは当然の結果であるといえるだろう．

　これまで歴代の大統領にもこうした関係にメスを入れるチャンスはあった．彼らは何度も財閥改革を実施しながらも，政治献金という甘い誘惑の下で，政経癒着という根幹には触れることはできなかったのである．しかし最大の問題は，政府と財閥の関係にメスを入れた金泳三前大統領が多くの不良財閥を解体しながらも，政経癒着型発展に代わる新たな開発戦略を提示できなかったことである．

　一方，金泳三前大統領から政経癒着の解体という政治課題を引き継いだ金大中大統領は，IMFが提示した構造改革プログラムに政経癒着型発展に代わる開発の方向性を求めた．こうして生まれたDJノミクス（金大中の構造改革）は，

市場経済こそが民主主義を保障するという理念に立って政治経済改革を進め，
「民主主義と市場経済の並行的発展」を目指そうというものである[32]．長い間，
権威主義的な政府の庇護の下で財閥育成型の経済発展に慣れ親しんできた韓国
にとって，こうした構造改革は 180 度の方向転換を要するものであり，その実
現には企業倒産や失業者の増大など多くの社会的軋轢が伴うのは当然である．
実際，金大中政権の財閥改革は財界や労働者の抵抗で順調には進まなかった．
こうした金大中大統領の危機への対応は，これまでの開発努力を無にするだけ
の愚かな行為だったのだろうか．

　実際，当時の開発エコノミストたちの間では，IMF 路線に従った金大中大統
領よりも，IMF に反旗を翻し，独自の対応をとったマレーシアのマハティール
首相を評判する声が高かった．マハティールは，通貨危機に直面するや危機の
元凶として欧米の投機家を激しく非難し，韓国とは対照的に資本規制を導入し
て，通貨リンギについても固定相場制に移行した．だが同時にマハティールは，
腐敗の防止や透明性の向上などの政治改革を志向していたアンワル副首相兼蔵
相を解任，事業に行き詰まった大物企業家を救済するなど，政治家と縁故や結
縁関係で結びついた経済主体の開発利益を保護する開発志向型政経癒着システ
ムの温存を図った[33]．このようなマハティールの対応は，外貨準備が増加し，株
価も上昇するなどマレーシア経済が好転したことで，内外の高い評価を得るこ
とになった．

　政治経済改革よりも経済安定を優先したマハティール路線と，経済安定より
も政治経済改革を優先した DJ ノミクス，はたしてどちらの開発戦略が，後発
国のその後の発展にとって有効だったのかと聞かれたとき，後世の開発エコノ
ミストたちは果たしてどう答えるだろうか[34]．

注

1) 韓国における開発戦略を途上国の開発モデルとして捉えた論稿には，Balassa, B.,
"Industrial Policy in Taiwan and Korea", Weltwirtschaftliches Archiv, Bd. 106, 1971,
Deyo, F. ed., *The Political Economy of the New Asian Industrialism*, Cornel Univ
Press, 1990, Papanek, G., "The New Asian Capitalism: An Economic Portrait", Berger,

Peter L. & Hsin-Huang Michael Hsiao, *In Search of An East Asian Development Model*, New Brunswick, N. J.: Transaction Books, 1988, 柳原透「開発戦略としての『韓国モデル』」『アジア経済』第 20 巻第 10 号, 1979 年, 絵所秀紀「開発経済学の転換と『韓国モデル』」『経済志林』第 57 巻第 1 号, 1989 年など多数くの文献がある.

2）タイ, インドネシア, マレーシアなどで発生した通貨・金融危機については, 以下の論稿から多くの示唆を受けた. 河合正弘「東アジアの通貨・金融危機と日本」『世界』1998 年 3 月号；白石隆「アジア型政治経済体制の終わりと通貨危機」『世界』1998 年 5 月号, 末廣昭「タイの経済危機と金融・産業の自由化」『経済研究』第 50 巻第 2 号, 1999 年, 原洋之介『グローバリズムの終焉』NTT 出版, 1999 年, 岸脇誠「マレーシアの通貨危機と政府の対応」『証券経済研究』第 21 号, 1999 年.

3）渡辺利夫「アジア化するアジア～危機の向こうに見えるもの」『中央公論』1999 年 6 月号, 89 ページ.

4）原洋之介「20 世紀末の韓国経済」『大航海』1999 年 10 月号, 122 ページ.

5）渡辺利夫, 同上論文, 80-81 ページ.

6）原洋之介, 同上論文, 121-122 ページ.

7）同上論文, 128 ページ.

8）同上論文, 129 ページ, 本山美彦も IMF 主導による構造改革のプロセスを, 米国資本が韓国の財閥や金融機関をきわめて安価に買収し, 自己の傘下に納めようとするものであると警告している（本山美彦「米国企業に飲み込まれる韓国」『大航海』1999 年 10 月号).

9）深川由起子「韓国──経済開発の総決算と先進化への試練──」原洋之介編『アジア経済論』NTT 出版, 1999 年, 111 ページ.

10）50 年代における財閥の企業活動については, 司空壹, L. P. ジョーンズ『経済開発ト政府オヨビ企業家ノ役割』韓国開発研究院, 1981 年, ソウル.

11）詳しくは, 拙稿「韓国の工業化と支配三者体制」『経済評論』1990 年 4 月号.

12）拙稿「東アジアの工業化と国内資本──韓国財閥の成長とその役割──」『経済学季報』第 38 巻第 4 号.

13）深川由紀子「韓国の産業政策と『財閥』」牧戸孝郎編『岐路に立つ韓国企業経営』名古屋大学出版会, 137 ページ.

14）韓国経済企画院『韓国第 5 次経済社会発展 5 ヵ年計画』1981 年 8 月, ソウル.

15）韓国における 80 年代の貿易・資本移動の自由化過程については, 河合正弘編『アジアの金融・資本市場──自由化と相互依存──』日本経済新聞社, 1996 年参照のこと.

16）『東亜日報』1995 年 11 月 24 日.

17）『朝日新聞』1995 年 12 月 2 日.

18）李圭億, 李ジェヒョン『企業集団ト経済力集中』韓国開発研究院, 1990 年, ソウル.

19）池東旭「韓国財閥の解体」『中央公論』1998 年 4 月号.

20）1997 年末までに韓国の 11 の銀行が東南アジアに外貨貸出や証券投資という形で注ぎ

込んだ資金総額は2兆5000億ウォンに達し，その大部分は回収困難に陥っている（高龍秀「韓国の金融・通貨危機（上）」『甲南経済学論集』第39巻第1号，1998年，13-14ページ）．

21）ノンバンクを除いた金融機関が，貸し出した企業の不渡りの恐れが出た場合，企業への融資の返済期限をとりあえず2カ月間延期し，その間に企業に債権の可能性があるかどうかを判断しようという自主協定．

22）韓国における97年通貨・金融危機と資本取引の自由化との因果関係については，高龍秀前掲論文（「韓国の金融・通貨危機」（上）（下））に加えて，水野順平「韓国の経済自由化と1997年のデフォルト危機」『アジ研究ワールド・トレンド』No. 47，1999年から大きな教えを受けた．

23）韓国政府『国民トトモニ明日ヲ開ク』1998年．なお「大衆経済論」からDJノミクスに至る金大中の経済理念の非連続性については，滝沢秀樹『アジアのなかの韓国社会』（御茶の水書房，2000年）第3章参照．

24）『東洋経済日報』1999年11月26日．

25）この間の経緯については，姜英之「大量失業で労組は強硬路線に」『エコノミスト』1999年5月18日．

26）現代自動車は当初計画した整理対象人員8189名のうち，希望退職申請者3359名を除く4830名を7月末までに全員解雇すると労働部に報告している（『ハンギョレ新聞』1998年6月30日）．

27）『東洋経済日報』1998年11月26日．

28）『ハンギョレ新聞』1999年2月25日．

29）『ハンギョレ新聞』1999年4月8日．

30）『ハンギョレ新聞』1999年4月17日．

31）韓国銀行『1999年上半期企業経営分析』1999年11月．

32）滝沢秀樹，前掲書，102ページ．

33）James V. Jesudason., "Stabilization without Reform. The Asian Crisis and the Preservation Developmental Clientalism in Malaysia" Paper presented at the 7th International Symposium of Osaka City University at Osaka International Exchange Center Osaka Japan on October 9-11, 1999.

34）金大中の財閥改革の経緯とその評価については，鄭安基「韓国の経済危機と『財閥改革』」『東アジア研究』第25号，1999年，深川由紀子「韓国——経済開発の総決算と先進国化への試練——」原洋之介編『アジア経済論』NTT出版，1999年，原洋之介「20世紀末の韓国経済」『大航海』1999年10月号，高龍秀「IMF体制と金大中政権の経済政策」『甲南経済学論集』第39巻第3号，1998年，本山美彦「米国企業に飲み込まれる韓国」『大航海』1999年，ソウル社会経済研究所『IMF管理後1年間ノ経済政策～評価ト課題』1999年，ソウル，佐野孝治「韓国の経済危機と財閥改革」福島大学『商学論集』第68巻第2号，1999年，渡辺利夫「アジアの危機をどうみるか——メカニズムと教訓

――」『国際開発研究』Vol. 1 No1, 1999 年, Yong-Suk Oh., "Lesson from the Korean Financial Crisis and the East Asian Financial Cooperation," Paper presented at the International Symposium of Japan Association for Asian Political and Economic Studies at Aoyama Gakuin Univ Tokyo Japan on October 30-31, 1999 などの文献を参照されたい.

第**8**章

グローバリズムの代償
──韓国における反米感情と対米依存のジレンマ──

は じ め に

　韓国では米国を「美国」と呼ぶ．中国でも同じ表記が使われるが，対米意識はかなり異なるものがある．韓国人は，漢字表記からもわかるように，米国を美化し，崇拝してきた．そして，世界一の経済力と軍事力を持つこの国に対し敬意さえ抱いてきた．

　こうした親米感情は，かつて米国が朝鮮戦争で韓国のために闘い，ともに血を流してくれた戦友であるという一種の仲間意識から生まれた．その後も，米国の経済援助で韓国が経済復興を遂げ，在韓米軍が韓国の安全保障の要になってきたという，韓国人の経済・軍事面での対米依存意識から親米意識が育まれてきた．

　ところが世代が若くなるにつれ，このような親米感情に違和感をもつ人が増えていった．2002 年 12 月，大統領選挙直前に行われた新聞社の世論調査では，20 代の半数，30 代の 4 割以上の人が「米国は嫌い」と答えている（表7-1）．彼らの中には，親米感情から一転して強い反米感情や嫌米意識が芽生えつつある（表7-2）．こうした韓国人新世代の反米認識の変化は，どのような背景から生み出されてきたのだろうか．本章では，在韓米軍の存在意義と韓国人の対米感情を手掛かりに，韓米関係の変化と連続性について考えてみたい．

表 7-1　韓国人の世代別対米感情

(2002 年 12 月調査, 単位 : %)

	嫌い（悪い）	中間	好き（良い）
20 歳代	51.7	40.5	7.8
30 歳代	43.0	51.5	5.5
40 歳代	31.9	56.2	11.9
50 歳代	18.8	55.3	25.9

(出所)　『中央日報』2002 年 12 月 15 日.

表 7-2　韓国人の対米感情の推移

(単位 : %)

	とても悪い	悪い	中間	良い	とても良い
2001 年	4.1	17.6	42.3	30.5	5.5
2003 年	15.5	25.4	33.6	18.9	5.6

(出所)　三星経済研究所『韓国人ノ価値観, 急変ト混乱』2003 年 4 月, 20 ページ.

1　反米感情の政治的背景

（1）　光州事件の傷跡

　まず当時の 30 代の反米感情のルーツから考えてみたい. 韓国では当時, 30 代から 40 代前半の人々を「三八六」世代と呼んでいた. 彼らが 1960 年代に生まれ, 80 年代に大学生活を送った世代であるからだ. この世代は, 高度成長の落とし子であると同時に, 80 年代の韓国民主化を担った世代でもある. 彼らの対米認識を大きく変化させる切っ掛けになったのは, 1980 年の軍部クーデターに反対する民主化運動の流れの中で起こった光州事件である.

　この年, 朴政権崩壊後の韓国では維新体制の清算を求める国民の声が強まり, 民主化デモが頻発していた. 同年 5 月 17 日, 全斗煥を中心とする軍部は, 社会の混乱を沈静化するという名目で, 非常戒厳令を敷いて金大中, 金泳三, 金鍾泌などの有力政治家を逮捕・軟禁し, 権力を奪取してしまう.

　翌日から, 全国各地で戒厳令に抗議する学生デモが起こり, とりわけ光州では一般市民が決起し, 20 万人規模のデモが展開された. その後, デモは全羅南

道全体に波及し，光州では学生と市民の代表が武器をとり，戒厳軍と対峙するという事態にまで発展．全斗煥保安司令官は最精鋭の空挺部隊を光州に投入し，民衆蜂起を武力で鎮圧した．

負傷者 2000 人，死者 193 人[1]という悲惨な結末をもたらしたこの事件は，国民に銃口を向けた軍部だけでなく，韓国軍の武力行使を黙認した在韓米軍や米国に対する国民の失望感を増幅させた．民主主義の代表と思っていた国が，韓国民衆の民主化闘争を見殺しにしたからである．事件の責任を追及する国民の声は米国政府にも向けられ，反米感情はやがて釜山の米国文化院放火事件 (1982 年) やソウルの米国文化院籠城事件 (1985 年) に発展した．

（2） 女子中学生死亡事件の波紋

「三八六」世代に反米感情が強いのは，こうした光州事件の後遺症がその後も癒えなかったためだが，当時，彼らより若い 20 代・30 代を中心とする「二〇三〇」世代と呼ばれた人々にも反米感情が高まったのは，ある女子中学生の事故死が切っ掛けだった．

事故が起きたのは，2002 年 6 月 13 日．韓日共催ワールド・カップ・サッカーで韓国代表チームが決勝トーナメント進出を賭けたポルトガル戦を明日に控え，国民全体がサッカー熱に浮かれていた日のことだった．

この日の午前 10 時 45 分，ソウル北の京畿道揚州郡の路上で，友達のところに向かっていた女子中学生，シン・ヒョスンとシム・ミソンの 2 人が，側道にはみ出した訓練中の在韓米軍第二師団所属の装甲車にひかれ，亡くなるというショッキングな事件が起きた．

装甲車を運転していた米兵ら 2 人が過失致死罪で起訴されたが，韓米軍事地位協定 (SOFA) により，公務中という理由で被告の裁判権は米国に握られることになった．そして同年 11 月，被告の米兵 2 人が米軍事法廷でともに無罪判決を受けて出国したことから，韓国人の怒りが爆発した．

米兵の無罪判決を受けて，約 120 の労働組合や市民団体が汎国民対策委員会を結成し，韓米軍事地位協定の改定と米国大統領の直接謝罪を求める運動が展

開された．米兵の裁判権の放棄を求めた韓国政府の要請を米国が拒否したため，
反米感情は日ごとに悪化し，米国大使館があるソウルの光化門では自然発生的
に市民が集まり，何カ月も米軍に抗議するロウソク集会が続けられた．

　追悼集会への参加者は増え続け，同年 12 月 14 日にソウル市庁舎前で開催さ
れた 2 人の追悼集会には，5 万人もの人々が集まった．参加者の圧倒的多数を
占めていたのは若い世代であり，そこには数多くの中高生の姿もあった．この
追悼集会は，韓国における反米感情が，皮肉にもマクドナルドやジーンズなど
米国の消費文化で育った若い世代にも広がっていることを示すものであった．

（3）　問われる在韓米軍の存在意義

　2 人の女子中学生の死亡事件は，あくまで 1 つの切っ掛けに過ぎない．韓国
人は，これまでにも米軍関連の事件や事故が起こるたびに，韓米軍事地位協定
によって不公平な扱いを受けてきた．

　米兵が基地の外で犯罪を犯しても，韓国の刑事裁判権の下に置かれなかった
り，この事件のように公務中の事件や事故である限り，韓国に裁判権はない．
1997 年から 2000 年までの 4 年間に，韓国が裁判権を放棄して米軍側に手渡し
た犯罪は 916 件に達しているが，そのうち実刑判決が下ったのはわずか 4 件に
過ぎない[2]．女子中学生死亡事件を契機に頻発した米軍に対する抗議デモは，こ
うした露骨な「治外法権」を許してきた韓米軍事地位協定に対する国民の不満
が一挙に噴出したものでもあった．

　それでも国民の多くが在韓米軍の存在を認めてきたのは，彼らが「北（北朝
鮮）の脅威」を身近に感じてきたからである．特に朝鮮戦争を体験した当時の
50 代，60 代の戦中派には，北（北朝鮮）アレルギーが強い．歴代の韓国政府は，
こうした世論を背景に，北朝鮮軍の軍事侵攻やミサイル・核攻撃から自国を守
るという名目で，在韓米軍を厚遇し特別扱いしてきたのである．

　しかしその後の世代は違った．朝鮮戦争を体験していない「三八六」世代や
「二〇三〇」世代は，そもそも北アレルギーが希薄なうえ，金大中政権が進め
てきた太陽政策によって北朝鮮のイメージは大きく変わった．先の世論調査で

も，20代，30代の実に47%が北朝鮮に好感を持っていると答えている．彼ら
にとって，北朝鮮はもはや敵対する国家ではなく，離散家族が住む兄弟国とい
うわけだ．そうした意味で，在韓米軍は兄弟国である北朝鮮との交流を妨げる
障害物でしかない．そんな彼らが，在韓米軍の必要性に疑問を感じ始めたとし
ても無理はないだろう[3]．

　韓国の新しい世代の反米感情の背後には，在韓米軍に対する反発と同時に，
こうした北朝鮮に対する認識の変化があった．彼らは，北朝鮮の軍事的脅威よ
りも在韓米軍の横柄さに，より強い反発を感じるようになっていたのである．

2　反米感情の経済的背景

（1）　米国資本に呑み込まれる韓国経済

　韓国人の米国への反発は，不平等な地位協定にとどまらない．米国主導によ
るグローバリゼーションが進展する中で，韓国経済はやがて米国資本に掌握さ
れるのではないかという不安も，反米感情に拍車をかけた．

　1997年，通貨・金融危機に陥った韓国は，大胆な構造改革でみごとな回復を
遂げてきた．金大中政権の構造改革がスタートした1998年と構造改革終了後
の2002年の主要な経済指標を比較すると，経済成長率はマイナス6.7%からプ
ラス6.2%に，外貨準備高は530億ドルから1170億ドルに，一方で失業率は
6.8%から2.5%に減少するなど，まさに「V字型回復」と言うに相応しい経済
回復を遂げてきた（表7-3）．

表7-3　構造改革期における主要経済指標の推移

	1997	1998	1999	2000	2001	2002
実質GDP（前年比%）	5.0	−6.7	10.7	9.3	3.1	6.3
経常収支（億ドル）	−82	406	250	122	82	41
外貨準備高（億ドル）	204	530	740	962	1,928	1,170
対外債務残高（億ドル）	1,592	1,487	1,365	1,317	1,188	1,298
失業率（%）	2.6	6.8	6.3	4.1	3.8	2.5
国家信用格付（ムーディーズ）	Ba1					A3

（出所）　韓国銀行．

表 7-4　主な韓国企業の外資保有比率

(単位：%)

電子・半導体部門	外資保有比率
Samusung Electronics	55.7
LG Electronics	24.7
Dae Duck Electronics	31.2
通信機器部門	
SK Telecom	31.9
KT Corp	37.2
鉄鋼部門	
Pasco	60.7
Dong Kuk Steel Mill	15.2
造船部門	
Hyundai Heavy Industries	7.4
Daewoo Shipping & Marine Engineering	5.4

(原資料)　Korea Company Year Book 2002/2003.
(出所)　根本直子『韓国モデル』中央公論新社（中公新書ラクレ），2003
　　　年，138 ページ．

　だが一方で，政府が IMF の指導に従って，外国からの投資規制を大幅に緩和したことで，電子・半導体，通信機器，鉄鋼，造船部門を中心に韓国企業における外資のプレゼンスが一挙に高まった（**表 7-4**）．当時の調査では，外国人持分率が 40％を超える企業は 30 社あり，この 30 社が所属企業全 494 社が生み出す純利益（2003 年事業年度上半期）の 55.5％を占めた[4]．

　なかでも，この時期，米国資本の対韓進出には目を見張るものがあった．2000 年時点で，韓国経済の主な業種での米国系企業の市場占有率は以下のようなものだった[5]．

- 石油化学部門：米国のコロンビアケミカル社とドイツの Degussa 社を中心とする外資系企業がカーボンブラック市場の 69％を支配．
- 機械・金属部門：米国のオーティス社がエレベーター市場の 50％以上を支配．
- 製紙部門：米国の P ＆ G 社とキンバリーコンラッド社が紙おむつ市場の 77％を支配．

- 製薬部門：SC ジョンソン社，コロラックス社などの米国企業が殺虫剤市場の 55％以上を支配．
- 食品部門：米国のコカコーラ社がコーラ市場の 57％を支配．
- その他の部門：米国のジレット社が乾電池市場の 98％を支配．

これは調査のほんの一部を紹介したものに過ぎないが，これだけを見ても，政府が外国人投資に門戸を広げたことによって，韓国経済の主要部門で外資系企業，なかでも米国企業の市場占有率が著しく高まったことがわかる．

（2） 韓国経済の担い手は誰なのか

また政府が外国人の敵対的M＆A（企業合併・買収）を許可した結果，外国人が韓国内で整理対象になった企業や金融機関を買収したり，経営権を握るケースが急増した[6]．なかでも金融機関への外資の参入が目立った．実に，金大中政権の金融再編を通じて，外換銀行株の 35％，ハナ銀行株の 28％，韓美銀行株の 69％，第一銀行株の 51％が外資に握られることになった（表7-5）．とりわけ国民銀行はゴールドマンサックス，第一銀行はニューブリッジ・キャピタル，がそれぞれ筆頭株主になり，いずれも米国資本が実質的な経営支配権を獲得するようになった．

このように韓国は積極的に外資を受け入れることで経済危機を克服してきた．しかし，その実態は，韓国経済が米国資本の巨大な波に呑み込まれていく「対

表 7-5 韓国の主要銀行に占める外国人持株比率（2002 年 12 月）

(単位：％)

銀行名	外国人持株比率
国民銀行	68
新韓フィナンシャル	47
外換銀行	35
ハナ銀行	28
韓美銀行	69
第一銀行	51

(出所) 三星経済研究所．

米従属の深化」のプロセスであったと言っても過言ではない[7].

　経営権が米国人に移るだけでは終わらない．米国企業に買収されると，これまで韓国のビジネスマンが慣れ親しんできた「韓国式」の企業文化は否定され，欧米式の経営スタイルに変更されることになった．

　米国企業に編入された企業では，これまで部長，課長，係長という序列を重視する年功序列制は否定され，個人の能力に重きを置く成果主義や年俸制を採用する部署が増加することになった．また韓国人エリート層の安定した生活を保障してきた長期雇用慣行を廃止し，契約社員を増加する企業も増えた．まさに外国人投資の大幅な規制緩和措置は，年功序列や長期雇用慣行を維持してきた「韓国式」に180度の方針転換を迫ることになった．

　生き残るためとはいえ，こんな風に韓国の企業や金融機関が米国資本に呑み込まれ，「韓国式」が否定されていくことに，抵抗を感じている韓国人もいたはずである．いくら経済回復を遂げたと言っても，韓国人の多くが解雇され，経済回復の担い手が韓国企業でなければ意味がないという反発である．韓国人の反米感情の底流には，このような米国主導で進むグローバリゼーション＝脱「韓国」化に対する猛烈な反発心が内在していた[8].

3　新しい韓米関係を求めて

（1）　反米感情と対米依存のジレンマ

　しかし，実際に米国資本が韓国から撤退したらどうなるのか．外国人投資家は韓国株式市場時価総額のかなりの比率を占め，その多くは米国人である．彼らは，さらに韓米の緊張が高まれば，韓国から資本を引き上げるかもしれない．そうなれば韓国経済の景気後退は一気に加速する．

　また，在韓米軍が撤退したらどうなるのか．核を持たない韓国は，自力では北朝鮮の軍事的脅威から自国を守ることはできない．日本と同じである．したがって，もし在韓米軍が撤退すれば，韓国のカントリー・リスクは急上昇し，外資は韓国から引き上げざるをえない．

第8章 グローバリズムの代償 *147*

　当時の盧武鉉大統領が，世論の反対を押し切ってイラク戦争に韓国軍を派遣
し，2003年5月に米国で行われたブッシュ大統領との首脳会談で，韓米軍事地
位協定の改定問題を棚上げして両国の友好関係を演出したのは，このような懸
念を配慮したためである．けれども，米国との友好関係を維持するために，大
統領が在韓米軍の地位協定の改定問題や米軍基地移転問題を棚上げし，曖昧化
することは，問題を先延ばしするだけで，根本的な解決にはならない．かえっ
て国民の支持を失い，彼らの反米感情を煽るだけだ．

　韓国政府は，国民の反米感情を静めようとすれば，「韓米軍事地位協定」問
題をめぐって米国政府との摩擦は避けられず，北の脅威から自国を守るために
「在韓米軍」を現状維持しようとすれば，国民の反米感情が高まるという，難
しい立場に置かれてきた．しかし重要なことは，どちらの道を選択したとして
も，結局は韓米の緊張が高まり，韓国経済の命脈を握る米国資本が撤退する可
能性があるということだ．

（2）　より対等で成熟した関係に

　とすると，韓国政府が進むべき道とは何か．1つは，長期的なビジョンであ
るが，特定の国家に過度に依存しない経済体質に韓国を創り変えていくことで
ある．米国資本が引き上げても，ぐらつかない経済の国に韓国を変えていかね
ばならない．そのためには，過度の米国資本への依存政策を改め，国内企業の
体力を強化する経済改革が望まれる．

　2つ目は，米国政府との多少の摩擦を恐れない，より対等で成熟した韓米関
係を構築していくことが必要である．そのためには，不平等な地位協定の改定
が重要だが，まず駐留軍の特別扱いを韓国に求めてきた米国政府と，それを許
してきた韓国政府のこれまでの癒着関係を清算しなければならない．

　もちろん，こうした関係を清算するのは，在韓米軍に頼ってきた最前線の防
衛を韓国軍が自力で担っていく覚悟が必要だ．防衛の自立である．故盧武鉉前
大統領は，当選直後に在韓米軍の規模縮小を前提とした軍事計画の策定を韓国
の軍幹部に指示し，韓国国防省は長期軍備増強計画を発表した経緯がある[9]．防

衛の自立が韓国人の反米感情を克服する最高の良薬と盧大統領は考えているようだが，現実はそれほど甘くない．米国の核の傘の下で，経済・軍事面での対米従属をどこまで緩和することができるのか．国民が韓国政府に突きつけている課題は，大国の狭間で生きる小国の共通した難題でもある．

おわりに

2003年10月，当時の盧武鉉大統領は，国連安保理で「イラク復興支援決議」が採択されたことを理由に，米国から要請されたイラクへの追加派兵にも応じる方針を明らかにした．米国との同盟関係を維持するため，国内世論を押し切った格好だ．

当初，米国との従属的な関係を見直すと宣言していた大統領であったが，当選後はむしろこれまで以上に対米協調路線を歩むようになった．大統領の決断は，イラクへの韓国軍の第一次派遣で好転した韓米関係をさらに強化することを意図したものではあるが，イラク派兵をめぐる韓米間の摩擦が韓国経済に悪影響を及ぼすことを懸念した現実的な選択でもあった．そこには，強固な韓米同盟を基盤にしてこそ，韓国の経済的安定があるという根強い冷戦時代の神話がある．

だが，当時の韓国世論はイラクへの派兵に一貫して懐疑的であった．韓国が直接に攻撃の危機にさらされているわけでもなかったからだ．また国民の反米感情や反米運動がこれ以上高まれば，韓国経済の安定的基盤が逆に損なわれる可能性もあった．高まる反米感情と進化する対米依存のジレンマの中で，政府，企業，国民がどのような選択をするのか．今後も，対米政策をめぐる三者（政府・企業・国民）の激しい攻防が，韓米関係のあり方に大きな影響を与えていくことになるだろう．

注
1）戒厳軍司令部の発表による．市民グループの調査では2000人近い人々が粛正の犠牲

になったという報告もある.

2）李鍾元「民主主義のブーメラン」『毎日新聞』2003 年 1 月 16 日.

3）李淑鐘「韓米同盟の次の青写真が求められている」『中央公論』2003 年 6 月号，127 ページ.

4）柳町功「グローバリゼーションと韓国的経営」国際高麗学会日本支部，第七回学術大会報告，2003 年 11 月 30 日，大阪教育大学.

5）Samsung Economic Research Institute, CEO Information, 2002.

6）本山美彦「米国企業に飲み込まれる韓国」『大航海』1999 年 10 月号.

7）金ソング「金大中次期政権ノ基本的ナ性格ト展望」『連帯ト展望』1998 年 3 月号.

8）姜來煕「韓国における IMF 新自由主義の攻勢と文化変動」『思想』2000 年 3 月.

9）*News Week*, 2003. 5. 21. p. 35.

第9章

経済協力と経済制裁
——太陽政策期における北朝鮮の
政治・経済システムの変化と連続性——

は じ め に

金大中政権から盧武鉉政権期にかけての約10年間（1998〜2007年），韓国政府は太陽政策というキャッチフレーズの下で北朝鮮に対し大規模な経済支援を行ってきた．この結果，同時期，南北間の経済交流もかつてない高まりを見せた．北朝鮮の金剛山観光には多くの韓国人が訪れ，北朝鮮国内に設置された工業団地には韓国企業が進出し，活発な南北合弁事業が展開された．なかでもソウルに近い開城工業団地には数多くの韓国企業が進出し，そこで働く北朝鮮労働者は4万人にのぼった．

しかし，保守派政権誕生後，太陽政策は「北朝鮮の変化を導きだすことはできなかった[1]」として，韓国内では同政策を批判する声が高まり，これまでの南北協力関係を見直す動きが高まった．

しかし，10年間も続けられた太陽政策が北朝鮮の政治・経済システムにまったくの変化を及ぼさなかったかと言えば，それもまたありえない話である．韓国側が太陽政策を展開しても，その政策を北朝鮮が受け入れるための制度改革を行わなければ，南北間の経済協力事業は実現しなかったからである．

10年に及ぶ太陽政策，あるいはその時期に北朝鮮で実施された経済改善措置は，実際のところ北朝鮮の政治・経済にどのような変化をもたらしたのであろうか．国際社会の北朝鮮に対する対応については，その硬直的な政治・経済体制の変化を促す方途として，経済制裁が有効か，それとも経済援助が有効な

のか，という議論がこれまで続いてきたが，こうした疑問に答えるためには，
韓国の 10 年に及ぶ太陽政策が北朝鮮の政治・経済に及ぼした効果についての
実証的研究が不可欠であると思われる．本稿では，こうした問題意識から，太
陽政策が実施された 10 年間の北朝鮮の政治・経済システムの変化と連続性を
分析し，金大中・盧武鉉政権下での南北経済協力の成果と限界について考えて
みたい．

1 太陽政策と北朝鮮の経済改革

（1） 太陽政策を受け入れた北朝鮮の思惑

　まず，10 年間の南北経済協力の実績について総括する前に，南北経済協力を
大きく促した太陽政策の概要と北朝鮮の対応について整理していきたい．1998
年 2 月に誕生した金大中政権は，それまで強硬路線をとってきた前政権（金泳
三政権）の対北朝鮮政策を改め，北に対し柔軟な姿勢で臨む太陽政策を打ち出
した．イソップ物語の「北風と太陽」から考え出された太陽政策は，西側世界
の攻撃を警戒し核やミサイルの開発など軍備の鎧を背負った北朝鮮に，暖かい
援助の手を差し出すことで，彼らの警戒心をほぐして核・ミサイル開発を断念
させ，中国のような「改革・開放」に導こうとするものである．

　こうした意図の下で，金大中大統領は，まず政経分離の原則を掲げて韓国企
業の北朝鮮への投資を大幅に緩和した．この結果，北朝鮮と取り引きする韓国
企業が 1999 年には 580 社に達し，南北交易額も同年過去最高の 3 億 3000 万ド
ルを記録することになった．

　さらに 2000 年 6 月，韓国の金大中大統領が北朝鮮を訪問し，金正日総書記
と対面．分断後初めて南北首脳会談が実現した．このとき発表された「南北共
同宣言」では，① 統一問題の韓民族による解決，② 韓国の連合制案と北朝鮮
の連邦制案の共通性を認めた統一の志向，③ 南北離散家族訪問団の交換など
と並んで，④ 南北の経済協力を通じた民族経済の均衡的発展とあらゆる分野
での南北交流の活性化などが合意された[2]．これは，韓国側が呼び掛けた太陽政

第9章 経済協力と経済制裁 *153*

策に基づく南北経済協力事業に北朝鮮が賛同したことを，金正日政権が正式に表明したものであったと考えることができる．

とはいえ，南北間の経済協力事業の進展は，主体思想の下で外資導入を原則的に否定してきた北朝鮮の硬直的な経済システムを動揺させ，ひいては北朝鮮の体制崩壊に繋がる可能性もある．太陽政策が北朝鮮の体制変革を促すことを目的に掲げている以上，北朝鮮の政権がそうした警戒心を抱くのも当たり前のことである．

それでも，南北首脳会談で金正日政権が韓国側の要請を受け入れた理由は何だろうか．まず何よりも，韓国との経済交流から得られる莫大な利益を低迷する北朝鮮経済の立て直しに活用したいという金正日政権の思惑が挙げられる．また韓国資本がまったくの外国資本でなく，分断国家の相手からもたらされた民族資本であることが，南北経済協力や南北経済交流を理論化するにあたって，イデオロギー的正当性を付与していると思われる．南の民族資本を活用することによって経済を立て直すことは，「経済の自立」を謳う主体思想に矛盾しないという解釈である．

もちろん，こうした北朝鮮の対南姿勢は，韓国の盧泰愚政権が北朝鮮との貿易を解禁した 1988 年から続いてきたものと考えられる[3]．しかし，北朝鮮が韓国から大規模かつ本格的な資本の受け入れを行ったのは，金大中政権下で南北経済協力事業が始まってからであり，その実施にあたっては北朝鮮側の経済システムにも相応の変化が求められたことは言うまでもない．

（2） 北朝鮮による限定的な「改革・開放」路線への転換

太陽政策は北朝鮮の経済システムにどのような変化をもたらしたのだろうか．まず 2000 年の「南北共同宣言」発表後，北朝鮮の経済システムに法制度面で以下のような変化が見られるようになった．

2001 年 4 月に開催された北朝鮮の最高人民会議では，3 つの対外経済関連法が採択された．まず韓国などの外国企業から原料や半製品を手に入れて完成品を造り，加工代金を取る委託加工について取り決めた「加工貿易法」では，

これまで特別な開発地域に限定されていた委託加工地域の対象を拡大するとした上で，次のような３つの条項が盛り込まれた[4]．北朝鮮の貿易会社や工場は，① 契約の遅れや品質低下には違約金を支払う，② 加工貿易の過程で生じた債務は北朝鮮が保証する，③ 他国の技術者を招待したり，研修のために自国の技術者・労働者を外国に派遣することができる．

こうした取り決めは西側世界では当たり前のことであるが，これまでこうしたルールさえ守ろうとしなかった北朝鮮が法律で加工貿易のルールを確認したことは画期的なことであった．さらに加工貿易を円滑に進めるため，平壌への輸送水路である大同江のこう門通過に適用する「関税法」と，ソフト保護のための「著作権」も制定された．北朝鮮で新たにこうした対外経済関連法（「加工貿易法」・「関税法」・「著作権法」）が制定されたことは，金正日政権が本格的な外資導入に向けて，限定的とはいえ「改革・開放」政策へ踏み出したことを印象づけるものであった．

（3） 北朝鮮で始まった経済改革（「7・1経済管理改善措置」）

さらに2002年7月，北朝鮮は「経済管理改善措置」と呼ばれる大胆な経済改革に乗り出した．この措置の主な内容は，① 配給制の見直し，② 価格統制の緩和（物価の引き上げ），③ 賃金の引き上げ，④ 金融制度改革（外貨兌換券の廃止とウォンの切り下げ），⑤ 企業の自主権の拡大と賃金への成果主義の導入などである[5]．一言で言えば，配給制や価格統制などこれまでの社会主義的な経済システムを見直し，実利主義の観点から経済運営に市場経済的要素を加えようとするものである．

北朝鮮は，これまで社会主義の原理に基づいて，多くの物資は配給制で支給されていた．国民の生活に必要な米，みそ，衣類など，品目ごとに割り当てられた量の商品が無料もしくは最低限度の価格で支給されていた．しかし，同措置が打ち出されて以降，これまで配給されていた物資の品目は最低限度に減らされ，事実上配給制は「廃止」に近い状態が続いてきた[6]．

北朝鮮が配給制の事実上の「廃止」に踏み切ったのは何故か．「市場経済導

入の前兆」というよりも，むしろ「配給する物資が不足し，国家に配給する力がなくなった」故のやむ得ない措置という厳しい見方もある[7]．実際，物資が著しく不足する北朝鮮では，すでに食糧や日用品を国民すべてに配給することが困難になっており，大部分の国民が必要な物資をヤミ市場で購入していることは，数多くの脱北者の証言からも明らかになっている[8]．配給制の見直しは，改革というよりも，物資不足という厳しい現実に対する政府のやむを得ない対応と言えるだろう．

　しかし，どのような理由であれ，北朝鮮が社会主義の基本である配給制の見直しを始めたことは，経済運営の仕組みを大きく変化させるきっかけになったことは間違いない．今回政府が打ち出した価格統制の緩和措置も，実勢価格よりはるかに安く設定されてきた商品の公定価格を実際に入手可能なヤミ市場価格まで引き上げたものにすぎないが，ヤミ市場を公設市場に組み込み，政府が定めてきた公定価格を実際に売買されている市場価格に一元化させたところに大きな意味がある．政府が商品流通に市場メカニズムを導入することを認めたわけである．

　とはいえ，こうした改革を通じて，2002年から2003年にかけて，北朝鮮における物価は急上昇することになった．食料品や日常生活品の販売価格は，米1kgが8チョンから44ウォン（550倍）に，トウモロコシ1kgが6チョンから24ウォン（400倍）に，豚肉1kgが7ウォンから170ウォン（24倍）に，石鹸は2ウォンから20ウォン（10倍）にそれぞれ引き上げられた[9]．大幅な物価上昇にともなって労働者の賃金も引き上げられた．一般労働者の賃金は110ウォンから2000ウォンに，教員は120ウォンから2880ウォンに，軍人は150〜250ウォンから1500〜2500ウォンに，それぞれ10〜20倍近く引き上げられた[10]．

　また物価・賃金の引き上げと連動して，労働者に保証されていた最低限度の給与システムも廃止されることになった．これまで北朝鮮では，労働者は月に最低限度の期間出勤すれば「生活に必要な最低限額」として給与の80％が支給されていた．しかし，金正日総書記は「勤労者は自分の収入で食糧を買い，住宅も購入するか家賃を払って住むようにしなければならない[11]」と指示．「労働

の質と量に応じて分配する[12]」原則が徹底され，2002 年 7 月から働いた日数分しか給与は支給されなくなった．これは，北朝鮮当局が労働者の所得格差の容認に踏み切ったことを意味しており，労働者は働きに応じ，それに見あった給与を得て，市場や国営商店で必要な物資を購入する他なくなったのである．

　さらに同措置が発表されてから，政府と企業の関係も変化をみせるようになった．まず企業や工場への統制に関する権限は中央から地方へと委譲されることになった．さらに，企業の経営と管理については，これまでの連合企業所を解体し，企業の独立採算性を認める一方，企業が赤字になった場合に適用された価格保証制を廃止することも決定された．また企業や工場に製品の価格決定権を含めた一定の自主権を与え，資材や部品の相互融通を行う「原材料市場」が認められるとともに，これまでは輸出市場を国が選定し販売していたが，企業が独自に貿易を行うことも可能になった[13]．

（4）「7・1措置」の成果と歪み

　こうした「7・1措置」は，北朝鮮経済にどのような影響を与えたのであろうか．まず同措置は，経済活動の果実を国家が独占していた中央集権的なシステムを改善し，経済活動の果実を個人への報酬に反映させたことで，北朝鮮の労働者の労働意欲をかき立て，生産性の向上をもたらしたと言われている．なかでも，改革によって農産物の買い上げ価格が大幅に引き上げられたことで，農民の労働意欲が向上した．北朝鮮における食糧生産量は，同措置が打ち出された 2002 年以降 3 年連続で 400 万トン台を超え，80 年代後半の水準を回復したと言われている．卸売・小売業も 2003 年 9.8%，2004 年 21.7% と高い成長率を記録．貿易額の増加率も 2003 年の 5.7% から 2004 年には 19.2% に急増している[14]．こうした数値をみれば，「7・1措置」が北朝鮮経済の立て直しに肯定的な影響を及ぼしたと考えられる．ちなみに 2004 年 1 月の『朝鮮時報』に掲載された現地報告は，北朝鮮における改革の実情を以下のように伝えた[15]．

　　（経済管理改善措置以降）電力，輸送，石炭などの国の全般的経済が動き始

めたことで，国内の多くの工場，企業所も正常軌道に乗り始めた．例えば，金鐘泰電気機関車工場では，2年前までは電力不足による支障が目立った．……それから2年間に同工場は524両の客車を生産し，そのうち400台はすでに朝鮮各地を走っている．……しかし，すべてが不足し，経済事情が緊迫しているのもまた事実で，原油など朝鮮にない原料が入ってこないことが経済活動に少なからぬ支障を与えている．

　この記事を読むと，「7・1措置」が国民経済全般に刺激を与え，工場や企業所の活動が回復に向かっていることが分かる．だが一方で，深刻なエネルギー・原材料不足によって，経済活動が行き詰まっている様子も伝わってくる．改革をスタートさせ，国内の経済システムを改善しても，改革に必要なエネルギーや原材料を海外から調達できなければ，工業部門における生産増大は期待できない．北朝鮮の2004年の軽工業部門の成長率はマイナス0.2%，重化学工業の成長率もわずか0.7%にとどまっている[16]．

　こうした状況の中で，注目されるのは2005年6月から中国企業との合弁で，輸入物資交換市場が北朝鮮で運営されるようになったことである．「7・1措置」によって，工場の現代化が進み，外国から設備を輸入しければやりくりできないケースが増加したためである．すでに平壌に「普通江輸入物資交流市場」が造成され，工場や企業関係者が建築資材や鋼材などさまざまな現資材と機械部品を中国から購入している．ここでは資本主義の取引方法が適用されているが，物資対物資の決済も許容されているという[17]．こうした試みが北朝鮮の原材料不足をカバーできれば，北朝鮮の「改革・開放」の動きは加速していく可能性もある．

2　南北経済協力の光と影

（1）　南北共同による開城工業団地の建設

最高人民会議で対外経済関連法が採択されてから2年後の2003年6月，南

北共同宣言で約束された南北経済協力事業の目玉として，北朝鮮の開城に外国企業の自由な投資を認める国際的な工業地区が建設されることになった．同地区は北朝鮮の法によって管理・運営される工業団地であるが，開発は開発業者が土地を借りて，敷地整理と建設を行い，投資を誘致する方法で行われ，韓国土地公社が事業を施行し，現代峨山が施工を担当した．この際，開城工業団地の土地使用権は 50 年間保証されることが，北朝鮮当局から発表された[18]．

　着工前の 2003 年時点で，現代峨山に入住を申請した業者は，繊維・衣類など 420 社，靴・電子・金属・機械など 230 社，文具・眼鏡など 150 社，カバン・眼鏡など 100 社，計 900 社に及び，韓国企業の開城工業団地への関心の高さをうかがわせた[19]．

　当時，これほど多くの韓国の企業が開城工業団地への進出に関心を寄せたのは何故だろうか．最大のメリットは，北朝鮮企業との合弁でなく，外資 100％の投資ができること．そして何よりも，韓国の 10 分の 1 程度と言われた賃金の安さが韓国の企業には魅力的だった思われる．また多くの韓国企業が進出していた中国と違い，北朝鮮では韓国語が通じるため従業員との間のコミュニケーションギャップの心配がないことも，韓国の経営者に安心感を与えたと言える．さらに不良品の発生率が 3％未満と低く，納期の遅れもないという北朝鮮労働者の優秀性が韓国の企業を引きつけたと思われる[20]．

（2）　開城工業団地進出企業の実態

　2004 年に操業が始まった開城工業団地には，これまでに約 106 社の韓国企業が進出（2009 年 5 月時点）．進出企業の多くは，いずれもソウルに本社があり，韓国から原材料を運び込んで加工する業態が主流である．総生産額は 2007 年 1 億 8500 万ドル（約 165 億円），2008 年と 2009 年は約 2 億 5000 万ドル（日本円で約 227 億円）に達し，生産額はわずか 5 年で 10 倍以上に拡大した．同団地で働く北朝鮮労働者は約 4 万 3000 人（2010 年 4 月時点），賃金など韓国企業が北朝鮮側に支払った金額は 2007 年には 2500 万ドル，2008 年には約 2700 万ドル，2009 年には約 3000 万ドルにのぼった[21]．

第9章　経済協力と経済制裁　*159*

開城工業団地を取材した朝日新聞の報道によると，同工業団地で働く北朝鮮の労働者の一人当たりの平均賃金は 66 ドル（日本円で約 6600 円，2006 年調査）．これは，北朝鮮の公定レートで換算すると 1 万ウォンになるが，手取り分は 5000 ウォン前後ではないかと言われている[22]．すでに論じたように，一般労働者の賃金が 2000 ウォン前後であることを考えると，同工業団地で働く労働者の高給ぶりがわかる．

2007 年 9 月に同工業団地への進出を果たした韓国の衣料メーカー「スキンネット」（金龍九社長，本社ソウル）の場合，最初の保証金や生産設備にかかった費用は 2 億 6000 万ウォン（約 2000 万円）．団地内の工場を借り，北朝鮮労働者 103 名と契約し，賃金は当初は月給 60 ドル（約 6000 円），後に月給 70 ドルに引き上げたという．ちなみに中国工場で雇っている中国人労働者の月給は約 200 ドル．朝鮮人労働者は手先が器用で，中国人労働者よりも優秀だという．しかし，韓国の生産性を 100％とすると，中国は 70％，開城は 35％程度にとどまっており，北朝鮮の法令で人事権もなく，労働者の配置転換もままならないという．ただ北朝鮮では韓国に製品を持ち込む際の関税 16％が免除されるので，条件としては悪くないし，何よりもソウルから 60 km，車で 1 時間 10 分という距離の近さは魅力だと同社の金龍九社長は語っている[23]．

3　南北経済協力の行方

（1）　李明博政権による対北政策の転換

2007 年 12 月，韓国に新たに誕生した李明博政権は，北朝鮮に対する「非核・開放・3000 構想」を発表した．その内容は，北朝鮮の核放棄に進展がある場合，国際社会と力を合わせて北朝鮮における経済・生活レベルの向上を目的とした 5 大プロジェクトを推進し，10 年以内に一人当たり所得 3000 ドル水準の中進国にしていけるように支援するというものである．

まず北朝鮮が核施設を無力化してこれが検証を通じて確認されれば，南北経済共同体実現のためにハイレベルな会議を設置し，構想を具体化するための事

前協議を開始し，南北間の交易を活発化するために法整備に着手（第1段階）．次に北朝鮮の核物質に対する廃棄履行プロセスが順調に進んでいけば，教育，経済，財政，インフラ，生活レベル向上という5大重点プロジェクトの中で教育と生活レベルの向上から支援を開始（第2段階）．そして最終的に北朝鮮の核放棄が完了すれば，400億ドルの国際協力資金を造成し，その他の重点プロジェクトへの支援も開始するという[24]．これが，李明博大統領が提言する「非核・開放・3000構想」の具体的なプランである．

　こうした李明博政権の対北朝鮮政策は，すでに述べたように金大中政権から盧武鉉政権への引き継がれてきた太陽政策が北朝鮮の変化を導き出すことはできなかったという反省から生まれたものであり，北朝鮮が核放棄に応じない限り，韓国もまた北朝鮮に支援を行わないという厳しい姿勢は，政経分離を原則としたこれまでの南北経済協力の在り方に変更を迫るものであった．

（2）　揺れる南北経済協力

　韓国における新政権発足後，北朝鮮のメディアは，李明博大統領の「非核・開放・3000」政策を「北南関係を破局に追い込むもの」として激しく避難し，この提案が北朝鮮と金大中・盧武鉉両政権との間で交わされた「南北共同宣言」と「10・4宣言」を反故にするものであると激しく反発した[25]．

　こうした南北政府間の意見対立を受け，開城工業団地における南北協力事業も冷え込むようになった．2008年11月，北朝鮮が開城工業団地への通行制限を発表．同年12月から，軍事境界線の陸路通路が制限・遮断され，工業団地内の常駐はこれまでの半分の規模（880人）まで制限された．

　2009年に入ってからさらに事態は深刻化し，3月には北朝鮮が「女性従業員を脱出させようとした」容疑で開城工業団地の韓国人社員を拘束．さらに同年4月，北朝鮮は韓国政府に開城工業団地の敷地賃貸料と従業員の賃金大幅引上げを要求した．北朝鮮は，約4万人の従業員の賃金を現行の4倍の月300ドル（約3万円）に，また工業団地の敷地の賃貸料を現行の31倍の5億ドル（約480億円）に引き上げるよう要求し，韓国の関係者を驚かせた．同年5月，北朝鮮

当局は韓国側に「要求は通らなければ，既存の契約や法規を無効にする」と通告した．こうして南北関係が悪化するにつれ，開城工業団地の先行きも不安視されるようになり，受注が減少するとともに，開城工業団地から撤収する韓国企業も現れるようになった．

しかしその後の9年間，韓国の保守派政権と北朝鮮の対立が続いたことで，南北間の経済交流は絶え，開城工業団地は操業停止状態に追い込まれることになった．

おわりに

李明博政権は太陽政策が「北朝鮮の変化を導くことができなかった」と批判しているが，考察してきたように，北朝鮮が太陽政策を受け入れ，南北経済協力を行うための制度改革や環境整備に取り組んできたことは否定できない事実である．金大中から盧武鉉政権下の太陽政策は北朝鮮の非核化を導くことはできなかったかもしれないが，南北協力事業を通じて限定的とはいえ北朝鮮経済の「改革・開放」を後押ししてきたと言えるだろう[26]．

また南北協力事業と同じ時期に北朝鮮で開始された経済管理改善措置については，労働者の賃金は上がっても，物価が急上昇したために，むしろ彼らの生活は苦しくなっているという報道もある[27]．しかし配給制度の見直し以来，個人の企業活動が大幅に緩和されたこと，民間の個人生産や市場でのモノの流通が，食料品，衣料品など経済のあらゆる部門に広がりを見せている．この結果，企業活動を通じて収益を上げ財産を増やす人々や総合市場に大規模な商人が登場するなど，北朝鮮内部にこれまでになかった有産階層が生まれつつある[28]．経済管理改善措置以降，急速に市場経済メカニズムが企業のみならず，住民の生活の中に入り込んできた可能性もある[29]．

こうした動きを警戒した北朝鮮当局は，2009年に入ってから「150日戦闘」と呼ばれる生産向上運動を行い，国民を市場活動から工場労働に引き戻すとともに，同年11月には「インフレを収束させる」という名目でデノミネーショ

ンを実施して，10万ウォンを上限に新通貨への交換を促し，旧貨幣を使えなくすることで，市場で膨らんだ資金を吸い上げようとした[30]．さらに北朝鮮当局は，デノミ実施後，一部の市場を閉鎖し市場取引を制限するなど，市場経済への統制を強化する動きを見せた．

しかし，デノミネーションが実施されてから，さらに物価が高騰しており，インフレ期待で市場にモノが出なくなったため，さらに物価が上がるという悪循環が暫く続くことになった．デノミ前に1kg 44ウォンだった米の価格は，2010年3月には1500ウォンまで高騰し，多くの商店や食堂は「価格が定められない」として休業しているというという情報もささやかれた[31]．インフレを抑制させる名目で実施されたデノミネーションであるが，結果的にハイパーインフレを引き起こし，自国通貨への信頼を失墜させることになったのである．

こうしたデノミネーションによる経済混乱を回避するため，北朝鮮当局は2010年に入ってから，閉鎖されていた市場を全面的に再開させ，自由な市場取引を再び容認するなど，一転して市場に対する統制を弱める動きを見せている[32]．今後も当分の間，市場に対する統制を強めようとする北朝鮮当局の保守派と，市場への統制を弱めて市場経済を活性化しようとする改革派の綱引きが続くことが予想される．とはいえ，どれほど保守勢力が大きな力を持とうと，北朝鮮政府がこれまでのようにすべての経済活動を管理することは不可能になりつつあり，南北経済交流と経済改善措置で加速化した「市場経済化」の大きな流れを止めることはできないと思われる．

注

1）『李明博政府の対北朝鮮政策を紹介します』韓国統一研究院，2007年，9ページ.

2）南北首脳会談の詳しい内容については，林東源（波佐場清訳）『南北首脳会談への道』岩波書店，2008年を参照されたい.

3）室岡鉄夫「南北経済協力と北朝鮮」小此木政夫編『金正日時代の北朝鮮』日本国際問題研究所，1999年.

4）『朝日新聞』2001年6月15日.

5）『朝鮮新報』2002年8月5日，および文浩一「北朝鮮経済：実利主義への転換」『世界』2002年12月号，106-107ページ.

6）『環球時報』2002 年 8 月 15 日.

7）重村智計『朝鮮半島「核」外交』講談社（講談社現代新書）, 210 ページ.

8）『北朝鮮亡命者 50 人の証言』朝日新聞社, 1995 年.

9）『朝鮮新報』2008 年 8 月 5 日, および『北韓』2002 年 9 月号, 北韓研究所, ソウル, 71 ページ.

10）同上資料.

11）『中央日報』2002 年 8 月 2 日.

12）『労働新聞』2002 年 7 月 26 日.

13）文浩一, 前掲論文, 107 ページおよび今村弘子『北朝鮮「虚構の経済」』集英社（集英社新書）, 74 ページ.

14）コォン・ヨンギョン「（北朝鮮の）経済改革——『計画』と『市場』をプラス——」北朝鮮研究学会編『北朝鮮は, いま』岩波書店（岩波新書）, 2007 年, 65 ページ.

15）『朝鮮時報』2004 年 1 月 9・23 日特大号.

16）クォン・ヨンギュン, 前掲論文, 66 ページ.

17）ナム・ソンウク「（北朝鮮の）経済管理システム〜実利と社会主義原則の狭間で」北朝鮮研究学会編, 前掲書, 100 ページ.

18）『毎日経済新聞』2002 年 10 月 11 日.

19）『朝鮮新報』2003 年 7 月 11・25 日合併号.

20）長年北朝鮮と貿易を行ってきた在日朝鮮人の商工人Ａさんとのインタビューから.

21）韓国統一省の発表から.

22）『朝日新聞』2006 年 8 月 18 日.

23）『朝日新聞』2009 年 6 月 22 日.

24）前掲『李明博政府の対北朝鮮政策を紹介します』韓国統一研究院, 2007 年.

25）『労働新聞』2008 年 8 月 18 日.

26）林東源・元統一部長官も指摘しているように, そもそも北朝鮮の核開発はねじれた米朝関係の副産物であり, 太陽政策と北朝鮮の核開発の間には因果関係を見出だすことはできない（林東源, 前掲書, 412 ページ）.

27）『朝鮮日報』2003 年 6 月 10 日.

28）コォン・ヨンギョン, 前掲論文, 68-69 ページ.

29）ナム・ソンウク「経済管理システム〜実利と社会主義原則の狭間で」北朝鮮研究学会編, 前掲書, 101 ページ.

30）2009 年 11 月 30 日, 北朝鮮はこれまでの 100 ウォンを新貨 1 ウォンに交換するデノミネーションを実施した（『朝鮮新報』2009 年 12 月 4 日）.

31）北朝鮮で取材を行ったアジアプレス・石丸次郎氏からの聞き取り（2010 年 4 月 23 日, 読売テレビスタジオにて）.

32）『聯合ニュース』2010 年 2 月 4 日.

第**10**章

改革開放か，それとも経済統制の強化か
——北朝鮮の苦悩——

は じ め に

2010 年 11 月の北朝鮮軍が韓国の延坪島を砲撃した事件は，どんなことが起こっても余り驚かない朝鮮半島研究者にも衝撃を与えた．というのも，北朝鮮という国は過去にさまざまな軍事挑発やテロ行為を行ってきたが，韓国側の領土を攻撃し民間人を巻き込む戦闘を仕掛けたのは，朝鮮戦争休戦以来，この事件が初めてのケースであったからだ．

当時の報道では，北の砲撃で延坪島は火の海となり，韓国側の兵士が亡くなっただけでなく，民間人も犠牲になった．韓国軍の応戦次第では，第二次朝鮮戦争に発展する可能性もあった．北朝鮮は，明らかに「一線を越えた」と言うべきであろう．では，何故，北朝鮮はこうした無謀な軍事行動に踏み切ったのだろうか．

1 南北衝突の背景

当時，韓国政府は北朝鮮の砲撃を予想していなかったかもしれないが，南北衝突の前兆はあった．そもそも朝鮮半島の西側，黄海に引かれた軍事境界線である NLL（北方限界線）周辺は，これまで何度も南北が衝突する危険地域となってきた．

その背景には，NLL に対する南北の認識の違いがある．1953 年の朝鮮戦争

休戦後，国連軍は北朝鮮と韓国側の海域を区分する「海の南北境界線」として NLL を引いたが，北朝鮮側は「陸の軍事境界線に比べ北朝鮮側に食い込んで設定されている」として NLL の無効を主張してきた．そして 1999 年 9 月，北朝鮮は NLL に対抗して独自の境界線を発表し，今回の砲撃事件の舞台となった延坪島周辺の海域を北側のラインの内側に入れた（図 9-1）.

こうした南北双方の「海の軍事境界線」に対する認識の違いから，延坪島を含む黄海海域では，たびたび南北の軍事衝突が起こっている．2009 年 11 月には，北朝鮮の警備艇が NLL を越えて南侵し韓国軍と交戦状態になり，2010 年 3 月には，北朝鮮の潜水艦が韓国の哨戒船を魚雷で撃沈し，韓国兵 46 名が犠牲になった（韓国側の調査報告）.

こうした経緯を見ると，NLL 周辺でいつ南北の軍事衝突が起こってもおかしくない状況にあった．さらに韓国軍は北の砲撃事件が起こる前日（2010 年 11 月 22 日）から黄海で軍事演習を開始したが，北朝鮮は砲撃を開始する直前の 11 月 23 日の朝に韓国側に「軍事演習を続けるなら座視しない」という抗議文を送りつけていた．韓国軍の認識が甘かったのは，演習に対する北の抗議を単なる「脅かし」と見なし，北朝鮮軍の攻撃のシグナルを見落としたことである.

とはいえ，韓国側としては北朝鮮がそこまでしないと高をくくっていたのも訳がある．この事件が起こる直前まで，北朝鮮が南北赤十字会談を通じて韓国側に大規模な食糧支援を要請し，韓国側も北への支援に前向きな姿勢を示していたからである．ところが，北の砲撃によって，事件から 2 日後の 11 月 25 日に予定されていた南北赤十字会談は無期延期になった．この会談で北への食糧支援が約束されていた可能性が高かっただけに，韓国側は会談を破綻に追い込むような軍事行動に北が出るはずがないと思い込んでいたのである.

韓国統一部の報道によれば，北朝鮮の 2009 年の食糧生産は約 411 万トン．北朝鮮で餓死者を出さないために最低限必要な年間食糧は 540 万トンと言われており，130 万トンの食糧が不足していたと推計された．韓国側からの食糧支援がなければ冬を越せない北朝鮮の人民が数百万に達すると予想される厳しい状況の中で，北朝鮮が韓国からの食糧支援より，韓国への砲撃を優先したのは

第10章 改革開放か,それとも経済統制の強化か　167

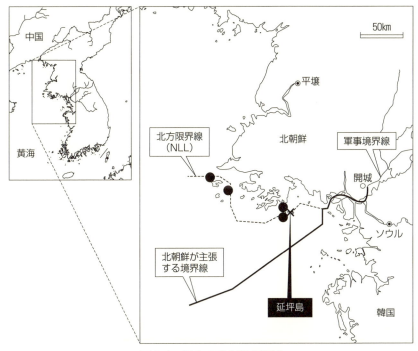

図 9-1　過去の南北衝突地域

(注)　●はこれまでの南北衝突地点.
(出所)　筆者作成.

何故だろうか.

2　市場経済化を警戒する北朝鮮当局

　北の砲撃から8年前の2002年7月,北朝鮮では「経済管理改善措置」と呼ばれる大胆な経済改革が始まった.この改革で,社会主義体制の要であった配給制度や価格統制が見直される一方,労働者の賃金が引上げられ,個人の企業活動も大幅に緩和されることになった.
　「経済管理改善措置」に対する評価は研究者によって分かれる.労働者の賃金は上昇したものの,物価が急上昇したことで,人々の生活は苦しくなったと

いう批判もある．実際，同措置が始まって北朝鮮の物価は，短期間に著しく上昇した．なかでも食料品の市場価格の値上げ幅は大きく，米の市場価格は550倍（8銭から44ウォン）に，トウモロコシ1kgの市場価格が400倍（6銭から24ウォン）に，それぞれ引き上げられたと報道されている[1]．食糧や物資が不足する中で一挙に価格統制を緩めたので，激しいインフレが起こったのである．

　しかし，配給制の見直し以来，個人の企業活動が大幅に緩和されたことで，民間の個人生産や市場でのモノの流通が，食料品，衣料品など経済のあらゆる部門に広がりを見せるようになった．これによって，企業活動を通じて収益を上げ個人財産を増やす企業人や，総合市場に大きな店舗をかまえる商人が登場するなど，北朝鮮内部にこれまで見られなかった新富裕層も誕生した．「経済管理改善措置」以降，市場経済の波が瞬く間に住民の生活の中に入り込んでいったのである．

　だが，こうした市場経済化の動きを警戒した北朝鮮当局は，2009年4月から「150日戦闘」，同年9月から「100日戦闘」と呼ばれる生産向上運動を行い，国民を市場活動から工場労働に引き戻そうとした．また同年11月には旧貨100ウォンを新貨1ウォンに移行するデノミネーションを実施して，10万ウォンを限度に新通貨への交換を促し，旧通貨を使えなくすることで，市場に膨らんだ資金を吸い上げようとした[2]．さらに北朝鮮当局は，全国の都市に広がりつつあった自由市場を次々に閉鎖し，市場取引を制限するなど，市場経済への統制を強化する動きを強めるようになった．

　しかし，デノミネーションが実施されてから，今まで以上に物価が高騰し，インフレ期待で市場にモノが出なくなったため，さらに物価が上がるという悪循環が続いた．当局は物価を抑制するため，2009年12月に米の価格を1kg新貨幣で23ウォン（旧貨幣で2300ウォン）という公示価格を発表したが，2010年に入るとさらに米価は高騰し，一部の地域では米1kg新貨幣で500ウォン（旧貨幣で5万ウォン）で売られていたいう脱北者の証言もある．インフレを抑制するという名目で実施されたデノミネーションであるが，結果的にハイパーインフレを引き起こし，自国通貨への信頼まで失墜させることになったのである．

3　金王朝を支えてきた2つの勢力

2010年9月，44年ぶりに開催された朝鮮労働党代表者会議で，金正日の息子の金正恩，金正日の妹の金敬姫，そしてその夫の張成沢など，党の要職が金正日総書記の身内で固められた．こうした党の人事を見る限り，金正日体制を支える当時の権力基盤は揺らぎがないように見えた．だが概観したように，2000年以降の北朝鮮の動きを見ると，金正日政権の内部には考え方が異なる2つの勢力が，経済政策や対外政策をめぐって激しい綱引きを演じてきたことがわかる．

この2つの勢力を仮に「改革派」と「守旧派」と呼ぶことにしよう．「改革派」は，中国や韓国から援助や支援を受け入れ，「経済管理改善措置」など「市場経済化」を進めることで，国の立て直しを模索しようとする勢力である．一方，「守旧派」は「市場経済化」が金正日を頂点とする権威主義体制の崩壊につながることを恐れ，社会主義計画経済に基づく徹底した統制経済の堅持を重視し，軍事力の強化こそが金正日体制を支えると考えている．また「改革派」は，諸外国からの経済制裁が続く厳しい情勢の中で，経済を再建するには同盟国・中国からの経済支援と韓国からの食糧支援が不可欠と考えているが，「主体思想」の基本理念である「経済の自立」にこだわる「守旧派」は，中国や韓国からの援助には否定的な態度をとってきた．

つい最近まで，この両者は「改革開放か，それとも統制の強化か」，「中朝関係の強化か，それとも中国からの自立か」，「経済力の強化か，それとも軍事力の強化か」という課題で激しく対立しながらも，金正日総書記というバランサーの下で，お互いの政策を交互に展開することができた．「守旧派」が核実験を行えば，その後に「改革派」が「核開発の凍結」を条件に諸外国にエネルギー支援を求めるというように，両者は金王朝を支える2つの車輪であったと考えられる．

しかし，健康面に不安をかかえる金総書記の指導力が低下するにつれて，両

者のバランスが崩れ，軍部を中心とする「守旧派」の暴走が目立つようになった．金正日総書記の健康不安が囁かれ，三男の正恩への権力継承作業が始まった 2008 年頃から，軍事力を全面に押し立てた強硬路線を主張する最大の守旧派勢力・軍部が大きな力を持つようになった．そしてついに 2009 年 4 月の最高人民会議で憲法が改正され，すべてに軍が優先する「先軍政治」が明記され，国防委員会が最高権力機関にのし上がったのである．

4 反「改革派」勢力の暴走

軍部を中心とする守旧派勢力が台頭する中，北の改革派は疲弊した経済の立て直しを中国カードに求めていた．金正日総書記を中国に派遣し，中国が求める六か国協議の再開に応じる見返りとして，中国から大規模な経済支援を獲得し，中国から「対外開放」のノウハウを学ぶというシナリオである．

ところが金総書記の訪中が内定した直後の 2010 年 3 月，黄海で韓国の哨戒艦「天安」が魚雷攻撃で沈没し，乗組員 46 人が死亡・行方不明になる事件が起こった．韓国政府が事件を調査し，北朝鮮軍の関与を発表すれば，北朝鮮を非難する国際世論は高まり，中国からの経済支援は困難になる．沈没事件の首謀者が誰であるのかは明らかになっていないが，中国から経済支援を取りつけようとしていた「改革派」のみならず，それを決定した金正日総書記にも，こうした反「改革派」勢力の暴走を押さえる力がなくなっていたことは確かである．もし沈没事件の犯人が韓国政府の調査結果通り北の軍部であったとすると，彼らの狙いは何だったのか．おそらく ① 北朝鮮の核開発を止めさせようとする六者協議への復帰を阻止する，② 六者協議への復帰を前提とした中国からの経済援助はさせない，③ 中国型の「改革・開放」に舵を切ろうとした金正日総書記の計画を断念させる，というものであったと考えられる．実際，2009 年 5 月，金正日総書記は中国を非公式に訪問．中国の胡錦濤国家主席と首脳会談を行ったが，彼らの狙いどおり，実りある成果は得られなかった．中国側は国連安全保障理事会の制裁決議を理由に，大規模な経済支援には消極的な姿勢を

見せた，と言われている．

　今回の北朝鮮軍による韓国砲撃についても，韓国から北朝鮮への食糧支援を決定する南北赤十字会談の直前に実施されたことは，単なる偶然とは思われない．北朝鮮は砲撃行為を「わが海域に砲射撃を加える無謀な軍事的挑発に対する軍事的措置」[4]と説明しているが，軍部強硬派の目的はそれだけではないだろう．彼らがこの時期を狙って砲撃した背景には，六者協議を再開することを条件に，軍事挑発を続ける李明博政権から食糧支援を受け入れようとする改革派への反発があったと考えられる．もし軍部が改革派の取り組みに理解を示していたなら，韓国から食糧支援を受け取った後に，軍事的措置をとるという選択肢も考えられたからである．

おわりに
──国際社会は北朝鮮とどう向き合うべきか──

　北朝鮮による砲撃事件を受け，韓国合同参謀本部は，2010 年 11 月 28 日から北朝鮮に対する抑止力を強化する目的で朝鮮半島西側の黄海で大規模な韓米合同軍事演習を実施した．また韓国の新たな国防大臣に就任した金寛鎮は，「北朝鮮の追加挑発があれば爆撃も辞さない」と述べ，武力には武力で対抗する構えを見せた．

　だが，皮肉なことに，南北の緊張関係が高まれば高まるほど，北朝鮮における軍の発言力は高まる．彼らは韓米の軍事的脅威を口実に核武装の正当性を主張するからである．冷戦構造下で北朝鮮の非核化を実現するためには，米国の軍事的脅威に怯える北朝鮮を中国の核の傘の中に閉じ込めておくことが重要であるが，北朝鮮が核実験を続ければ[5]，北朝鮮の中国離れは一気に加速するだろう．北朝鮮は金日成国家主席の生誕 100 周年に当たる 2012 年に「強盛大国の大門を開く」と公言したが，北の軍部はこの年までに完全な核兵器を有し，国際社会に「核大国」として認知させたいという思いがあった．

　こうした北朝鮮の暴走を食い止めるには，彼らの挑発に乗らない方がよい．

北朝鮮の砲撃事件を受け，六者協議首席代表会議を呼び掛けた中国の提案に日米韓三か国は「今はその時期ではない」と拒否しているが，これでは北朝鮮軍部「守旧派」の思う壺である．「北朝鮮の非核化措置がない限り，協議再開は難しい」としてきた日米韓の硬直的な対北政策が，結果的に北朝鮮に核開発の時間を与えてきたというジレンマ．このジレンマから抜け出すためには，それぞれの国が「圧力だけでは何も解決しない」という基本合意から始まった六者協議の原点にたち戻ることが必要ではないだろうか．

注

1）『朝鮮新報』2008 年 8 月 5 日．
2）『朝鮮新報』，2009 年 12 月 4 日．
3）2013 年 12 月，失脚．権力乱用の罪で処刑される．
4）朝鮮中央通信，2010 年 11 月 23 日．
5）2013 年 12 月，北朝鮮は 3 度目の核実験に成功．その後も核実験を繰り返し，2017 年 9 月には 6 度目の核実験にも成功した．

第 11 章

曖昧な経済システム
――中国経済をどうみるか――

はじめに

　日本を代表する中国研究者の 1 人である加藤弘之氏（以下，敬称略）が，2016 年 8 月逝去された．闘病生活を続けながら「残された研究生活は長くない」と悟っていた加藤が，人生の最後に命懸けで書きあげたのが，『中国経済学入門』（名古屋大学出版会，2016 年）だ．本書は，氏の中国研究の集大成であるとともに，これから日本の中国研究を背負っていく若い研究者への「遺言状」に近いメッセージがたくさん詰まった論文集である．

　中国研究者でない私が，そんな思いが込められた本書を論評する資格があるとはとても思われないが，韓国や北朝鮮を研究対象としてきた地域研究者から見ても，本書は充分にセンセーショナルであり，大きな学問的刺激受けた．まさに久しぶりに出会った"わくわくする"学術書であった．

1　中国経済論から中国経済学へ

　本書は，以下の 11 章と補論からなる．

　　序　章　中国経済学への招待
　第 1 部：基礎編
　　第 1 章　「曖昧な制度」とは何か

第2章　「曖昧な制度」はいかに形成されたか

第2部：応用編

　　第3章　進化する土地の集団所有

　　第4章　市場なき市場競争のメカニズム

　　第5章　混合所有企業のガバナンス

　　第6章　中国式イノベーション

　　第7章　対外援助の中国的特質

第3部：課題編

　　第8章　腐敗の政治経済学

　　第9章　中国の格差問題を考える

　　終　　章　中国経済学の展望

　　付　　論　若き中国研究者へ

　まず加藤が本書を「中国経済論」ではなく「中国経済学」としたところに，氏の本書への強いメッセージが感じられる．加藤は，これまでの「体系だった内容をもたない[1]」中国経済「論」でも，西側世界で生まれた開発経済学の分析ツールを駆使して中国経済を理解しようとする中国経済「論」でもなく，「中国の独自性をその内在的論理から明らかにする」，「『論』から『学』への橋渡しをするような[2]」中国経済「学」と呼ぶに相応しい本を書きたかったという．そうした意味で，本書はこれまでとは明らかに異なる新たなコンテキストで，中国の経済システムの独自性の解明に迫った野心的作品である．

2　中国経済を貫く「曖昧な制度」とは

　では，中国経済の経済システムがもつ独自性とは何か．加藤はそれを「曖昧な制度」という概念で捉える．「曖昧な制度」とは「高い不確実性に対処するため，リスクの分散化を図りつつ，個人の活動の自由度を最大限に高め，その利益を最大化するように設計された中国独自のルール，予想，規範，組織」を指

すという[3]. 加藤は「曖昧な制度」のさらに簡潔な定義として「曖昧さが高い経済効果をもたらすように設計された中国独自の制度[4]」と説明しているが，こうした定義に「曖昧さ」を感じる読者も少なくないだろう.

しかし，中国のみならず，韓国のような西側世界の規範やルールだけでは説明できない東アジアの社会を理解するためには，この「曖昧な制度」という概念は（中国の独自性を示す概念であったとしても），有効でないかと思われる. 特に評者が共鳴できたのは，「『曖昧さ』がマイナスではなくプラスに働く領域は，我々が想像する以上に広範囲に及んでいる[5]」という指摘である.

加藤は「広大で多様性に富む風土を持つ中国では，そうした『曖昧さ』の持つ優位性が発揮される領域が他の国・地域よりも格段に大きい[6]」と言うが，韓国の高度成長を支えた政治・経済システムを見ても，「曖昧さ」の持つ優位性が発揮された領域は少なくなかったと言える. 例えば，1つの例として，加藤は「近代法治国家であれば，法律が上位規定であり，条例や政府通達はそれに抵触できないが，制度の精緻化の途上で，条例や政府通達が上位規定である法律よりも優先されるような場合が，中国ではしばしば観察される[7]」と論じているが，韓国でたびたび見られる「司法の判断に優先する政府の決定」行為は，こうしたルール，規範に対する曖昧さを雄弁に物語っているといえるだろう.

3 「曖昧な制度」の出自

では，なぜ「曖昧な制度」は中国固有のものだと，加藤は考えるのか. そう考える根拠は，「曖昧な制度」が中国明朝時代の商慣習「包」をルーツにしているという，筆者の歴史認識にある. 中国の歴史研究者の中では，「包」が中国における歴史貫通的な中国的特質であるかどうかについては批判的な見解もあるようだが，加藤は「『曖昧な制度』は決して一時期の特定地域にのみ適用されるものではなく，大小の振幅を繰り返し，形を変えつつ時代を越えて継続されて今日に続いている[8]」という.

加藤は「包」の理念型の3つの特徴が，「曖昧な制度」と重複するとも言う.

すなわち「包」に見られる「目標モデル，ルールや組織に『曖昧さ』を残し（＝不確実性），個人の行動の自由度を最大限まで認める社会関係を形成し（＝水平性），リスクを分散化させながら各人のインセンティブを最大化する請負の構造（＝多層性）は，『曖昧な制度』そのもの[9]」だというのである．

　だとしたら，いっそのこと，「曖昧な制度」を「包」という歴史的概念で示せばよいのではと言いたいところであるが，それは我慢しよう．加藤が「曖昧な制度」という言葉にこだわるのは，「曖昧な制度」が中国の長い歴史を経て形成され，社会主義の実験下でも破壊されることなく，むしろ温存・強化され，さらに改革開放以降も再び強力に復活していると，考えているからである[10]．

4　多様な領域で機能している「曖昧な制度」

　では，中国の場合，こうした「曖昧な制度」はどのような領域でみられるのか．加藤の考察では，人民公社が解体された後に生まれた土地の集団所有を前提とした「土地株式合作社」（第3章），行政権限の請負構造を前提とした地方政府間・官僚間の競争メカニズム（第4章），国有と民営の要素を併せ持つ混合所有企業（第5章），最先端の技術革新でなく，その技術をもとに実用的な改良を加える「中国独自のイノベーションシステム＝垂直分裂システム」（第6章），投資と援助が曖昧な中国の対外援助（第7章）の分野でこうした「曖昧な制度」はしっかりといきづき，中国の経済成長を支えているという．

　この中で，評者が特に興味を引かれたのは「土地株式合作社」の分析である．土地の集団化は社会主義時代の産物で，改革開放後は消滅すべきものであった．だが，第3章で分析されているように，中国では土地の集団所有は消滅した地域がある一方で，土地株式合作社のように，集団所有という形を残しながら多様な形で制度の精緻化が進んでいった地域も存在するという．そして集団所有制が残った地域では，「土地私有化が引き起こす問題を回避しつつ，土地の有効活用を実現している[11]」という意味で，「曖昧な制度」の優位性が発揮されているという．「曖昧な制度」は社会発展の停滞要因ばかりでなく，むしろ中国

の発展にとって好都合であったという分析は刺激的である.

　第4章の混合所有企業に関する筆者の考察も興味深い. 加藤はここで, 日本では中国における「国進民退」をあおる報道が少なくないが, 中国では国有企業も発展しているが, 民営企業もそれ以上に発展を遂げるという「国進民進」現象が起きている事例を紹介している. こうした議論が説得力をもつのは, 中国政府が市場化改革を掲げる一方で, 国有企業の支配的地位を温存・強化する政府の基本方針は揺るがないとともに, 競争的市場では「『所有と経営の分離, 中国型』を実現した混合所有企業が, 民営企業に匹敵する効率的な経営を実現している[12]」からである. 国有と民営の要素を併せ持つ混合所有企業は, まさに加藤の指摘する「曖昧な制度」を象徴するものであり, ある意味で「国進民進」を推進する企業の形かもしれない.

　ただ, こうした混合所有企業を「国家資本主義 (state capitalism) を代表する企業形態の一つ[14]」と言われると, 「曖昧な制度」の象徴としての混合所有企業が中国独自の形と言えるかどうか, 疑問に感じる部分もある. 国家資本主義を加藤氏のように「国家が強力な権限を持ち, 市場を巧みに利用しながらその影響力を拡大する新興経済国の経済システム[15]」と理解するなら, 多くの途上国で現在も数多く存在する政府の強力なバックアップを得た民営企業と中国の混合所有企業は実質的には同じ機能や性格を持つと考えられるからである. 例えば, ある時期までの韓国のポスコ (POSCO) は「曖昧な制度」を象徴する混合所有企業と同類型と捉えることはできないのか. 加藤氏が健在なら, 伺ってみたいものである.

5 「曖昧な制度」が引き起こす諸問題

　中国経済が直面する最大の課題は腐敗問題であると言われている. そもそも腐敗はなぜ起こるのか. 加藤によると, 腐敗問題も中国が抱える「曖昧な制度」からもたらされているという. なぜか. 加藤の説明はクリアーである. まず, 中国の経済システムに内包された「曖昧な制度」の下では, 「グレーな経済

空間が広範囲に存在し，才覚次第ではいくらでも個人的利得を増やすことができる[16]」．次に，伝統経済から市場経済へ，計画経済から市場経済への移行という「二重の移行」過程において，「制度の精緻化が進むと，かつて腐敗と見なされなかった行為が，腐敗の取り締まり対象になる[17]」．つまり「曖昧な制度」の下では，一定数の腐敗が経済成長にビルトインされているというのである[18]．

確かに加藤が指摘するように「腐敗行為をしなければ，……官僚が管轄する地域や産業の成長は見込めないし，自分も昇進や個人的な利得がえられない[19]」場合があるかもしれない．こうした場合，官僚は「注意深く周囲の状況に目を配りながら，……自分が許される範囲内で，腐敗を行う[20]」可能性も高まる．

こうした事情から，加藤は，『曖昧な制度』の下で中国は高度成長を実現したが，他方でそれは腐敗を増加させる要因にもなったとし，「曖昧な制度」の下では，成長が続く限りは腐敗が必ず起きるという[21]．

中国のみならず政府が経済的意思決定権を有している東アジアの国々では，民間企業が公共事業を入札するために官僚に賄賂を贈り，賄賂を受けた官僚はその見返りに企業が成長するためになる行動をとるということは当たり前のように行われてきた．こうした「腐敗はむしろ成長に有効である」というパラドックスは，先行研究（ジルとカラスの研究やレフ・ハンチントン仮説など）でも紹介されているが，開発独裁を行ってきた東アジアの政府・企業間関係にもあてはまるのではないだろうか[22]．

したがって，中国政府が中国の高度成長を追い求める限り腐敗はなくならないという加藤の主張は認めるが，その腐敗を誘発する「曖昧な制度」が中国特有のシステムであるかというと，疑問が残るところである．

6 「曖昧な制度」の解明からすべての地域研究は始まる

加藤が指摘するように，中国の独自性がどこにあるかという問いは，本書の通底するものである．氏が，中国の独自性にこだわるのはなぜか．それは，かつて中国の停滞要因と考えられた欧米のシステムとは異なる「中国的なるも

の」が，改革開放以降は高度成長に貢献していると考えられるようになり，中国が進むべき道はグローバルスタンダードを受け入れることではなく，中国の独自性を保持したままで，自国にとって最も望ましい形でグローバル経済への接近を図ることだと考えるからである[23]．開発エコノミストの間では，徹底した市場改革を進めて，先進資本主義国の経済システムに近づけることが，中国が持続的な発展を実現する唯一の方法であると指摘する声が一般的なようだが，加藤の主張は真逆のように見える．中国がどれほどグローバル化の波にさらされながらも，長い文化的伝統の下で中国が継承し，発展させてきた「中国的なるもの」としての「曖昧な制度」は簡単に消え去るものではない．むしろこの「曖昧な制度」という中国経済の独自性を解明することに，中国経済の成長のカギと脆弱性を考えるヒントがあると，加藤は主張する．

　本書は中国経済について書かれたものであるが，日本経済のみならず東アジアを研究する地域研究者に多くのインプリケーションを与えるものである．本書に書かれた国有企業の民営化，先進国のイノベーションの模倣ではなく，独自のイノベーションシステムの開発，腐敗への対応，格差問題などは，東アジア諸国が共通して抱える問題である．中国がそうした諸問題の背景にある「中国的なるもの」＝「曖昧な制度」を解体することなく，むしろそうした「中国の独自性」＝「曖昧な制度」を巧みに利用しながら，経済成長してきたという加藤の主張には，同じアジアの途上国を対象とする地域研究者として共鳴できる部分が数多くあった．

　地域研究者として最大の悩みは，「その国的なもの」が開発経済学者から発展の阻害要因として批判され，欧米の経済システムにその国を近づけることが重要だと言われたとき，それは違うと反論したくなることである．地域研究者が研究対象地域に対する思い入れが強くなればなるほど，同じような誘惑に駆られるのは当然である．だからこそ，研究対象地域に対してほどよい距離をとり続けることは，自らの研究にバイアスをかけない意味で必要だと考える．「中国人の中国研究とは異なる，日本人の中国研究の意義[24]」を問い続けた加藤のメッセージを受けとめるには，日本人だから見えてくる「中国的なるもの」

や「韓国的なるもの」の危うさを疑ってみる勇気が必要ではないだろうか.「曖昧な制度」の解明から,すべての地域研究が始まる.加藤の名言として受けとめたい.

注

1) 加藤弘之『中国経済入門』名古屋大学出版会,2016年,1ページ.
2) 加藤,同上書,2-3ページ.
3) 同上書,30ページ.
4) 同上書,12ページ.
5) 同上書,31ページ.
6) 同上書,31ページ.
7) 同上書,26ページ.
8) 加藤,同上書,49ページ.
9) 同上書,51ページ.
10) ちなみに,韓国にも「曖昧な制度」を正当化する民族的習性として「ケンチャナ精神」というものがある.「ケンチャナ」は,日本語で言えば「大丈夫」に近い意味で,韓国人の会話のあらゆる場面で登場するフレーズであるが,お互いのルールや約束を曖昧化させる言葉であるとともに,不確実性を楽観視させる韓国人の精神性を表象した言葉でもある(小倉紀蔵『韓国人のしくみ――〈理〉と〈気〉で読み解く文化と社会――』講談社(講談社現代新書),2001年,22-23ページ).
11) 加藤,前掲書,74ページ.
12) 加藤,同上書,94ページ.
13) 近年の国家資本主義に関する論争も含めて,「国家資本主義」については,坂田幹男『グローバリズムと国家資本主義』(御茶の水書房,2015年)を参照されたい.
14) 加藤,前掲書,112ページ.
15) 同上書,112ページ.
16) 同上書,169ページ.
17) 同上書,168ページ.
18) 加藤,同上書,169ページ.
19) 同上書,170ページ.
20) 同上書,169ページ.
21) 同上書,171ページ.
22) 例えば,韓国の場合,朴正煕大統領から盧泰愚大統領にいたる権威主義システム下では財閥から大統領・政府に莫大な賄賂が渡され,財閥はその見返りに特恵を得て成長し,高度成長を導いてきたが,「経済民主化」を掲げる政権の時代になると,そうした政

第11章 曖昧な経済システム *181*

府・財閥間関係にするどいメスが入れられるとともに，賄賂を渡す側も賄賂を受け取る
側も厳しく処罰されることになった．朴槿恵政権の「経済民主化」がどれほど実行性を
ともなっていたかについては第12章を参考にしていただきたいが，賄賂を含め官民癒
着が黙認されてきた時代に較べ，「経済民主化」を掲げる韓国がその代償として低成長
を余儀なくされていることは否定できない．

23) 加藤，前掲書，206 ページ．
24) 同上書，211 ページ．

第12章

経済民主化
——韓国における経済格差改善への取り組み——

1 問題意識と本章の課題

　中国で習近平政権が登場してから，鄧小平時代の「改革・開放」とは真逆な政治的に閉ざされた国家体制に回帰しているように見える．ある意味で，毛沢東時代の権威主義時代に戻るような独裁政治が進められる中で，経済的には米国のトランプ政権の保護主的な貿易政策を批判し，本格的な自由貿易を進めようという動きもみられる．だが，多くの研究者たちは，こうした中国の政治・経済体制に複雑な感情を抱いてきた．

　例えば，アセモーグルとロビンソンは，「中国の独裁的かつ収奪的な政治制度下での成長はまだしばらく続きそうだが，収奪的な政治制度が転換しない限り，真に包括的な経済制度と創造的破壊に支えられた持続的成長には転換しない」[1]と述べ，独裁的・収奪的な政治制度（「開発独裁」）の下では持続的な経済成長は期待できないと論じている．

　とはいえ，政治発展（民主化）が経済発展を促すと言えるのかというと，これもまた疑問である．中国経済の研究である加藤弘之は，「収奪的な政治制度の下ではいかなる成長も期待できないとする楽観論にも，包括的な政治制度さえあればすべてうまくいくという楽観論にもたつことができない」[2][3]と述べたが，筆者も加藤の意見に賛成である．

　というのも，筆者が研究対象としてきた韓国では，1980年代末から現在まで民主主義的な政治システムの下で，持続的な経済成長がみられたが，この間に

少数の大企業に富が集中し，大部分の国民が経済成長の恩恵にあずかっていないという経済格差問題が深刻化してきた[4]．こうした格差問題を放置すれば，それは民主主義的な経済システムとは呼べないのではないかという批判が国民から噴出するようになり，韓国では民主化の新たな課題としての「経済民主化」という課題が選挙の争点にもなってきた．

　では，「経済民主化」をどのように定義づけることができるのだろうか．政治学者の大西裕は，「経済民主化」を「利益（経済成長の恩恵）の大半は財閥とごく一部の社員が得て，一般市民や中小零細企業はその恩恵にあずかっていない．その結果，韓国で広がった経済格差を是正しようという主張[5]」と説明しているが，こうした「経済民主化」は，韓国だけではなく，経済格差が深刻化する日本や中国でも，重要な問題であると思われる．

　「経済民主化」を「韓国で広がった経済格差を是正しようという主張」と理解するなら，「経済民主化」政策について触れておく必要があるだろう．「経済民主化」政策とは，狭義の意味では，財閥のさらなる肥大化を防ぐ財閥改革や中小企業の保護・育成政策，またワーキングプアー，高齢者の貧困，若年層の就職難など格差社会の犠牲者と呼ばれる人々に対する対策を含む社会福祉政策全般を指すと思われる．だが，財閥に経済力が集中した背景に政経癒着の構造があったことを考えると，「経済民主化」政策には，政治や官僚に働きかけることで，自らの企業に有利な経済環境をつくりだしていくような「レント・シーキング」や「私的利益のためになされる公務員による権力の乱用」あるいはビジネスエリートから政治家に渡る「賄賂」などを禁じる取り組みなども含まれると思われる．

　この章では，韓国で格差問題が深刻化した通貨危機以降に誕生した進歩派政権（金大中・盧武鉉政権）と保守派政権（李明博・朴槿恵政権）が格差問題に向き合うため，どのような「経済民主化」措置を講じたのかを検証し，それぞれの政権が直面した「経済民主化」の課題について考察してみたい．

2　進歩派政権による「経済民主化」の模索

（1）　金大中政権による「経済民主化」政策

　1997年，通貨危機の最中に誕生した金大中政権は，IMF体制下の構造改革を通じて，政府の市場介入を最小限にとどめ，市場原理に委ねる新自由主義的な経済政策を進めた結果，生産性を高めた韓国経済は回復を遂げるものの，財閥と中小企業，正規職と非正規職の格差を拡大させていくことになった．福祉制度が整えられないまま韓国で始まったIMF主導下の新自由主義的な構造改革によって，経済格差が深刻化し，多くの失業者が生み出されたのである（表12-1）．

　進歩派と呼ばれる金大中政権は，政府の市場介入を限定し，経済の自由化を進め，企業間の競争を活発化させ，経済成長を持続させる一方で，競争から取り残された労働者を社会保障対策で救済するとともに，彼らが再び働けるようなシステムをつくることで，格差問題に対応しようとした[6]．

　一般的に進歩派政権とは，成長よりも分配を重視し，福祉の拡大に力を入れるイメージが強いので，格差を拡大する新自由主義イデオロギーとは矛盾すると思われがちである．しかし，金大中はむしろ新自由主義的な構造改革を通じて市場競争を促し，競争から脱落した人々を再訓練し，彼らを競争力の弱い産業から競争力の強い産業に移動することで，経済を再生させると同時に格差問題を改善しようしたのである．

（2）　盧武鉉政権による「経済民主化」

　金大中政権時代の財閥解体や新自由主義的な構造改革を継承した盧武鉉政権下でも，系列企業の整理とそれにともなう正規職の整理解雇が継続された．そのため，2002年から2007年までの5年間に非正規職労働者は100万人以上増加した（表12-2）．盧政権下で新自由主義的な経済成長政策によって輸出産業が復活し経済成長率は回復する一方，高まった市場競争で衰退した労働者は職を

表 12-1　進歩派政権期 (1998～2007 年) の経済成長率と失業率の推移

年　度	1998	1999	2000	2001	2002	2003	2004	2005	2006	2007
経済成長率 (%)	−5.4	11.3	8.9	4.5	7.3	2.9	4.9	3.9	5.1	5.4
平均成長率 (%)	…………… 5.3%…………………					……………… 4.4%……………				
失業率	6.9	6.5	4.4	4.0	3.2	3.5	3.6	3.7	3.4	3.2

(出所)　IMF: World Economic Outlook Database (2016, 10).

表 12-2　盧武鉉政権期 (2002～2007 年) の非正規労働者の推移

年　度	2002	2003	2004	2005	2006	2007
非正規労働者の総数 (万人)	772	784	816	840	845	879
a 賃金労働者に占める非正規職者の割合 (%)	56	55	56	56	55	54
b 〃	27	32	37	36	35	36

(注)　a 民間調査　b 政府調査.
(出所)　韓国統計庁『経済活動人口調査』2008 年 8 月, 金ユソン「韓国の非正規雇用の規模と実態」自由法曹団編『労働法律旬報』第 1674 号, 2008 年.

失い, 非正規職労働者の総数は膨み続け, 賃金労働者に占める非正規労働者の割合も増加し続けた (政府調査: 2002 年 27% → 2007 年 36%). 都市勤労者世帯のジニ係数は, 進歩派政権が誕生した 1998 年から 2003 年まで上がり下がりを見せていたが, 盧武鉉政権誕生後の 2004 年以降ははっきりした上昇傾向を見せはじめ, 進歩派政権が終焉した 2008 年には 2000 年以降の最高値である 0.319 を記録している (韓国統計庁). こうしたジニ係数の推移からも, 盧政権下で所得格差が拡大したことが裏づけられる. まさに新自由主義的な経済成長 (経済回復) を遂げる一方で, 格差問題を是正する「経済民主化」は困難な課題になっていった[7].

　金大中, 盧武鉉と続いた進歩派政権は, 市民の声を政策決定過程に反映させることに熱心で, その制度化を図った. さまざまな福祉制度の審議会に市民代表を参加させ, 盧武鉉政権はさらに, 地方分権の推進と, 地方における市民の政治参加を大幅に高める制度を設ける. だが, こうした「参加民主主義の拡大が, 逆に福祉サービスの充実と実質化を抑制していった[8]」とも考えられる.

3 保守派政権による「経済民主化」政策

（1） 李明博政権による「経済民主化」政策

　李明博政権は，進歩派政権下で経済が低迷したとして，福祉の充実よりも成長を重視した経済政策を実施した．法人税を減税し，金融機関の財閥への出資制限を大幅に緩和するとともに，米国・EU と FTA を締結するなど，どちらかというと財閥に有利な経済政策を採用した．ウォン安と米国・EU との FTA の締結で国際競争力を得たサムソン・LG・現代自動車などの一部の財閥は対米・対 EU 輸出を伸ばし躍進したが，就任当初のリーマンショックの悪影響もあり，5年間の平均経済成長率はわずか3.1％にとどまり，目標の7％成長には大きく届かなかった．

　李明博政権の福祉や格差問題への対応はどうか．保守派政権は福祉の拡大は経済活動の負担になると考えるのが一般的である．李明博政権も福祉の拡大路線に反対していたことは間違いないが，経済民主化に無関心だったわけではない．李明博は，大統領に立候補したとき，「まじめに生きてきた者が報われる時代」をスローガンに，7％を目標にした経済成長で雇用を創出し，非正規職者の不安を解消するというバラ色の選挙公約を掲げた．

　そして大統領就任後，李明博は国家の責任を強化し，競争から取り残された人々に「再起と自立の機会を拡大」する「能動的福祉」を追及するとし，福祉を産業と位置づけ，福祉サービスを市場原理に導入し，福祉を必要とする人にサービスを提供するという，進歩派政権とは異なった福祉政策で対応しようとした[9]．

　「能動的福祉」を掲げた李明博政権は，「グリーン・ニューディール」と称して，再生可能エネルギー開発や発電所整備など，環境対策のための公共投資を通じて雇用を創出するとともに，低所得層をターゲットとした福祉政策を試みた．

　だが，李明博政権の福祉改革の多くは，目新しいものは少なく盧武鉉政権の

福祉政策を引き継いだものだった．盧武鉉政権時に決まっていた福祉政策は政権交代で変更される心配されたが，2008年から予定通り長期養老保険（介護保険）とボーダーライン層の就業を奨励するEITCが開始された．

しかし，李明博政権になって，こうした進歩派政権から引き継いだ福祉政策が実現されたことで，社会保障関連予算はその後年々増加した．2012年には144.6兆ウォンまで増加，李明博時代の福祉予算は盧政権時代の2倍近くにまで膨らみ財政を圧迫した．

李明博政権の経済政策の効果や「経済民主化」政策を評価するのは難しい．李明博政権は国民の消費意欲を刺激する減税などの経済政策と「大運河計画」と呼ばれる大規模公共投資の二本柱によって高成長と国民所得を大幅に引きあげ，7大強国入りを目指というものであったが，5年間の平均経済成長率は3％前後で7％成長という目標数値には達せず，期待された成長のトリックルダウン（貧困者への所得配分）もほとんどおこらなかった．「大運河計画」も野党や市民の反対運動で2009年には撤退を宣言することになった．

「大運河」政策に代わる「グリーンニューディール」政策は22兆ウォンを投入して実行されたが，環境団体から「国土破壊」と批判されたうえ，地方の中小の建設業者の受注率は40％にとどまった．また2009年には財政支援による社会的就労支援を拡大し，社会福祉関連支出が急増．さらに12兆ウォンの法人税・所得税の減税を行い，景気浮揚を目指すが，2009年には財政収入の落ち込みで51兆6000ウォンという過去最悪の財政赤字を記録した．2010年には税制支出の抑制を図る一方，「金持ち減税」が行われ，財政赤字はさらに拡大するなど，李明博政権5年間の累積赤字は盧武鉉政権期の9倍近い98兆8000億ウォンに達した．[10]

一方，盧武鉉政権期から李明博政権期の賃金労働者に占める非正規労働者の割合を見ると，政府側の調査でも（2008年 34.9％→2012年 33.3％（**表12-3**）），民間側の調査でも（2008年 52.1％→2012年 47.8％（**表12-3**））数値が減少しているとともに，都市勤労者世帯のジニ係数も2009年を境に低下しはじめ，その後は低下しつづけている．こうしたデータから，李明博政権は格差問題の対応では一

定の実績を残したと考えることができるかもしれない.

マスコミで福祉の充実よりも経済成長を重視した言われた李明博政権であるが, 実際は逆で経済運営には失敗したが, 格差問題には一定の成果を治めたと言えるかもしれない. だが, 李明博政権の「経済民主化」政策が数字ほど評価されなかった. なぜか. それは, 賃労働者に占める非正規職者の割合は減少しても, 非正規職労働者から正規労働者に雇用形態が切り替わった人たちの多くから, 処遇水準は非正規時代と変わらず, 名ばかりの正規職であるという批判が高まったからである. また膨れ上がった福祉予算は, その後の韓国の財政を圧迫する要因になり, 李明博政権は進歩派政権の福祉政策を実行に移すのが精一杯で自らの「能動的福祉」といえるオリジナルな福祉政策は展開できなかったことも李明博支持層からの評価を下げた理由の1つと考えられる.

（2） 朴槿恵政権の「経済民主化」政策

李明博の後を引き継いだ朴槿恵政権は, 深刻化する経済格差の解消を掲げ, 保守派政権としては進歩派政権以上に進歩的な経済民主化政策（中小企業保護, 高齢者への年金増額や特別給付金の支給など）を掲げた. さらに朴槿恵政権は5年間で238万人の雇用を創出し, 雇用率70%を目指すと宣言した.

だが, 問題は雇用の形態である. 韓国では進歩派政権下の2006年に非正規職保護法が成立し, その後, 非正規職の割合は少しずつ減少してきたが（表12-3）, 朴槿恵政権下でも非正規職の処遇はあまり改善されていなかった. 2014年12月, 政労使は労働市場の構造改革の原則と方向に合意し, 「非正規職総合対策―非正規職処遇改善及び労働市場活力構造法案」が発表されたが, 労働組合や野党からは, 低所得の非正規労働者の中には, 相対的に低学歴, 低技術, 高齢者である可能性が高いため, むやみに雇用を創出するのではなく, 社会保障, 失業手当, 最低生活費の保障などセーフティネットの整備が必要だという声も聞かれた.

非正規職者問題の解決は, 単なる非正規職者数を減らすだけでなく, 非正規職者から正規職者に雇用形態が切り替わった労働者に対する処遇水準の改善や

非正規職者に関する保護の問題など，量から質を問われる段階に入ったと言えるだろう．だが，進歩派政権で身の丈にあわない福祉国家の体裁を整えてしまった朴政権には，福祉財政の壁もあり，やれる福祉政策のカードは限られていた[11]．

　また朴槿恵政権は就任後，国会演説で財閥に経済力が集中する格差の解消を「時代的課題」とし，財閥のさらなる肥大化を防ぐため，財閥グループ企業間の株の持ち合いで創業者が経営権を握る「循環出資」を新たに行うことを禁じた[12]．

　こうした朴勤恵政権の姿勢をくんでか，2016年10月，ソウル地検は韓国財閥5位のロッテグループ創業者の重光武雄，次男でグループ会長を務める重光昭夫氏を横領や脱税などの罪で在宅起訴し，「企業の私物化」と断定した．ソウル地検の当初の狙いは，第2ロッテワールドの許認可をめぐる政界工作でロッテ側からの裏金が李明博政権幹部に流れた可能性を探ることであったが，証拠不十分なため，裏金疑惑については起訴内容に含まれなかったと報道されている[13]．そのため，地検側は，創業者の武雄から経営権が昭夫に移る過程で家族に巨額の「給与」を支払うなど約500億ウォンを横領した（「企業を私物化した」）ことに焦点をあてて捜査が行われた．

　だが，本当の狙いは，日本のロッテホールディングスが創業者一族と系列企業間で韓国ロッテの大株主になっているというロッテの不透明な経営にメスを入れることであったと思われる．実際，昭夫は拘束されるという最悪の事態を免れる交換条件として，韓国側の中核企業である「ホテルロッテ」を上場させ，日本側からの出資比率を引き下げていく方針を決定した．朴政権は，「企業を私物化」し，韓国で儲けた金を日本に還流させていると非難されてきたロッテ財閥を牽制することで，政権の「経済民主化」姿勢をアピールしたかったのかもしれない．

　民主主義制度を ① 政策決定への民意の反映，② 言論の自由，③ 政治結社，政治活動の自由などを保障したものであるとするなら，朴槿恵政権は，あらゆる政策を密室で決定し，政府に不都合な報道・言論を統制し，統合進歩党を解

党させ，加藤裁判では司法判断に介入するなど，民主主義の基本的な制度を形骸化させる権威主義的な政治姿勢をとってきた．

　朴政権が，権威主義な政治手法に回帰しようとしたのは何故だろうか．民主化が進展するなかで市民運動があまりに大きな政治力をもち，大統領の意思決定の前に強く立ち塞がるなか，課題であった政治・経済改革（不正腐敗の撤廃と「経済民主化」）を実施し，高まる北朝鮮の脅威や日韓の慰安婦問題を収束させるためには，より強力なリーダーシップをもつ強い政府（国家）の再建が必要であるという政治理念を朴槿恵大統領が持っていたからではないだろうか．

　しかし，「朴槿恵大統領の機密文書漏洩事件」を契機に明らかになった民間人の国政介入疑惑は，「密室政治」に対する国民の不満を爆発させ，朴槿恵政権に対する国民の批判は大規模な退陣要求運動にも繋がることになった．不正腐敗の撤廃を掲げながら，縁故関係にあった人物に財閥を通じて莫大な特恵を与え続けた朴槿恵大統領の身勝手な振る舞いは，経済成長の恩恵から遠ざけられた市民から見れば，背信行為であったと言える．権威主義な政治手法によって「経済の民主化」を成し遂げようとした朴槿恵大統領の試みは，そもそも大きな矛盾を有していたといってもよい．

　父親・朴正熙元大統領ができなかった政治課題（政経癒着，不正・腐敗の払拭）を掲げて大統領に上り詰めた朴槿恵大統領であったが，就任後，父親と同じよ

表 12-3　保守派政権期（2008〜2015）の経済成長率，失業率，非正規雇用者の推移

年度	2008	2009	2010	2011	2012	2013	2014	2015
経済成長率（%）	2.8	0.7	6.5	3.6	2.2	2.9	3.3	2.6
平均成長率（%）			3.1				2.3	
失業率	3.1	3.6	3.7	3.4	3.2	3.1	3.5	3.6
非正規労働者の総数（万人）	544	575	568	599	591	573	607	627
a 賃金労働者に占める	52.1	51.9	50.4	49.4	47.8	45.9	45.4	45.0
b 非正規雇用者の割合（%）	33.8	34.9	33.3	34.2	33.3	32.6	32.4	32.5
ジニ係数	0.314	0.314	0.310	0.311	0.307	0.302	0.302	n.a

（注）　a 民間調査　b 政府調査．
（出所）　IMF: World Economic Outlook Database OECD, Income Distribution Database
　　　　韓国統計庁『経済活動人口調査』各年版，金ユソン『非正規規模とその実態——統計庁，経済活動人口調査　付加調査（2016.3）の結果——』韓国労働社会研究所，2016年.

うな権威主義的な政治に回帰した結果，信頼する側近たちの不正を契機に，国民の眠っていた民主化運動に火がついたのは歴史の皮肉と言うべきであろうか．財閥と相互依存関係にある青瓦台関係者が潤い，権力に接近できない一般民衆は報われないという，韓国社会の伝統的な構造に根本的なメスを入れないままの「経済の民主化」政策は所詮絵に描いた餅にすぎなかった．

おわりに

　韓国で経済民主化への関心が高まったのは，1997年に韓国が通貨危機に陥り，IMFの管理下で新自由主義的な構造改革が実施され，多くの企業と金融機関で整理解雇が実施されてからである．高度成長期に形成された中産層が激減し，大企業と中小企業，正規職と非正規職との格差が拡大，その後の政権は，進歩派であろうと保守派であろうと，格差の改善を促す経済民主化政策を打ち出すことを余儀なくされた．

　進歩派政権は，新自由主義的な構造改革で経済を立て直すと同時に，財閥・金融機関の再編や整理解雇で生じた格差問題に，福祉国家としての体裁を整えることで対応したが，構造改革のスピードに福祉改革が間に合わず，経済回復を遂げるものの，「経済民主化」措置の結果を出すことはできなかった．

　一方，李明博政権は進歩派政権から引き継いだ福祉政策を引き継ぐことで，賃金労働者に占める非正規職者の割合を引き下げるなど，格差問題に一定の成果を治めたものの，世界不況下で経済運営には苦しみ，目標とした経済成長を達成できなかった．また米国やEUとのFTAの締結で少数の財閥に富が集中し，新たな格差問題を生み出すことになった．

　朴槿恵政権は，大統領選挙で格差問題の解消が争点になると，進歩派政権以上に進歩的な財閥改革の展開を掲げたが，逆に「不正・腐敗の撤廃」を求めた「経済民主化」の過程で大統領府自らの「不正・腐敗」が明るみになり，政権のレームダック化を加速させることになった．

　任期を2年以上残している文在寅政権の「経済民主化」の成果を現時点で評

価することは難しいが，進歩派政権が韓国に植えつけた身の丈にあわない「社会民主主義」的な色合いの強い福祉制度は，低成長と高齢化が進むなか，間違いなく韓国の財政負担となり，今後の経済運営の負担になるだろう．また拡大する経済格差が韓国の経済成長を制約するという懸念がささやかれる一方で[14)]，財閥の経済活動を規制する「経済民主化措置」も韓国の経済成長に負の影響を及ぼす可能性も少なくない．今後も韓国の政権は，進歩派であれ保守派であれ，経済成長と「経済民主化」のジレンマと格闘していくことになるだろう．

注

1) ダロン・アセモーグル，ジェイムス・ロビンソン『国家はなぜ衰退するか——権力・繁栄・貧困の起源——』下巻，鬼澤繁訳，早川書房，2013 年（Daron Acemogle and James A. Robinson., *Why Nations Fail: The Origins of Power, Prosperity and Poverty*, Crown Business, 2012) 257 ページ.

2) 加藤は「包括的政治制度」を「すべての人が参加可能である包括的な市場を生み出し，持続的な成長に不可欠な要素であるテクノロジーと教育への道を開く」制度と定義している（加藤弘之『中国経済学入門』名古屋大学出版会，20 ページ).

3) 加藤，同上書，21 ページ.

4) 鄭章淵「韓国——『財閥共和国』の行方——」藤田和子・文京洙『新自由主義下のアジア』ミネルヴァ書房，2016 年，143 ページ.

5) 大西裕『先進国・韓国の憂鬱』中央公論新社（中公新書），2014 年，12 ページ.

6) 金大中政権の社会保障政策については，金早雪『韓国・社会保障形成の政治経済学』新幹社，2016 年，309-316 ページを参照.

7) 鄭章淵，前掲論文，143 ページ.

8) 大西，前掲書，110 ページおよび尹サンチョル「韓国の民主主義と市民運動」金津日出美・庵逧由香編『現代韓国民主主義の新展開』御茶の水書房，2008 年参照.

9) 大西，前掲書，178 ページ.

10) 文京洙『新・現在韓国史』岩波書店，2005 年，268-269 ページ.

11) 格差問題を考える１つの指標として，賃金労働者に占める非正規労働者の比率の推移があげられるが，進歩派政権期と保守派政権期を較べると，政府側のデータを見る限り，保守派政権期に入って，同比率は低下ないし横ばい傾向を見せている．韓国における非正規労働者の割合が上昇しなくなった要因としては，盧武鉉政権期の 2007 年に誕生した「非正規職保護法」の影響が考えられる．その後，韓国政府は「非正規雇用労働者関連法」，「改正派遣勤労者の保護等に関する法律」，「改正労働委員会法」など，非正規職者に関する保護法を制定することで，非正規職の正規職化を進めようとしてきた．ただ

同法では「非正規職労働者が同一事務所で 2 年を超過して勤務すると,「無期契約労働者」としてみなされることになるが,正規職者を増加させたくない企業は,勤務 2 年にならないうちに雇用契約を打ち切るケースも少なくなかった.また非正規職から正規職に雇用形態が切り替わった労働者の中には処遇水準が非正規として働いていた時と変わらず,名ばかりの正規職であると告発するケースが後をたたない.これに対し,野党や労働組合は,非正規職法が労働者全体の地位向上には効果がないとして,非正規職法の撤廃を要求した.

12)『朝日新聞』2015 年 4 月 12 日.

13)『毎日新聞』2016 年 10 月 20 日.

14)安倍誠「低成長時代を迎えた韓国——その要因と社会経済的課題——」阿部誠編『低成長時代を迎えた韓国』アジア経済研究所,2017 年,9 ページ.

あ と が き

　本書は，読者を想定して書かれたものではあるが，本音を言わせてもらうと，アカデミズムに籍を置く地域研究者の1人としてどのような仕事をしてきたのか，自分の研究を振り返るために，紀要や学会誌，また専門誌や雑誌に発表したアジアの政治・経済に関する論稿をリライトし，新たに書き下ろした論文を含め，再編集したものである．

　このような個人的動機を持つ本を編集したいと思ったのは，3年前に大病を経験し，自分がいつまでも元気で研究を続けることができないと悟るようになったからである．病を患ってからは，左手に強烈な痺れが残り，今までのように自由にパソコンを打つことさえ難しくなった．大学では普通に講義をし，テレビやラジオでは健常者のふりをしているが，いったん仕事を終えると，左手の強烈な痺れが蘇り，休みが休みにならないこともある．さらに同世代の研究者で友人だった先生が病で倒れてから，そろそろちゃんと指が働くうちに，自分の仕事を整理しておかねばならないと思うようになった．人はいつか死ぬ．そんな当たり前のことに気づいてから，私は誰に向けて何を研究してきたのか，はっきりさせたいという思いが強くなっていった．

　思えば，1980年に同志社大学大学院に入学し，朝鮮半島研究を開始してから，38年の月日が過ぎ去った．大学院に入学した頃は，とても職業研究者になれるとは思っていなかった．今と違って外国人の採用に消極的だった時代，日本の大学で活躍している外国籍の教員などほとんどいなかったし，何よりも大学教員になれるような華やかな学歴も，優れた研究能力も，コネも自分にはなかったからである．

　大学院の博士課程に進学してからも，研究者としての将来に不安を感じていた私は，自分で学習塾を経営しながら資金をため，大学院を卒業したら，研究とはまったく別の世界で事業を展開する準備を進めていた．もともと教えるこ

とは好きだったせいか，丁寧な授業が評判を呼び，一時学習塾の生徒は 200 名を超え，次の事業の準備資金もかなり蓄え，あとは研究生活に区切りをつける博士論文を書き上げるだけになった．

　だが，博士論文を書き上げるのは容易ではなかった．韓国経済を研究対象に論文を書こうにも，まだまだ当時の日本の学会には先行研究も少なく，韓国研究のエキスパートと呼ばれるエコノミストも，日本の学会には数えるほどしかいなかった．韓国語を学び，韓国における政治経済学領域の韓国経済に関する論文をこつこつ翻訳しながら，データを集め，博士論文の骨格になる論文を学会誌に発表し続けた．

　学会誌に発表した論文が 6 本に達したとき，いよいよ博士論文としてまとめてみようかということになったが，ここで問題が起こった．私が所属していた同志社大学大学院の商学研究科には，過去に課程博士号を申請した者が誰もいなかったのである．日本ではかなり古い歴史をもつ大学の商学研究科で課程博士号の取得者が 1 人もいないというのも不思議であったが，実は博士論文を書きあげる前に大学や民間企業に就職が決まって退学していく者が多く，博士論文を審査するプロセスさえも詳しく取り決められてされていなかった．

　だが，同期の大学院生が次々と大学に就職が決まる中，就職が決まらない私のために，指導教授の西口章雄先生は，なんとか君が第 1 号博士を取れるように頑張ってみると言って，研究科と交渉を続け，なんとか第 1 号博士への道を切り開いてくださった．あのときの西口先生の粘りの交渉と励ましがなければ，博士論文を完成できなかったと思う．

　さらに論文を書き続けていくうちに，大学に就職したいという欲望が膨らむようになった．外国籍で，私立大学出身者で，コネなしの三重苦の私には，みてはいけない夢だったが，同期入学の大学院生が次々に大学への就職を決めていくうちに，なら僕だってと考えるようになっていた．大学院の掲示板に出た大学教員の公募案内を見て，世界経済論やアジア経済の求人を見つけると，宝くじを買うような気持ちで，祈りながら応募し続けた．しかし，現実は厳しく，何回応募しても落選通知が繰り返しかえされてくるだけだった．

あとがき　*197*

　1987 年の冬，応募していた大学から次々と不合格通知が届き始めていた．「やっぱり自分には研究者の才能はない．博士号をとったら，研究者になることを諦めて，初心にかえってビジネスの世界で頑張ろう」と考えていた．大学院に入ってからすでに 8 年が経っていた．潮時だった．だが，諦めかけていたそのとき，募集中の東京の大学から「教員公募の最終選考に残りました」という連絡があった．

　これまで公募に応じて，何度も業績書と論文を送り続けたが，論文を読んだ形跡もないまま送り返されていた．ところがどうだ，世の中には，こんな私の書いた粗削りな論文でも，丁寧に読んでくれて，きちんと評価してくれる大学教員がいたのである．驚きだった．

　1988 年 4 月，私は幸運にも東京の私立大学に採用され，「アジア経済論」という講義を担当することになった．赴任した経済学部の教員は私を除いた教員のすべてが東京大学大学院出身で，マルクス経済学は宇野弘蔵の弟子，経済史は大塚久雄の弟子，労働経済学の隅谷三喜男の弟子という東大閥で固められていた．大変な大学に来てしまったと思ったが，ファカルティ・スタッフは，関西からやって来た私をとてもかわいがってくれた．就任早々，熱海の旅館で，私の着任祝いの会が開かれ，私は夜遅くまで先生方と酒を酌み交わした．その時，私と入れ替わりに定年を迎えるという老教授が，私につぶやいた言葉が忘れられない．

　「私も君ぐらいの若い時，この大学に採用されて，あっという間に 40 年が過ぎ去ったよ．この大学の定年は 70 歳だから，よほどの問題を起さない限り，君は今後 40 年近くけっこうな給料をもらって生きていける．今までは，大学に就職するために，あくせく論文を書いてきたかもしれないけど，これからは，そんな苦労をしなくても生きていける．でも，そんな悪魔のささやきに負けたら，君は研究者としておしまいだよ．"Publish or Perish." よくこの言葉を覚えておくように」．

　東京での新生活が始まって 1 カ月経った頃，同文館出版の編集部にいた勝康裕さんから「先生の本を出版したい」という手紙が届いた．彼は，私の論文を

丁寧に読み，ぜひ自分の編集でよい本を作りたい」と言ってくれた．若いが力のある編集者で，能力のある若手の研究者を発掘し，次々と話題の学術書を出版していた．大学に採用されるだけでも夢のような話だったのに，本まで出版してもらえるなんて，私にはまるで宝くじに続けて当選したような話だった．

　とはいえ，出版事情が厳しいなかで，私のような無名の若手学者の本を出版するのは，学術出版社にとっても賭けだったに違いない．初版予定の 2500 部を市場で売り切るためには，本屋を訪れた人が買って読んでみたいと思わせる工夫が必要だった．それから，勝さんとの格闘が始まった．彼は，私が見せた原稿を丁寧に読んで，どこをどのように書き直すべきか，さらにこの箇所については，この先行研究について言及すべきなど，的確なアドバイスをくれた．

　本の出版依頼を受けていから 2 年後，東京の大学から大阪市立大学に移籍した私は，戻された原稿に何度も手直しを加え，校正を経て，あとは本の出版を待つだけになった．1992 年 12 月，勝さんから出版の誘いを受けてから 4 年後，ようやく私の最初の本『韓国 NIES 化の苦悩——経済発展と民主化のジレンマ——』（同文館出版）が本屋に並ぶことになった．

　勝さんの指導のおかげか，専門書ながら本屋にならんだ私の本は想像以上に売れ，7 刷を重ねるロングセラーになった．それは，私が大学院に入学してから思い描いてきた 3 つの夢，博士号を取る夢，大学に職を得る夢，そしてロングセラーの学術本を出版するという 3 つの夢がすべてかなった瞬間だった．

　あれから 25 年，私は大学にポストを得てから，老教授の教えを守り，"Publish or Perish" をモットーに論文を書き続け，本の出版にこだわって生きてきた．発言空間をアカデミズムからマスコミ・ジャーナリズムの世界に移してからも，その姿勢は変わらない．この間に私がさまざまな紀要，学会誌，雑誌，新聞に発表した作品は巻末リストに掲げた通りで，決して多くはないが，どれも思いを込めて書いたものである．

　研究者から「先生はなぜ，テレビに出るのですか」とよく言われるが，自分の研究を狭いアカデミズムの空間にとどめるのではなく，世に発信するためには，テレビやラジオ，新聞や雑誌は重要なツールであると考えている．

ただ，この5年間は，大学の講義や本の執筆に加えて，マスコミ，メディアの仕事に振り回されたため，極度のストレスと睡眠障害で体調を崩してしまった．我が人生に悔いなしと言いたいところだが，今から考えれば，大学という神聖な研究空間をもう少し大切にしておけば，もっと密度の高い論文や本を書けたかもしれない．この本を読んでくれた若手の研究者がいたら，私と同じような思いをさせないために，この言葉を送りたい．

"It is no use crying over spilt milk."

2018年12月

朴　一

初 出 一 覧

第1章

「植民地工業化を見る眼——植民地朝鮮工業化論の再検討——」，平野健一郎・中嶋航一他編『アジア発展のカオス』勁草書房，1997年.

第2章

本書のための書き下ろし.

第3章

「ポストコロニアリズムとしての開発独裁」，姜尚中編『ポストコロニアリズム』作品社，2001年.

第4章

「アジア NIES における労働問題——開発独裁下の労働者管理，その光と影——」，平川均・朴一編『アジア NIES』世界思想社，1994年.

第5章

「東アジア経済共生の方法論」『世界』（岩波書店），9月号，1996年.

第6章

「20世紀の開発システムをどう見るか——20世紀から21世紀への開発システムの変化と連続性——」，水島司・田巻松男編『日本・アジア・グローバリゼーション』日本経済評論社，2011年.

第7章

「韓国経済の危機と構造改革の葛藤——経済危機を前後する政府・企業間関係の変化と連続性——」『社会科学研究』（東京大学），第51巻第4号，2000年.

第8章

「米国——反米感情と対米依存のジレンマ——」，朴一編『変貌する韓国経済』世界思想社，2004年.

第9章

「太陽政策期における北朝鮮の政治・経済システムの変化と連続性——開城工業団地と7・1経済管理改善措置中心に——」『経済学雑誌』（大阪市立大学），第111巻第1号，2010年.

初 出 一 覧 *201*

第 10 章

「北朝鮮による延坪島砲撃事件の真相」『環』（藤原書店），第 44 号，2011 年.

第 11 章

「地域研究者として『中国経済学入門』をどう読むか」『アジア研究』（アジア政経学
　　会），第 63 巻第 2 号，2017 年.

第 12 章

本書のための書き下ろし.

参 考 文 献

〈邦文献〉

朝日新聞アエラ編集部［1995］『北朝鮮亡命者50人の証言』朝日新聞社.

安倍誠［2017］「低成長時代を迎えた韓国——その要因と社会経済的課題——」，阿部誠編
　　『低成長時代を迎えた韓国』アジア経済研究所.

天児慧［1990］「アジアの経済発展と民主化——中国——」『アジア研究』（アジア政経学会），
　　32(3).

李景珉［1996］『朝鮮現代史の岐路』平凡社.

李淑鐘［2003］「韓米同盟の次の青写真が求められている」『中央公論』118(6).

李静和［1993］「韓国における民族主義」『思想』829.

李炳泰［1990］「労使協議会，その虚像と実像」（金早雪訳），『韓国の労使協議制度』法政大
　　学比較経済研究所ワーキングペーパー第10号.

岩崎育夫［1990］「人民行動党支配体制の下部構造」『アジアトレンド』51.

岩崎育夫［1994］「ASEAN諸国の開発体制論」，岩崎育夫編『開発と政治——ASEAN諸国
　　の開発体制——』アジア経済研究所.

絵所秀紀［1989］「開発経済学の転換と『韓国モデル』」『経済志林』（法政大学），57(1).

エッカート，C. J.［1994］「植民地末期朝鮮の総力戦・工業化・社会変化」『思想』841.

大西裕［2014］『先進国・韓国の憂鬱』中央公論新社（中公新書）.

加々美光行［1989］「中国民主化運動4：新権威主義論」『世界』535.

郭洋春［1998］『アジア経済論』中央経済社.

梶田孝道［2001］『外国人労働者と日本』日本放送協会.

梶村秀樹［1977］『朝鮮における資本主義の形成と展開』龍渓書舎.

梶村秀樹［1981］「旧植民地社会構成体論」，冨岡倍雄・梶村秀樹『発展途上経済の研究』世
　　界書院.

加藤弘之［2016］『中国経済入門』名古屋大学出版会.

金子文夫［1993］「植民地投資と工業化」『近代日本と植民地3』岩波書店.

川勝平太［1994］「東アジア経済圏の成立と展開」『長期社会変動』東大出版会.

河合和男［1986］『朝鮮における産米増殖計画』未来社.

河合正弘［1998］「東アジアの通貨・金融危機と日本」『世界』646.

河合正弘編［1996］『アジアの金融・資本市場：自由化と相互依存』日本経済新聞社.

岸脇誠［1999］「マレーシアの通貨危機と政府の対応」『証券経済研究』21.

金ユソン［2008］「韓国の非正規雇用の規模と実態」（大畑正姫訳），『労働法律旬報』1674.

金泳鎬［1993］「脱植民地化と第四世代資本主義」『近代日本と植民地8』岩波書店.

金亨培［1990］「労働法制」（川口智彦訳），『韓国の労働法政の展開』法政大学経済研究所ワ

ーキングペーパー第 15 号.

金三沫［1993］『韓国資本主義国家の成立過程　1945〜53 年』東京大学出版会.

金早雪［2016］『韓国・社会保障形成の政治経済学』新幹社.

木村幹［2014］『日韓歴史認識問題とは何か――歴史教科書と「慰安婦」ポピュリズム――』
　　ミネルヴァ書房.

経済企画庁［1995］『APEC 経済展望』大蔵省印刷局.

コォン・ヨンギョン［2007］「（北朝鮮の）経済改革〜『計画』と『市場』をプラス」，北朝鮮
　　研究学会編『北朝鮮は，いま』岩波書店.

高龍秀［1998］「IMF 体制と金大中政権の経済政策」『甲南経済学論集』39(3).

高龍秀［1998］「韓国の金融・通貨危機（上）」『甲南経済学論集』39(1).

国分良成［1997］「中華人民共和国」小島朋之他『東アジア』自由国民社.

国分良成［1999］「中華人民共和国」筑摩書房（ちくま新書）.

小島朋之［1999］『中国現代史』中央公論新社（中公新書）.

小林謙一［1989］「韓国の経済開発と労働政策の展開」『経済志林』（法政大学），57(2).

姜英之［1999］「大量失業で労組は強硬路線に」『エコノミスト』77(21).

姜來熙［2000］「韓国における IMF 新自由主義の攻勢と文化変動」『思想』909.

坂田幹男［2015］『グローバリズムと国家資本主義』御茶の水書房.

佐野孝治［1999］「韓国の経済危機と財閥改革」福島大学『商学論集』68(2).

重村智計［2006］『朝鮮半島「核」外交』講談社（現代新書）.

清水敏行［1986］「朴正煕維新体制と労働統制の展開（1)」『北大法学論集』36(5・6).

清水敏行［1987a］「朴正煕維新体制と労働統制の展開（2)」『北大法学論集』37(4).

清水敏行［1987b］「朴正煕維新体制と労働統制の展開（3)」『北大法学論集』38(2).

白石隆［1998］「通貨危機：アジア型システムの終焉」『世界』648.

末廣昭［1999］「タイの経済危機と金融・産業の自由化」『経済研究』50(2).

末廣昭［2001］『キャッチアップ工業化論』名古屋大学出版会.

末廣昭［2003］『進化する多国籍企業』岩波書店.

隅谷三喜男［1992］「労働〜低賃金構造の秘密〜」，隅谷三喜男・劉進慶・涂照彦『台湾の経
　　済』東京大学出版会.

関満博［1993］『フルセット型産業構造を超えて』中央公論社（中公新書）.

高橋進［1980］「開発独裁と政治体系危機――スペイン，イラン，韓国の場合――」『世界』
　　411.

滝沢秀樹［2000］『アジアのなかの韓国社会』御茶の水書房.

竹内実［1989］『毛沢東』岩波書店（岩波新書）.

田代秀敏・賀暁東・英華［2002］『沸騰する中国経済』中央公論新社（中公新書）.

田巻松雄［1994］「アジアの経済成長と権威主義体制」板谷茂・中嶋航一・柳町功ほか『アジ
　　ア発展のダイナミックス』勁草書房.

玉城素［1993］「破綻する経済計画」，玉城素・渡辺利夫編『北朝鮮――崩落か，サバイバル

か――』サイマル出版会.

恒川恵市［1983］「権威主義体制と開発独裁――ラテンアメリカからの視点――」『世界』452.

涂照彦［1990］「『NIES の時代』は終るのか」『世界』547.

外村大［2012］『朝鮮人強制連行』岩波書店（岩波新書）.

池東旭［1998］「韓国財閥の解体」『中央公論』113(5).

張明国［1989］「労働者の立場と労働法」（高橋哲郎訳），『韓国労働政策の展開と現状』法政
　　大学比較経済研究所ワーキングペーパー第9号.

趙世暎［2014］「河野談話の精神は継承されたのか：韓国からみた検証結果報告」『世界』860.

全基浩［1990］「韓国における労使関係確立の展望」（高橋哲郎訳），『韓国における労使関係
　　の展開と労働運動家』法政大学比較経済研究所ワーキングペーパー第13号.

鄭永年［2010］『中国摸式――経験と困難――』浙江人民出版社（中国語文献）.

鄭章淵［2016］「韓国――『財閥共和国』の行方――」，藤田和子・文京洙編『新自由主義下
　　のアジア』ミネルヴァ書房.

鄭章淵［1991］「朝鮮北部の開発」，山田昭次・鄭章淵・高崎宗司・趙景達『近現代史のなか
　　の「日本と朝鮮」』東京書籍.

ナム・ソンウク［2007］「（北朝鮮の）経済管理システム～実利と社会主義原則の狭間で」，北
　　朝鮮研究学会編『北朝鮮は，今』岩波書店.

朴一［1990］「韓国の工業化と支配三者体制」『経済評論』39(4).

朴一［1991］「韓国における資本主義発展の性格をめぐる論争」『経済学雑誌』（大阪市立大
　　学），92(2).

朴一［1993］「日本のなかのもう一つの外国人労働者問題」，奥山眞知・田巻松雄編『二〇世
　　紀末の諸相』八千代出版.

朴一［2010］「太陽政策期における北朝鮮の政治・経済システムの変化と連続性」『経済学雑
　　誌』111(1).

朴一［1989］「東アジア NIES の工業化と国内資本――韓国財閥の成長とその役割――」『経
　　済学季報』38(4).

朴慶植［1965］『朝鮮人強制連行の記録』未来社.

朴玄埰［1983］「解放前後ノ民族経済ノ性格」『韓国社会研究』創刊号，ハンギル社.

原洋之介［1999a］「20世紀末の韓国経済」『大航海』30.

原洋之介［1999b］『グローバリズムの終焉』NTT 出版.

原洋之介編［1999］『アジア経済論』NTT 出版.

秦郁彦［1999］『慰安婦と戦場の性』新潮社（新潮選書）.

長谷川啓之［1995］『アジアの経済発展と政府の役割』文眞堂.

服部民夫・佐藤幸人［1986］「韓国・台湾比較研究の課題と仮説」，服部民夫・佐藤幸人編
　　『韓国・台湾の発展メカニズム』アジア経済研究所.

平川均［1997］「東アジア工業化のダイナミズム」，粕谷信次編『東アジア工業化のダイナミ
　　ズム――21世紀への挑戦――』法政大学出版局.

深川由紀子［1999］「韓国：経済開発の総決算と先進国化への試練」，原洋之介編『アジア経済論』NTT 出版.

深川由紀子［1994］「韓国の産業政策と『財閥』」，牧戸孝郎編『岐路に立つ韓国企業経営』名古屋大学出版会.

藤原帰一［1992］「民主化の政治経済学——東アジアにおける体制変動——」，東京大学社会科学研究所編『現代日本社会 3 ——国際比較（2）——』東京大学出版会.

堀和生［1995］『朝鮮工業化の史的分析』有斐閣.

林鐘国［1992］『親日派』（コリア研究所訳），御茶の水書房.

林東源［2008］（波佐場清訳）『南北首脳会談への道』岩波書店.

升味準之輔［1993］『東アジアと日本』東京大学出版会.

水野順子［1999］「韓国の経済自由化と 1997 年のデフォルト危機」『アジ研ワールド・トレンド』47.

溝口敏行・梅村又次［1988］『旧日本植民地経済統計』東洋経済新報社.

明泰淑［1994］「韓国における『文民政府』の成立と労使関係の新動向」『龍谷大学大学院研究紀要』8.

室岡鉄夫［1999］「南北経済協力と北朝鮮」，小此木政夫編『金正日時代の北朝鮮』日本国際問題研究所.

室岡鉄夫［1994］「北朝鮮　孤立と低迷」，渡辺利夫編『アジア経済読本 1994』東洋経済新報社.

文京洙［2005］『新・現在韓国史』岩波書店.

文浩一［2002］「北朝鮮：実利主義への転換」『世界』708.

文浩一［2003］「北朝鮮経済：改革から 1 年の評価」『世界』718.

本山美彦［1986］「シンガポールのリストラクチュアリング」『経済評論』35(11).

本山美彦［1999］「米国企業に飲み込まれる韓国」『大航海』30.

モーリス＝スズキ，T.［2014］「菅官房長官が貶めた『日本の地位』」『週刊金曜日』臨時増刊号.

柳原透［1979］「開発戦略としての『韓国モデル』」『アジア経済』20(10).

柳原透［1989］「輸出志向工業化」，渡辺利夫編『もっと知りたい NIES』弘文堂.

柳町功［1995］「韓国半導体産業における技術蓄積と国際競争力」『アジアの技術発展と技術移転』文眞堂.

山本有造［1992］『日本植民地経済研究』名古屋大学出版会.

梁文秀［2000］『北朝鮮経済論』信山社.

尹サンチョル［2008］「韓国の民主主義と市民運動」，金津日出美・庵逧由香編『現代韓国民主主義の新展開』御茶の水書房.

吉田清治［1983］『私の戦争犯罪―朝鮮人強制連行』三一書房.

吉見義明［1995］『従軍慰安婦』岩波書店.

劉進慶［1983］「韓国における重化学工業化と政府主導経済の問題」『アジア経済』24(12).

劉進慶［1987a］「ニックス的発展と新たな経済階層」，若林正丈編『台湾～転換期の政治と経

参考文献　*207*

　　済』田畑書店.

劉進慶［1987b］「東アジア新興工業国としての台湾経済」『アジア新工業化の展望』東京大
　　学出版会.

劉進慶［1992］「台湾の産業」，隅谷三喜男・劉進慶・徐照彦『台湾の経済』東京大学出版会.

和田春樹［2014］「慰安婦問題～現在の争点と打開への道」『世界』860.

渡辺利夫［1978］『開発経済学研究──輸出と国民経済形成──』東洋経済新報社.

渡辺利夫［1979］『アジア中心国の挑戦』日本経済新聞社.

渡辺利夫［1985］『成長のアジア／停滞のアジア』東洋経済新報社.

渡辺利夫［1989］『西太平洋の時代』文藝春秋.

渡辺利夫［1990］「韓国：経済発展と権威主義の熔解」『アジア研究』36（3）.

渡辺利夫［1992］「局地経済圏の時代」『局地経済圏の時代』サイマル出版.

渡辺利夫［1999a］「アジアの危機をどうみるか──メカニズムと教訓──」『国際開発研究』
　　1（1）.

渡辺利夫［1999b］「アジア化するアジア──危機の向こうに見えるもの──」『中央公論』
　　114（6）.

〈韓国語文献〉

安秉直［1997］「韓国近現代史研究ノ新タナパラダイム」『創作ト批評』98.

安秉直［1978］「日帝独占資本進出史」，高麗大学校民族文化研究所『韓国現代文化史体系4
　　──政治・経済史──』高麗大学校民族文化研究所出版部.

李圭億・李ジェヒョン［1990］『企業集団ト経済力集中』韓国開発研究院.

李大根［1985］「韓国資本主義ノ性格ニ関シテ」『創作ト批評』57.

李明博［2015］『대통령ノ시간 2008-2013』RHK.

韓国銀行［1999］『1999年上半期 企業経営分析』.

韓国経済企画院［1981］『韓国第5次経済社会発展5ヵ年計画』.

韓国統一研究院［2007］『李明博政府ノ対北朝鮮政策ヲ紹介シマス』.

金日成［1960］『金日成選集』第五巻，朝鮮労働党出版社.

金ソング［1998］「金大中次期政権ノ基本的ナ性格ト展望」『連帯ト展望』3月号.

金コソン［2008］「韓国の非正規雇用の規模とその実態」，自由法曹団編『労働法律旬報』第
　　1674号.

金ユソン［2016］『非正規模トソノ実態──統計庁，経済活動人口調査付加調査（2016.3）
　　ノ結果──』韓国労働社会研究所.

権寧旭［1984］「旧植民地経済研究ノート」『植民地半封建社会論』ハヌル社.

司空壹・L. P. ジョーンズ［1981］『経済開発ト政府オヨビ企業家ノ役割』韓国開発研究院.

チョ・ミン［1986］「韓国社会構成体論争ノ現状ト課題」『国家独占資本主義論1』ハヌル社.

鄭允炯［1982］「経済学ニオケル民族主義的傾向」，宋建鎬・姜萬吉『韓国民族主義論』創作
　　と批評社.

朴一 [2015]「재일한국인의한국과일본에서의경제할등과그역할」『한일관계사 1965-205 역사 공간』

ソウル社会経済研究所 [1999]『IMF 管理後 1 年間ノ経済政策』〜評価ト課題』.

〈欧文献〉

Acemogle, D. and J. A. Robinson [2012] *Why Nations Fail: The Origins of Power, Prosperity, and Poverty*, New York: Crown Publishers（鬼澤繁訳『国家はなぜ衰退するか──権力・繁栄・貧困の起源──』下巻，早川書房，2013 年).

Amsden, A. H. [1989] *Asia's Next Giant: South Korea and Late Industrialization*, New York: Oxford Press.

An, C.-B. and B. Bosworth [2013] *Income Inequality in Korea: An Analysis of Trends, Causes, and Answers*, Cambridge, Mass.: Harvard University Asia Center.

Balassa, B. [1971] "Industrial Policy in Taiwan and Korea," Weltwirtschaftliches Archiv, Bd. 106 (in F. Deyo ed., *The Political Economy of the New Asian Industrialism*, Cornel University Press, 1990).

Balassa, B. [1981] "The Process of Industrial Development and Alternative Developing Strategies," in *The Newly Industrializing Countries in the World Economy*, New York: Pergamon Press.

Balassa, B. [1982] *Development Strategies in Semi-Industrializing Economies*, Baltimore: Johns Hopkins Univ Press.

Eckert, C. J. [1996] "The War Industrialization, and Sosial Change in Late Colonical Korea," in P. Duus, R. H. Myers, and M. R. Peattie eds., *The Japanese Wartime Empire, 1931-45*, Princeton, N. J.: Princeton University Press. 1996

Eichengreen, B., Perkins, D. H. and K. Shin [2012] *From Miracle to Maturity: The Growth of the Korean Economy*, Cambridge, Mass.: Harvard University Asia Center.

Chang, K.-S. [2010] *South Korean Under Compressed Modernity: Familial Political Economy in Transition*, London: Routledge Routledge.

Cho, H.-Y., Surendra, L. and H.-J. Cho [2012] *Contemporary South Korean Society: A critical perspective*, Abingdon: Routledge.

Cho, J., Freeman, R. B., Keum, J.-H. and S. Kim [2012] *The Korean Labor Market After the 1997 Economic Crisis*, Abingdon: Routledge.

Deyo, F. C. ed. [1987] *The Political Economy of the New Asian Industrialism*, Ithaca, N. Y.: Cornell University Press,

Deyo, F. C. [1989] "State and Labor: model of political exclusion in East Asian Development, " *in Beneath the Miracle: Labor Subordination in the New Asian Industrialism*, Berkeley: University of California Press.

Henderson, G. [1968] *Korea: The Politics of the Vortexs*, Cambridge: Harvard University

Press（鈴木沙雄・大塚喬重訳『朝鮮の政治社会——朝鮮現代史を比較政治学的に初解明：渦巻型構造の分析——』サイマル出版会，1973年）.

Jesudason, J. V. [1999] "Stabilization without Reform," The Asian Crisis and the Preservation Developmental Clientalism in Malaysia" Paper presented at the 7th International Symposium of Osaka City University at Osaka International Exchange Center Osaka Japan on October 9-11.

Kirk, D. [2009] *Korea Betrayed: Kim Dae Jung and Sunshine*, New York: Palgrave Macmillan.

Kruger, A. O. [1980] "Trade Policy as an input to Development," American Economic Review, 70(2).

Mo, J. and B. R. Weingast [2013] *Korean Political and Economic Development: Crisis, Security, and Institutional Rebalancing*, Harvard University Asia Center.

Myrdal, G.(King, S. S. ed.) [1971] *Asian Drama: An Inquiry into The Poverty of Nations Asian Drama: An Inquiry into The Poverty of Nations*, New York: Pantheon Books（板垣與一監訳『アジアのドラマ』東洋経済新報社，1979年）.

Papanek, G. [1988] "The New Asian Capitalism: An Economic Portrait," in P. L. Berger and H.-H. Michael Hsiao eds., *In Search of An East Asian Development Model*, New Brunswick, N. J.: Transaction Books.

Pirie, I. [2008] *The Korean Developmental State: From dirigisme to neo-liberalism*, London: Routledge.

Rodan, G. [1989] *The Political Economy of Singapore's Industrialization: National State and International Capital*, Basingstoke: Macmillan（田村慶子・岩崎育夫訳『シンガポール工業化の政治経済学——国家と国際資本——』三一書房，1992年）.

Samsung Economic Research Institute [2002] *CEO Information.*

Suh, S.-C. [1978] *Growth and Structural Change in the Korean Economy 1910-40*, Cambridge: Harvard University Press.

World Bank [1993] *The East Asian Miracle: Economic Growth and Public Policy*, New York: Oxford University Press（白鳥正喜監訳『東アジアの奇跡——経済成長と政府の役割——』東洋経済新報社，1994年）.

Yong-Suk Oh. [1999] "Lesson from the Korean Financial Crisis and the East Asian Financial Cooperation," paper presented at the International Symposium of Japan Association for Asian Political and Economic Studies at Aoyama Gakuin University Tokyo Japan on October 30-31.

Vogel, E. F. [1991] *The Four Little Dragons: The Spread of Industrialization in East Asia*, Cambridge, Mass.: Harvard University Press（渡辺利夫監訳『アジア四小龍』中央公論社，1993年）.

著作目録（1981-2017）

1981 年

「F. H. カルドーソの従属理論に関するノート」『商学論集』（同志社大学），16.

1982 年

「韓国における輸出志向工業化と外資の役割」同志社大学大学院商学研究科修士論文.

「輸出志向工業化における外資の位置——韓国の事例——」『商学論集』（同志社大学），17.

1983 年

（翻訳：スペイン語文献）バニア・バンビーラ「従属理論の歴史的背景」『商学論集』（同志社大学），18.

1985 年

（書評）「梶村秀樹他『韓国経済試論』（白桃書房，1984 年）」『朝鮮史研究会会報』80.

「個としての主体を尊重しあう」『季刊 三千里』42.

「韓国における資本主義発展の新段階」『商学論集』（同志社大学），20.

1986 年

「少数民族と民族経済——在日朝鮮人の事例——」『商学論集』（同志社大学），21.

1987 年

「NICs 資本主義分析の新射程」『経済評論』36(3).

「韓国の経済成長と三者同盟——政府，外資，財閥三者間の協調と対立をめぐって：1950 年代と 1960 年代を中心に——」『アジア交流』（大阪アジア中小企業開発センター），52.

「朴政権の対外志向的工業化戦略と貿易構造の変化——世界資本主義の中の韓国経済——」『商学論集』（同志社大学），22

1988 年

（翻訳：韓国語文献）朴玄埰「現代韓国社会の性格と発展段階に関する研究（一）——現代韓国資本主義の性格をめぐる従属理論批判——」『社会科学』（同志社大学），41.

「韓国における政府主導型発展の構造」『経済評論増刊：韓国経済の分析』.

「韓国の NIES 化と日米関係」，平和経済計画会議・経済白書委員会編『国民の経済白書』日本評論社.

1989 年

「韓国の工業化と支配三者体制」（同志社大学大学院商学研究科博士論文）.

「東アジア NIES の工業化と国内資本」『経済学季報』（立正大学），38(4).

『アジア NIES 総覧』（共著），エンタープライズ社.

「アジア NIES における開発独裁と社会変動——70 年代韓国の経験から——」『国際経済』40.

1990 年

『アジア資本主義の現段階』（共編），広島大学平和科学研究センター．

『世界経済と南北問題』（共著），ミネルヴァ書房．

「韓国の工業化と支配三者体制」『経済評論』39(4)．

「韓国の対外経済関係——対日，対米，対中・ソ関係の歴史と展望——」『経済学季報』（立正大学），40(1)．

『韓国資本主義論争』（共著），世界書院．

「帰化代議士の神話」『ほるもん文化』 1．

「国際朝鮮学会素描」『経済評論』39(10)．

1991 年

「韓国における資本主義発展の性格をめぐる論争——韓国資本主義分析への理論構築へ向けて——」『経済学雑誌』92(2)．

（討論：金泳鎬，本多健吉，柳田侃）「世界のなかのアジアと日本」『経済評論』40(3)．

（書評）「田中宏『虚妄の国際国家・日本——アジアの視点から——』」『青鶴』 4．

「外国人にとって大学教員は美味しい仕事か」『ほるもん文化』 2．

「ポスト冷戦と東アジアの和平・民主化」『平和研究』16．

『韓国の経済発展と労使関係』（共著），法政大学出版会．

1992 年

「韓国の経済」『京都新聞』 2月6日付．

「ポスト冷戦と朝鮮半島の行方」社会主義理論政策センター『社会主義と労働運動』16(4)．

「エスニック・スタディーのすすめ」『経済学雑誌』（別冊），93．

「在日論論争の成果と課題」『ほるもん文化』 3．

「巻頭言 新しい時代に問われる自治体の平和外交」（共著），『平和研究』17．

「予断許さぬ韓国の民主化」『京都新聞』12月19日付．

『韓国 NIES 化の苦悩——経済開発と民主化のジレンマ——』同文館出版．

1993 年

「韓国新政権の経済政策と課題」『東洋経済新報』 2月26日．

『20 世紀末の諸相：資本・国家・民族と「国際化」』八千代出版．

"Ethnic Minority in Japan"『経済学雑誌』（別冊）（大阪市立大学），94．

「在日2世・3世のアイデンティティ：国籍超えた民族の誇り模索」『朝日新聞』11月26日付．

「祖国に錦を飾った一世達——韓日の狭間で生き抜いた在日韓国人像——」『ほるもん文化』 4．

1994 年

「在日同胞新生代の同化を考える」『統一日報』 1月6日付．

『世界システムの現代的構造』（共著），日本評論社．

「재일동포 신세대의 동화를 생각한다」『海外同胞』 4月号．

著作目録（1981-2017）　*213*

（座談会：富山一郎，灘本昌久）「差別と向き合う」『インパクション』86.

『アジア NIES』（共編），世界思想社.

「日本のアジア援助に関する一考察――戦後補償との関連で――」『経済学雑誌』（大阪市立大学），95(3・4).

「私のゼミ自慢：世界に友人の輪を広げよう」『AERA Mook5：国際関係学がわかる』朝日新聞社.

1995 年

「民族教育って何だ」『ほるもん文化』 5 .

『在日外国人教育ハンドブック』伊丹市教育員会（監修）.

「二つの大震災と在日朝鮮人」『インパクション』91.

「日本에서 바라본 한국」『内外経済新聞』 6 月 2 日付.

「差異と平等のジレンマ：在日韓国・朝鮮人の参政権獲得運動を振り返って」『インパクション』92.

『全国自治体在日外国人教育方針・指針集成』（共著），明石書店.

1996 年

「東アジア経済共生の方法論」『世界』626.

「戦後のヒーロー・力道山の伝説を追う（前編）」『ほるもん文化』 6 .

「アジアに対する日本の援助と戦後補償」『平和研究』21.

1997 年

『アジア発展のカオス』勁草書房

「戦後のヒーロー・力道山の伝説を追う（後編 9 ）」『ほるもん文化』 7 .

「日本の国際化とアジア」大阪国際平和研究所『戦争と平和』 6 .

「식민지 공업하를 보는 관점」『韓国学研究』（高麗大学韓国学研究所） 9 .

1998 年

「韓日関係，積極的取組期待」『東洋経済新聞』 1 月 1 日付.

「新井将敬氏の自死を悼む」『統一日報』 2 月 26 日付.

「아시아에 대한 日本의援助와戦後補償」『韓日間의国際法的懸案問題』図書出版アサヨン，ソウル.

『日本で外国人として暮らすこと』（共著），岩崎書店.

「雪解けに向かう日韓文化摩擦」『論座』43.

「生きて，愛して，そして死んだ．新井将敬の遺言状」『ほるもん文化』 8 .

1999 年

「DJ ノミクスは韓国を救えるか」『論座』46.

「定住外国人の地方参政権：地球市民の目を」『毎日新聞』 2 月 20 日付.

「DJ 노믹스는韓国을 구할수 있을까？」『日本보람』第 40 호.

「国会を揺さぶる在日コリアンの参政権問題」『論座』49.

「北朝鮮はそれほど危険な国か」『論座』52.

『在日という生き方——差異と平等のジレンマ——』講談社（講談社選書メチエ）.

「矛盾だらけの在日元軍属への補償問題」『論座』55.

「在日という生き方から学ぶもの」『本』（講談社），24(12).

「矛盾투성이인在日前軍属에 대한 補償문제」『日本보험』43.

2000 年

「在日コリアン新世代の生き方」『民団新聞』1 月 1 日付.

「金嬉老事件，祖国追放が積み残した民族問題」『論座』58.

「日朝国交正常化への期待」『北陸中日新聞』2 月 11 日付.

「西口章雄先生の発展途上国研究について——国家資本主義論とインド経済研究——」『同志社商学』51(4).

「韓国経済の危機と構造改革の葛藤——経済危機を前後する政府・企業間関係の変化と連続性——」東京大学社会科学研究所『社会科学研究』（東京大学），51(4).

『転換期のアジア経済を学ぶ人のために』（共編），世界思想社.

『21 世紀システムと日本企業』（共著），日本経済新聞社.

"Pushes for use of Korean names" MAINICHI DAILY NEWS, June 14.

「南北首脳会談の北風に揺れた韓国総選挙」『論座』61.

（対談：朱健栄）「どうなる 21 世紀の東アジア」『論座』64.

「韓国に北朝鮮特需は訪れるか」『論座』65.

『動き出した朝鮮半島』（共著），日本評論社.

「外国人参政権：日本国籍取得で解決できない」『朝日新聞』10 月 11 日付.

「梁石日文学と在日世界」『ユリイカ』32(15).

2001 年

「櫻井よしこさん，誤解しているのはあなただ」『論座』68.

「足元の地域から国際化を」『神戸新聞』1 月 6 日付.

「21 世紀の日韓関係と戦後処理問題」『戦争と平和』（大阪国際平和センター），10.

「在日信組はなぜ破綻したのか」『論座』71.

「英語拷問もうやめて」『朝日新聞』4 月 11 日付.

「南北首脳会談以降の朝鮮半島情勢と日本の役割」『立命館評論』105.

『アジアの経済的達成』（共著），東洋経済新報社.

「甘くない構造改革への道」『朝日新聞』5 月 8 日

「보・일국교정상와 재일 코리안」『6・15 공동선언 이후 남북관계변화』韓国平和問題研究所.

「国内選手保護は時代遅れ」『朝日新聞』5 月 28 日付.

「金正男，国外退去処分の是非」『北陸中日新聞』6 月 8 日付.

「歴史から消されていく慰安婦問題」『論座』74.

「在日コリアンとは日本帝国主義の遺産」『建築ジャーナル』7 月号.

「財務健全度で大学選び」『朝日新聞』7 月 2 日付.

著作目録（1981-2017）　*215*

「国籍，緩和ではあかんわ」『朝日新聞』8月22日付．

「政党への融資無担保は問題」『朝日新聞』10月1日付．

「日本政府は在外被爆者を見殺しにするな」『論座』77．

「北朝鮮：思想と経済のジレンマ」『朝日新聞』（夕刊），10月19日付．

「再び放るもんなのか」『朝日新聞』（夕刊），11月5日付．

「ポストコロニアリズムとしての開発独裁」，姜尚中編『ポストコロニアリズム』作品社．

（座談会：高賛侑，河野律，小牧薫）「在日コリアンの生活と人権」『部落』53(13)．

「固有の尺度を持つ食文化」『朝日新聞』12月4日付．

2002 年

「日韓交流の歴史：関係修復草の根交流で」『朝日新聞』1月1日付．

「小泉訪韓で教科書問題は解決したのか」『論座』80．

「朝比奈氏は逝ったが」『朝日新聞』1月14日付．

「ゴルフ場に燃やした執念」『朝日新聞』2月6日付．

「手作りオマケの復権は」『朝日新聞』3月11日付．

「外国人を粗末にする町は」『朝日新聞』3月25日付．

「在日韓国・朝鮮人」，部落解放・人権研究所『2001年版　部落解放・人権年鑑』解放出版社．

「永住外国人に投票権を認めた米原町の英断」『論座』83．

（座談会：金敬得，内山一雄，榎井みどり他）「だれもが本名（民族名）で暮らせる社会を」，
　　民族教育ネットワーク編『イルム：もえるいのち』みずのわ出版．

「東洋のマンチェスター大阪の復権と外国籍住民の役割」『環』9．

「KT：日韓関係の現実を突きつける」『朝日新聞』（夕刊），5月21日．

『ニッポンは面白いか』（共著），講談社（講談社選書メチエ）．

「永住外國人에게投票權을 인정한 米原町의　英斷」『Japan 보림』52．

「強硬論では拉致疑惑問題は解決できない」『論座』86．

「強制連行に償いを」『毎日新聞』9月17日付．

「自治体の外国人労働者受け入れ・雇用対策に関する一考察——群馬県大泉町における日
　　系人労働者施策から——」『経済学雑誌』（大阪市立大学），103(2)．

（対談：中西寛）「どうみる日朝首脳会談」『京都新聞』9月19日付．

（対談：趙明哲）「北朝鮮はどこに行くのか」『論座』89．

「日朝平壌宣言の意義について考える」『法律時報』74(12)．

「在日コリアンの経済事情」『環』10．

『ニッポンは面白いか』（共著），講談社（講談社選書メチエ）．

「私の視点　拉致問題：暴力排除へ民の共闘を」『朝日新聞』12月26日．

2003 年

「正常化なくして拉致問題の解明はない」『論座』92．

「在日外国人の人権課題と自治体の対応について」『戦争と平和』（大阪国際平和研究所），12．

『人権問題ハンドブック：在日外国人問題編』（編著），大阪市立大学人権問題研究センター．

「国籍取得で在日コリアンは救われるのか」『論座』95.

（書評）「尹健次『ソウルで考えたこと』岩波書店」『神戸新聞』（共同通信配信），5 月 11
　　日付.

「北朝鮮核問題にどう立ち向かうのか」『京都新聞』5 月 16 日付.

（辞典項目）「日朝首脳会談」他，『国際政治経済学辞典』東京書籍.

「多国間協議で米朝衝突は回避できるのか」『論座』97.

（書評）「趙鳳林『東北アジアを生きる』」『図書新聞』6 月 7 日付.

「盧武鉉大統領は袋小路を抜け出せるか」『論座』98.

「日本国籍取得に揺れる在日コリアン」『毎日新聞』7 月 26 日付.

「前途多難な 6 ヵ国協議」『神戸新聞』（共同通信配信），9 月 4 日付.

『都市失業問題への挑戦』（共著），法律文化社.

「記憶と忘却」『言語』31(9).

「朝鮮学校生の受験資格問題が大学を試す」『論座』101.

（監訳：英語文献）J. ジェスダーソン『エスニシティと経済』クレイン.

（書評）「浅川晃広『在日外国人と帰化制度』新幹社」，『論座』103.

2004 年

「石原発言で日本人に忘れてほしくないこと」『論座』104.

「外国人労働者：21 世紀の日本を共に生きる」『AERA Mook：コミュニケーション学がわ
　　かる』朝日新聞社.

（書評）「カーター・エッカート『日本帝国の申し子』」『京都新聞』（共同通信配信），3 月
　　14 日.

「日朝関係の現状と課題」『戦争と平和』（大阪国際平和研究所），13.

「迷走する日朝関係と在日コリアン（前編）」『ひょうご部落解放』112.

「復興遂げたマレーシア経済」『毎日新聞』（夕刊），3 月 19 日付.

「北朝鮮に対する経済制裁は正しい選択か」『論座』107.

（対談：朱健栄）「拉致問題は経済制裁で解決できるか」『論座』108.

「迷走する日朝関係と在日コリアン」『ひょうご部落解放』113.

「人質殺害で揺れる韓国の派兵問題」『論座』112.

「（書評）ガバン・マコーマック『北朝鮮をどう考えるのか』平凡社」『論座』113.

『変貌する韓国経済』（編著），世界思想社.

「経済制裁は北朝鮮の弱者を苦しめるだけ」『日本の論点 2005』文藝春秋.

「韓国人はなぜ親日派究明にこだわるのか」『論座』115.

2005 年

「在日とは何か」『磯』藤原書店.

『歴史のなかの「在日」』（共著），藤原書店.

「在日外国人の無年金訴訟が問いかけるもの」『論座』118.

「在日外国人の人権課題と地方自治体」『NIRA 政策研究』18(5).

著作目録（1981-2017）　*217*

「泥沼の日韓関係修復のために」『論座』121.

「在日コリアンの犯罪に関するマスコミの報道について」『ひょうご部落解放』117.

「在日コリアンに対する差別の実態」『CAPP 国際シンポジウム報告書：移住者の人権と移住者コミュニテの安全』（大阪経済法科大学アジア太平洋研究センター）.

"Japan Too Must Deal with the Past", *JAPAN ECHO*, 32(4).

「朝鮮半島をめぐる国際情勢と日本外交の選択」『国際理解』（帝塚山学院大学国際理解研究所）, 36.

「北朝鮮経済制裁, 一般の人たちが苦しむだけ」『毎日新聞』9 月 10 日付.

「(学会展望) 現代韓国朝鮮学会―設立の経緯と第 5 回全国研究大会の紹介」（共著）,『アジア経済』46（第 9）.

「日韓・日朝の狭間で生きた力道山」『環』23.

「文世光事件とは何だったのか」『環』23.

『在日コリアンってなんでねんねん』講談社（講談社 + α 文庫）.

『在日韓国人』（単著）, ソウル：ポンム.

『朝鮮半島を見る眼：親日と反日, 親米と反米の構図』（単著）, 藤原書店.

"Japon tambien tiene que afrontar el pasado" Cuadernos de Japon, 19(3).

2006 年

「東アジアの政治摩擦」『毎日新聞』1 月 23 日

「수렁에 빠진 한일 관계 회복을 위하여」『日本보람』65.

「日本のメディアから異なる視点から見る反日と親日の真相」『聖教新聞』1 月 25 日付.

「東アジア共同体と歴史の壁」『戦争と平和』（大阪国際平和センター）, 15

『在日コリアンの歴史』（編著）, 明石書店.

『マンガ嫌韓流のここがデタラメ』（編著）, コモンズ.

「日韓日朝関係の歴史と現状について考える」『あゆみ』（奈良県私立学校人権教育推進協議会）, 15.

「民団と朝鮮総連和解」『神戸新聞』（共同通信配信）, 5 月 19 日付.

「民団と総連の和解」『毎日新聞』5 月 23 日付.

「동 아시아 공동체 구상과 역사의 장벽」ESRI『Hwan Dong Hae Review』2 (2).

「圧力だけでは解決しない. 過去の清算に応じる英断が北朝鮮を動かす」『日本の論点 2007』文藝春秋.

2007 年

『在並共同体与共同文化似知』（共著）, 人民出版社.

「韓国の次期大統領は誰か」『(携帯版) イミダス』集英社.

역사교과서『재일 한국인의 역사』역사넷, 2007 年 9 月

「堀江珠喜氏との往復書簡：官能小説」『朝日新聞』10 月 9 日

「堀江珠喜氏との往復書簡：女はなぜ悪い男にひかれるのか」『朝日新聞』10 月 23 日付.

「堀江珠喜氏との往復書簡：悪女をねたんで, あこがれて」『朝日新聞』11 月 6 日付.

「堀江珠喜氏との往復書簡：前近代の呪い」『朝日新聞』11 月 20 日日付.

「日韓，日朝関係の現在」『朝鮮奨学会学術論文集』26.

「共生社会のために差別を許さない仕組みづくりを」『そうぞう』（大阪府再作企画部人権室），23.

2008 年

「韓国：政権交替の歴史的背景」『ケータイ版イミダス』集英社.

「日韓・日朝関係の現在」『経済学雑誌』（大阪市立大学），108(4).

「日朝協議 17 年の成果と課題」『戦争と平和』（大阪国際平和問題研究所），17.

「迷走する日本の外国人労働者政策――外国人研修・技能実習制度を中心に――」『経済学雑誌』（別冊）（大阪市立大学），109.

「在日コリアン新世代のエスニック・アイデンティティと未来」『季刊 東北学』17.

（書評）「尹明憲『韓国経済の発展パラダイムの転換』」『現代韓国朝鮮研究』8.

2009 年

「外国籍住民の人権課題と自治体の対応」『多文化公共圏センター年報』（宇都宮大学国際学部），2.

「재일 한인의 아이덴티티와 새로운 삶의 모색」『일본 한인의 역사』韓国国史編纂委員会，2009 年 6 月

「金大中氏を悼む」『朝日新聞』8 月 19 日付.

2010 年

『韓国の経済発展と在日韓国企業人の役割』（共著），岩波書店.

「在日コリアンによる初期本国投資の実態，その光と影――徐甲虎と辛格浩の事例研究――」『経済研究』（大東文化大学），23.

「在日コリアンの起業家精神とエスニック・アイデンティティ～エムケイグループ創業者・青木定雄の事例研究～」『経済学雑誌』（大阪市立大学），110(4).

『한국의 경제발전과 재일한국기업인』（共著），図書出版말글빛냄.

「太陽政策期における北朝鮮の政治・経済システムの変化と連続性――開城工業団地と 7・1 経済管理改善措置を中心に――」『経済学雑誌』（大東文化大学），111(1).

『東アジア共同体を考える～ヨーロッパに学ぶ地域統合の可能性』（共著），ミネルヴァ書房.

（討論：野中任務，徐ウオンチョル）「定住外国人の人権擁護と地方参政権」『ひょうご部落解放』138.

（鼎談：秋月望，小此木政夫，和田春樹）「日本と朝鮮半島の 100 年」『現代韓国朝鮮研究』（現代韓国朝鮮学会），10.

「（書評）吉田康彦『北朝鮮を見る，聞く，歩く』平凡社新書」『現代韓国朝鮮研究』（現代韓国朝鮮学会），10.

『在日コリアン辞典』（編集責任），明石書店.

2011 年

「北朝鮮による韓国延坪島砲撃事件の真相」『環』44.

「『内への開国』を期待する」『部落解放』644.

『僕たちのヒーローはみんな在日だった』講談社.

『日本・アジア・グローバリゼーション』（共著），日本経済評論社.

「外国人学校と多文化共生」『解放教育』527.

2012 年

『在日コリアンの経済活動』（共著），不二出版.

「それでも原発を輸出するのか」『環』49.

『在日コリアン辞典』（編集責任），ソウル：図書出版.

『日本人と韓国人のホンネとタテマエ』講談社.

2013 年

「米中の狭間で生きる日本外交の課題」『環』52.

（座談会：文京洙，中戸裕夫，高龍秀）「日本におけるコリア・スタディーズの現状と課題」
『コリアン・スタディーズ』（国際高麗学会日本支部），創刊号.

「日本国憲法について考える」『ひょうご部落解放』150.

（書評）「宋基燦『語られないものとしての朝鮮学校：民族教育とアイデンティティポリティクス』」『現代韓国朝鮮研究』（現代韓国朝鮮学会），13.

『在日コリアンの歴史（第2版）』（編著），明石書店.

2014 年

『한국인과 일본인의 허세와 속내』JNC 出版社.

「解放前後の大阪における韓人の形成と民族金融機関の役割〜大阪の事例研究〜」『コリアン・スタディーズ』（国際高麗学会日本支部），2.

『越境する在日コリアン：日韓の狭間で生きる人々』明石書店.

「日韓関係の現状と課題」『市政研究』185.

2015 年

「在日コリアンからみた朝鮮戦争」『アジア研究』（アジア政経学会），61(2).

「在日の吟遊詩人が紡ぐ愛の世界」，今里哲『ブラボー！　歌うボヘミアン』明石書店.

「慰安婦問題をめぐって迷走する日韓関係」『コリアン・スタディーズ』（国際高麗学会日本支部），3.

『日韓関歴史 1965〜2015 年　経済II』（共著），東京大学出版会.

『한일관계사：1965-2015 년　경제II』（共著），역사공간.

2016 年

『僕たちのヒーローはみんな在日だった』講談社（講談社 + α 文庫）.

2017 年

『在日マネー戦争』講談社（講談社 + α 文庫）.

（書評論文）「地域研究者として『中国経済入門』をどう読むか」『アジア研究』（アジア政経学会），63(2).

人 名 索 引

〈ア 行〉

アキノ，コラソン　103
アセモーグル，D.　183
安 秉直　9, 23
李 承晩　19, 57, 83
李 大根　18, 22
李 明博　32, 159, 160, 171, 184, 187, 188
今岡 日出紀　88
林 鐘国　19, 23
岩崎 育夫　41
宇垣 一成　5
エッカート，カート　13, 14, 21, 22

〈カ 行〉

梶村 秀樹　15, 18, 22
加藤 弘之　173, 183
川勝 平太　71
金 日成　99
金 敬姫　169
金 正日　100, 104, 153, 155, 169, 170
金 正恩　169
金 鍾泌　140
金 大中　31, 140, 151-153, 160, 161, 184, 185
金 学順　27
金 泳三　63, 122, 127, 134, 140, 152
金 永鎬　11, 21
木村 幹　38
ゴー・チョクトン　53
権 寧旭　17, 22

〈サ 行〉

習 近平　183
蒋 介石　39, 42, 64, 87, 90
蒋 経国　39, 42, 46, 64
スハルト　46, 102

〈タ・ナ行〉

高橋 進　40
タナラット，サリット　46
張 成沢　169
全 斗煥　60, 103
鄧 小平　96, 104, 105
盧 泰愚　103, 153, 180
盧 武鉉　147, 151, 160, 161, 184-188

〈ハ 行〉

朴 槿恵　184, 189-192
朴 正熙　39, 42, 46, 89, 115, 180, 191
朴 玄埰　10, 17, 21, 22
原 洋之介　112
バラッサ，B.　87, 88, 93
深川 由起子　113
プレビッシュ，R.　83
ボーゲル，エズラ　86
堀 和生　12, 14, 21, 22

〈マ 行〉

マハティール・ビン・モハマド　39, 135
マルコス，フェルディナンド・エドラリン
　46, 102
南 次郎　5
ミュルダール，カール・グンナー　69
文 在寅　25
毛 沢東　94, 96, 183
本山 美彦　136

〈ヤ 行〉

柳原 透　88
姚 洋　106
吉田 清治　37

〈ラ・ワ行〉

ラモ，G. K.　106

リー・クアンユー　39, 42, 46, 48, 49, 52, 64,
　66, 102
劉 少奇　96

劉 進慶　40
ロビンソン，J.　183
渡辺 利夫　65, 74, 87, 112

事項索引

〈ア 行〉

IMF　113, 124, 125, 185
IMF主導による構造改革　112
　　──のプロセス　136
IMF主導による構造調整　113
IMF主導の構造改革　113
IMF体制　132
IMFの再建プログラム　124
ILO条約　63
曖昧さ　175
曖昧な制度　174-180
朝日新聞バッシング　33
アジア女性基金　31
　　──事業　31
アジア的経営システム　133
アジアのドラマ　69
ASEAN　69, 70, 74, 75, 77, 78
あたらしい歴史教科書　1, 2
アムスデン　88
EITC　188
慰安婦　26, 29
　　朝鮮人──　26
　　日本軍「──」　27
慰安婦像　26
　　──の撤去　37
慰安婦問題　1, 25, 26, 31-33
　　朝鮮人──　27
維新体制　58, 67
一党独裁　104
　　──体制　94
癒し財団　35
イラク復興支援決議　148
上からの工業化　94
NLL（北方限界線）　165, 166
FTA　187
延安派　98
OECDの加盟　122, 123

〈カ 行〉

オペレーション・コールド・ストアー事件
　48

改革・開放　104, 105, 152, 153, 183
改革開放　176
改革派　169-171
戒厳令解除　43
外国人投資企業の労働組合および労働争議の調
　　整に関する臨時特例法　59
外国人投資の大幅な規制緩和　132
会社令　3, 8
開城工業団地　151, 157, 158, 160
会長秘書室の廃止　126
開発体制　39
開発独裁　40, 41, 43, 45, 47, 102-104, 106, 178,
　　183
　　──体制　41
　　──擁護　45, 65
　　──論　40, 41
外部責任説　113
開明的独裁者　46
価格統制の緩和　154
格差問題　179, 184, 185, 187, 192, 193
核実験　169, 171
加工貿易法　104, 153
金持ち減税　188
株式相互持ち合いの禁止　118
韓国国防省　147
韓国社会構成体論争　17
韓国の「民主化宣言」　27
韓国労組　129
関税法　154
韓米軍事地位協定　142
　　──の改定問題　147
　　「──」問題　147
韓米合同軍事演習　171

官民癒着　181
韓流ブーム　1
黄色い革命　103
企業経営の透明性　125
企業の自主権の拡大　154
企業の私物化　190
企業の独立採算性　156
帰属事業体　114
北（北朝鮮）アレルギー　142
金大中大統領の構造改革　125
旧植民地社会構成体　18
強制性　34
　狭義の──　34
　広義の──　34
強盛大国　171
強制連行　33
近代化と労働運動　50
金融機関臨時措置法　115
金融機関臨時特例法　89
金融の自由化　112
グリーン・ニューディール　187, 188
クルーガー　88, 93
グローバルスタンダード　179
クローニー・キャピタリズム　112, 113
グローバリズム　139
グローバリゼーション　143, 146
グローバル・スタンダード　133
グローバル資本主義　112
　──の危機　134
軍慰安所　26
軍需関連産業　5
計画経済　81, 82, 94
経済安定総合施策　117
経済援助　151
経済改善措置　151
経済格差問題　184
経済管理改善措置　104, 154, 161, 167-169
経済企画院　115
経済制裁　151
経済のグローバル化　112
経済の自立　153, 169

経済発展と民主化のジレンマ　40
経済民主化　183, 184, 186, 189-193
　──政策　192
　──措置　193
経常収支の大幅赤字化　112
系列企業間の相互債務保証の解消　125
系列企業の整理　125, 126
系列企業の売却　126
権威主義政治　103
権威主義体制　40, 47
権威主義的労働組合法　63
権威主義的な政治　191
権威主義の精算　121
ケンチャナ精神　180
嫌米意識　139
憲法裁判所　32
紅衛兵　96
高級協同組合　94
工業化　93
工業発展法　118
光州事件　140
構造改革　124, 185
　──プログラム　134
構造調整　113
　──案　130
河野談話　28, 33, 36
国際短期資本の流入・流出　112
国進民進　177
国進民退　177
国民党　86, 90
国有企業　177
互助組合　94
国家資本　42
国家資本主義　45, 177, 180
国家独占資本主義　10
　──論　17
国家非常事態宣言　58
国家保衛に関する特別措置法　58
国家労働移動　25
固定相場制　135
個別農家請け負い制　96

事項索引　　*225*

米騒動　3, 4
金剛山観光　151
混合所有企業　176, 177

〈サ　行〉

在韓米軍　139, 143
再建プログラム　124
最高人民会議　153, 170
最終的かつ不可逆的な解決　37
財閥（の）改革　125, 126, 184
鎖国　71
参加民主主義　186
産業進歩憲章　49
産業別小組合　52
三白（製粉，製糖，綿紡績）産業　85, 115
「三八六」世代　140-142
産米増殖計画　4
市場経済　82
市場経済化　104, 162, 169
市場自由化　88
　　韓国の――　122
市場主導の工業化　82
市場メカニズムを導入　155
実権派　96
ジニ係数　186
資本規制を導入　135
資本取引規制の自由化　124
資本取引の自由化　103, 122-124
社会主義　82, 94
　　――モデル　81
社会主義計画経済　83
　　――モデル　96
社会主義市場経済　105
社会主義戦線　48
謝罪なき経済協力　36
重化学工業　92, 93
重化学工業化　90-93, 103
　　――計画　116
　　――政策　91
重化学工業建設計画　91
重化学工業振興策　92

重化学工業部門　91
十九項目財経改革措置　90
従軍慰安婦　29, 30, 35
　　――問題　34
重工業化　101
十大建設　92
　　――目標　99
十大展望目標　100
十大目標　100
収奪的な政治制度　183
周辺部資本主義　18
周辺部資本主義論　18
重要産業統制法　5
守旧派　169, 170, 172
主体思想　153, 169
10・4宣言　160
首都大建設運動　100
循環出資　190
上位財閥への経済力集中　121, 130
初級協同組合　94
初級農業組合　94
植民地開発　16
植民地期　3
植民地近代化　2, 8
植民地近代化論　23
植民地工業化　8, 11, 16, 17
植民地工業化推進論　5
植民地時代のトラウマ　42
植民地支配　2, 3, 41
植民地収奪　16
植民地地主制　18
植民地の呪縛　41
植民地半封建社会　18
植民地半封建社会構成体　18
植民地半封建社会論　23
女子中学生の死亡事件　142
女性のためのアジア平和友好基金　30, 31
所得格差の容認　156
所有と経営の分離　177
自力更生　95, 105
自立的民族経済　98

ジルとカラスの研究　178
シンガポール　47
シンガポール製造業協会　50
シンガポール労働組合会議　48
「新権威主義」論　46, 66
新自由主義的な経済政策　185
新自由主義的な構造政策　185, 192
新自由主義イデオロギー　185
親日　15
親日派　12, 15, 19, 20
　──勢力　19
進歩派政権　184-187, 190, 192, 193
人民公社　95, 104, 176
人民行動党　47, 48, 51, 53
　──の一党支配　51
垂直分裂システム　176
成果主義　146
　──の導入　154
正規職　185
政経癒着　112, 134
　──型成長　121
　──構造　134
　──の構造　184
独裁的・収奪的な政治制度　183
政党および社会団体解散令　58
性奴隷　34
政府主導経済　42
政府主導型工業化　102
政府主導体制　102, 118
政府主導の工業化　82, 93
政府と財閥の強い紐帯　117
整理解雇　128
整理解雇制　124, 125, 128, 129
　──の導入　125
石油化学コンビナート　91
セーフティネットの整備　189
セマウム（新しい心）運動　59
先軍政治　170
全国賃金評議会　50, 56
全国労働組合評議会　48, 50
戦後復旧三ヵ年計画　97

戦場の性暴力　25, 34
千里馬運動　97
相互債務支払い保証　116
相互債務保証　133
相互出資　116
総統直接選挙制の導入　56
総督府　3
造反有理　96
ソウルの春　60
ソ連型の社会主義モデル　95
ソ連派　98

〈タ　行〉

大運河計画　188
対外開放的工業化　82
対外経済関連法　154
大韓独立促成労働総連盟（大韓労総）　57
大衆経済論　137
代替工業化　89
大統領直接選挙の実施　43
大統領直接選挙　103
対日逆調問題　75
対日貿易赤字問題　75
対日輸入誘発構造　76
対米依存　146
対米協調路線　148
対米従属の深化　146
大躍進運動　95, 100
太陽政策　142, 151-153, 160
大陸兵站基地化論　4
台湾的な家父長制　56
竹島　33
タコ足的な企業拡張　116
脱「韓国」化　146
脱亜　70, 71, 74, 75
短期資本を引き上げ　123
地位協定の改定　147
中央集権的計画経済モデル　82
中国共産党　94
中国の対外援助　176
中国モデル　106

事項索引　　*227*

中産層　192
長期軍備増強計画　147
長期雇用慣行　146
長期自動車工業振興計画　91
朝鮮戦争　97, 165
朝鮮総督府　2, 3
朝鮮窒素　6
朝鮮の開発　3
徴用工問題　1, 25
著作権　154
通貨危機　111, 114, 185
通貨流動性の危機　113
低開発の発展　12
DJ ノミクス　125, 134, 137
鉄鋼増産運動　95
デノミネーション　161, 162, 168
統合進歩党　190
統制経済　169
東拓　5
東洋拓殖株式会社　5
独裁政治　183
独占規制および公正取引に関する法律　118
独立採算性　96
土地株式合作社　176
土地調査事業　17
土地の集団所有　176
特恵　191
土法高炉　95
トランプ政権　183
奴隷貿易　25

〈ナ 行〉

内在的論理　174
内部自給型産業国家　105
七〇日戦闘　99
7・1措置　156
南北間の経済協力事業　151
南北境界線　166
南北共同宣言　152, 153, 160
南北経済共同体　159
南北経済協力　152

――事業　153
南北経済交流　153
南北首脳会談　152
南北衝突　165
南北赤十字会談　166, 171
南北の軍事衝突　166
南北の経済協力　152
南北離散家族訪問団の交換　152
NIES　64, 69, 70, 72-75, 77, 78, 82, 87
NIES 型開発モデル　111
「二〇三〇」世代　141
日韓慰安婦合意　35
日韓合意　25, 35, 36
日韓条約　30
日韓請求権協定　32
協定第三条　32
日本式労使関係　52
日本窒素　4, 5
日本窒素肥料コンツェルン　12
入亜　71, 75
年功序列　146
年功序列制　146
年俸制　146
農業集団化　94
農業生産協同組合　95
農地改革　97
能動的福祉　187, 189
野口コンツェルン　5
盧泰愚元大統領の秘密政治資金事件　121

〈ハ 行〉

配給制　154
配給制の見直し　154, 155
買弁・隷属資本　15
買弁資本　12, 15, 20
包　175, 176
朴槿恵大統領の機密文書漏洩事件　191
派遣勤労性の導入　128
反共防衛ライン　86
ハンギョレ新聞　27
反植民地共産主義運動　48

反日　15
反日派　20
反米感情　139-143, 146
非核・開放・3000構想　159, 160
東アジアの奇跡　82
非常戒厳令　58
秘書室を廃止　126
非正規職　185, 192
　　——の正規職化　193
非正規職者　189, 190
非正規職保護法　193
非正規職労働者　189
非正規労働者　186, 187, 193
ビッグデイール　125, 130
ひもつきの技術移転　77
150日戦闘　161
一五〇日戦闘　168
一〇〇日戦闘　168
V字型回復　143
複数為替レート　86
複線型工業化　88, 93
負債比率　132
不実銀行　127
婦人と児童の売買に関する国際条約　26, 35
不正蓄財処理　114
不正蓄財処理要綱　89
不正腐敗の撤廃　191
不透明な経営　190
附日協力者　19
腐敗問題　177
ブーメラン効果　77
富裕化ゲーム　77
フリー・トレード・ゾーン　82
「フルセット型」経済成長　71
フルセット型産業構造　70-73
フルセット主義　70
不渡り防止協定　123
文化大革命　96
文民政権　63
米軍基地移転問題　147
米国文化院放火事件　141

米国文化院籠城事件　141
北京コンセンサス　106
変動相場制　111
防衛の自立　147
貿易・投資における自由化政策　118
包括的な経済制度　183
北鮮工業地帯　5
北鮮ルート論　4
保護主義的工業化　82
保守派政権　184, 187, 189, 193
補償なき謝罪　30
ポストコロニアリズム　41
普通江輸入物資交流市場　157

〈マ　行〉

美国　139
密室政治　191
民間主導体制　118
民主化運動　43
民主化　46
　　——措置　122
　　——潮流　43
民主化宣言　103
民主主義と市場経済の並行的発展　135
民主主義に対する無邪気な楽観論　43, 46
民主労組　129
民主労総　129
民主労働組合総連盟　128
民族解放闘争　41
民族資本　8, 20, 153
民族自立経済　98
民族派　12, 15
ムーディーズ　123, 128

〈ヤ　行〉

輸出加工区　90
輸出志向　93
輸出志向工業化　82, 83, 85, 87-93, 101, 104
輸入志向工業　93
輸入自由化率　118
輸入代替　81, 83, 89, 93

事項索引　*229*

――支援策　86
輸入代替工業化　81-88, 90, 91, 93, 101, 114
――工業化モデル　81
輸入代替工業化期　89
輸入統制　86
吉田証言　26, 33
4・19革命　115
延坪島　165

〈ラ 行〉

陸軍省業務日誌摘録　28
離散家族　143
歴史教科書　1
歴史教科書問題　1
歴史修正主義　33
レフ・ハンチントン仮説　178
レント・シーキング　184
労使関係法の改定　62
労使協議会　59, 61
労使協議会法　61
労使協調路線　49
労使政委員会　128, 129

ロウソク集会　142
労働基本権　55
労働組合法　49, 53
労働鎖国論　76
労働三権（団体，交渉，葬儀）　42, 62
労働者管理　42
労働争議の一斉禁止令　58
労働争議調整法　61, 62
労働統制　42
労務動員　25
6・29民主化宣言　43, 62, 65
六者協議　172

〈ワ 行〉

Y・H事件　60
賄賂　121
和解・癒し財団　36
ワーキングプアー　184
ワークアウト　127
――対象企業　126
ワシントン・コンセンサス　106

《著者紹介》

朴　一（ぱく　いる）

1956 年　兵庫県生まれ
1988 年　同志社大学大学院商学研究科博士課程修了
現在，大阪市立大学大学院経済学研究科教授

主要業績
『韓国 NIES 化の苦悩──経済開発と民主化のジレンマ──』同文館，1992 年.
『アジア NIES』（編著）世界思想社，1994 年.
『在日という生き方』講談社（講談社メチエ），1999 年.
『変貌する韓国経済』（編著）世界思想社，2004 年.
『朝鮮半島を見る眼──「親日と反日」「親米と反米」の構図──』藤原書店，
2005 年.
『日本人と韓国人「タテマエ」と「ホンネ」』講談社，2012 年.
『在日マネー戦争』講談社（講談社＋α文庫），2017 年　など.

20 世紀東アジアのポリティカルエコノミー

2019 年 3 月 30 日　初版第 1 刷発行　　＊定価はカバーに
　　　　　　　　　　　　　　　　　　　　表示してあります

著　者　朴　　　一 ©

発行者　植　田　　実

印刷者　田　中　雅　博

発行所　株式会社　晃　洋　書　房

〒615-0026　京都市右京区西院北矢掛町 7 番地
電　話　075 (312) 0788 番代
振替口座　01040-6-32280

装丁　野田和浩　　　　　印刷・製本　創栄図書印刷㈱
ISBN978-4-7710-3196-8

|JCOPY|〈（社）出版者著作権管理機構委託出版物〉
本書の無断複写は著作権法上での例外を除き禁じられています．
複写される場合は，そのつど事前に，（社）出版者著作権管理機構
（電話 03-5244-5088，FAX 03-5244-5089，e-mail:info@jcopy.or.jp）
の許諾を得てください．